V&R

Johnson-Studien

Herausgegeben von
Eberhard Fahlke, Ulrich Fries, Holger Helbig,
Norbert Mecklenburg

Band 9:
Frank Mardaus, Fotografische Zeichen

Frank Mardaus

Fotografische Zeichen

Uwe Johnsons Bildprogramm in den »Jahrestagen«

Vandenhoeck & Ruprecht

Die Paepckeschen Fotos.
Wo sind sie?

Sie sind verdorben, als die
Paepckes starben.

Erzähl es mir nicht.

Nein.

Uwe Johnson, *Jahrestage*,
30. März 1968

Gedruckt mit Unterstützung des Förderungs- und Beihilfefonds Wissenschaft der VG Wort.

Bibliografische Information der Deutschen Nationalbibliothek

Die Deutsche Nationalbibliothek verzeichnet diese Publikation in der
Deutschen Nationalbibliografie; detaillierte bibliografische Daten sind
im Internet über http://dnb.d-nb.de abrufbar.

ISBN 978- 3-525-20948-6

Mit 11 Abbildungen

Umschlagbild: Günter Grass, Uwe Johnson, Kohlezeichnung (1961)

Gesamtherstellung: ⊕ Hubert & Co, Göttingen

Gedruckt auf alterungsbeständigem Papier.

Inhalt

1. Begriffe fotografischen Schreibens

Die Forschungslage im Überblick

Uwe Johnson, 1934 in Pommern geboren, erinnert sich im Mai 1979 im Rahmen seiner Frankfurter Poetikvorlesung seiner ersten problematischen Erfahrungen als Schriftsteller: Die tief verstrickten und gefühlten Empfindungen eines 17-jährigen, so realisierte Johnson am gescheiterten Versuch einer frühen Novelle, seien für die Literatur weder neu noch einzigartig. Auch die aus dem Sujet resultierende Erzählhaltung war bereits in Thomas Manns Romanfigur des etablierten Schriftstellers Tonio Kröger auf unnachahmliche Weise erfasst. Im Gespräch mit der russischen Malerin Lisaweta behauptet Kröger, zum Wesen eines Dichters gehöre:

> Hellsehen noch durch den Tränenschleier des Gefühls hindurch, erkennen, merken, beobachten und das Beobachtete lächelnd beiseite legen müssen noch in Augenblicken, [...] wo des Menschen Blick, erblindet von Empfindung, sich bricht, – [...][1]

Der junge Johnson akzeptierte diese Aussage zum einen als einen Appell an literarische Qualität *qua* Distanz und damit an eine ernsthafte poetische Programmatik, die sich nicht durch tiefe Empfindung allein verleiten lässt, sondern bei beobachtbaren Fakten bleibt – und schrieb dies auch in einer ihm eigenen, beinahe starrsinnig genauen Weise fort. Eines seiner Verfahren auf der Suche nach erzählbarer individueller wie allgemein-politischer Wahrheit besteht – so meine These – aus fotografisch inszenierter Nüchternheit, mithin aus fotografischen Zeichen.

---

1   BU 59, Uwe Johnson zitiert Thomas Mann: Tonio Kröger. In: Ders.: Erzählungen. Frankfurt a. M. 1967, 227.

Zum anderen jedoch nahm Johnson die Entgegnung der Malerin, Kröger sei kein Künstler, sondern letztlich doch nur ein »verirrter Bürger«, wohl ebenso ernst. Trotz aller vermeintlichen Hellsicht bemerkt Tonio Kröger bekanntlich nicht, dass seine Suche nach wirklichem Leben vergeblich ist, da er immerzu einem Trugbild typisierender Lebendigkeit anheim fällt und darin die blassere, vagere Spur lebbarer Nähe übersieht. In Manns Novelle wird diese verkörpert durch Magdalene Vermehren oder die unbekannte Dänin, bei Johnson z. B. im Erscheinen eines Mädchens der Schulklasse 9BI.[2]

Nüchternheit in Johnsons – fotografischem – Schreiben bedeutet damit weit mehr als nur die distanzierte Abbildung einer kenntnisreich erfundenen Wirklichkeit. Sein literarisches Schaffen musste darüber hinaus die Fähigkeit entwickeln, erzählerisch adäquat auf so etwas wie das genaue Gegenteil, nennen wir es im Folgenden »Trunkenheit«, im Leben zu verweisen, also auf Momente der Hingabe, eines vollkommen Sich-Verlierens oder der starken Empathie.

---

2   IB 25; siehe hierzu Neumann, Uwe: Die ausgefallene Tanzstunde. Zu Uwe Johnsons Rezeption des Tonio Kröger in *Ingrid Babendererde*. In: Johnson-Jahrbuch 8 (2001), 29 ff.

Am 7. Januar 1839 stellte Louis-Jacques-Mandé Daguerre die Daguerrotypie der Pariser Akademie der Wissenschaften vor. Keine drei Wochen später präsentierte Henry Fox Talbot der Royal Institution in London seine *photogenic drawings* – die in der Öffentlichkeit bald eine ungeheure Wirkung entfalten sollten.[3]

Lange Zeit wurde der Fotografie allerdings der Anspruch aberkannt, menschliche Wirklichkeit künstlerisch bedeutsam abzubilden, d. h. Phänomene aus ihrer Bildhaftigkeit heraus und ohne sprachliche Bezeichnung hinreichend eindeutig interpretieren zu können.[4] Im Mittelpunkt dieser Argumentation steht der Begriff der »Ähnlichkeit« zwischen Fotografie und

3 Zur Entwicklung der Fotografie siehe Batchen 24–56: Die Erfindung Daguerres und Talbots wurde jedoch mindestens seit 1794 durch zahllose Experimente in Europa, Amerika und sogar Südamerika inauguriert. Nach Batchens These existierte bei all jenen sogenannten Proto-Photographen eine »brennende Sehnsucht« nach der Fixierung der Bilder einer Camera Obscura.

4 Vgl. Kemp 13 ff.

optischer Wirklichkeit.[5] Die scharf gezeichnete technische Wiedergabe
sämtlicher sichtbaren Details ahme Realität zwar verblüffend genau nach,
doch verhindere dies eine höherwertige, weil bewusst und subjektiv gestaltete Auseinandersetzung und damit eine notwendige Umgestaltung eines
»nur« zufällig optisch Aufgezeichneten. Jeder fotografische Versuch einer
inszenierenden Gestaltung schien hierin der Malerei unterlegen zu sein.
Eine Eigenständigkeit wurde ihr bestenfalls für Aufnahmen gewährt, die
zugleich technische Bedingungen formal und inhaltlich reflektieren, wie der
bis heute hohe Stellenwert von Fotografien aus den 20er Jahren des 20.
Jahrhunderts zeigt.[6]

Vertreter des literarischen Realismus im 19. Jahrhundert schätzten die
Fotografie in der Theorie wenig, weil sie im Kopieren eines beinahe beliebig Vorfindbaren die eigentliche Wirklichkeit doch nur in einer vereinzelten, groben Weise darzustellen vermöge.[7] In der Praxis jedoch übernahm
das realistische Schreiben nahezu unbemerkt viele fotografische Abbil-
dungsweisen. Ein ausgesprochen detailreicher, und damit im gängigen Verständnis »fotografieähnlicher« Schreibstil geriet jedoch immer wieder in
den Verdacht, die Wirklichkeit nicht ausreichend formen zu wollen. So
warf 1972 der Literaturwissenschaftler Reinhard Baumgart Schriftstellern
wie dem befreundeten Uwe Johnson »blinden Realismus« vor: Wenn Erzählungen faktengetreue Einzelheiten dokumentierten und reproduzierten,
verlören sie sich im Wust von Einzelheiten, übergeordnete politische oder
historische Bezüge gingen dabei verloren.[8]

Die Wirkung der Fotografie auf die Literatur wurde auch im deutschen
Raum erst verhältnismäßig spät, seit den 1980er Jahren nämlich, diskutiert.
Dies geschah auch auf der Basis bereits früher entstandener theoretischer
Schriften wie die von Benjamin, Freund oder Kracauer, der die Fotografie
als »Abfall einer Gegenwart« bezeichnete.[9]

Zur Frage nach der literarischen Beeinflussung seien zunächst zwei
»Pole« genannt – der skeptische wie der bejahende: In Enrico Straubs Auf-
satz von 1981 etwa wird eine postulierte Wechselwirkung zwischen der
Fotografie und dem zeitgleich auftretenden literarischen Realismus mit der

5   Vgl. Dubois 27 ff.
6   Vgl. Schlegel, Franz-Xaver: Das Leben der toten Dinge. Studien zur modernen Sachfoto-
grafie in den USA 1914–1935. Stuttgart 1999, 3.
7   Vgl. Krauss 159 f.
8   Vgl. Berbig 208 f.
9   Benjamin, Walter, u. a., »Kleine Geschichte der Photographie«, in: Die literarische Welt,
18.9., 25.9. und 2.10.1931, und: »Das Kunstwerk im Zeitalter seiner technischen Reproduzierbar-
keit«, in: Zeitschriftfür Sozialforschung, 1,1936; Freund, Gisèle: La photographie en France au
XIX siècle. Essai de sociologie et d'esthétique. Paris, 1936; vgl. Kracauer, Siegfried, »Die Photographie« in: Frankfurter Zeitung, 28.10.1927; zur Bedeutung der Fotografie bei Benjamin siehe
Horend 21 ff., die Analogien zwischen Benjamin und Johnsons Frühwerk nachzuweisen sucht.

tografie und dem zeitgleich auftretenden literarischen Realismus mit der Straubs Ansicht nach gebotenen Vorsicht behandelt.[10] Im Gegenzug begreift Heike Schlüns in ihrem Beitrag »Gustave Flaubert und die Fotografie« (1981) die Literatur als eine »Reflexion der Welt« und damit als dem Sehen sehr ähnlich.[11] Schlüns zeigte sich überzeugt, dass eine derart revolutionäre Erfindung auch den sprachlichen, den literarischen Stil verändert haben müsse. Neben dem fotografischen Kriterium der »Demokratisierung des Blicks« sowie der »Beschränkung«,[12] spricht Schlüns im Fall von *Emma Bovary* von einem bewussten Vermeiden jeglicher Reflexion zugunsten dessen, was sichtbar sei. Aus einem »unkommentierten« bloßen Detail, z. B. dem Staub auf Emmas Brautbukett, wird später in zeichentheoretischer Betrachtungsweise ein wichtiges indexikalisches und in der Struktur des Romans höchst wirksames Zeichen, wie dies Vilmar Geppert feststellt.[13]

Ein methodisches Vorgehen für diese Fragestellung entwirft 1982 Erwin Koppen in seinem Text »Der Dichter und das erste optische Medium«, indem er Ansätze einer interdisziplinären Synopse von Fotografie und Literatur vorschlägt. Die Zäsur jener Erfindung müsse sich in literarischen Spuren nachweisen lassen – was sich indes in der praktischen Suche als in mehrfacher Hinsicht, z. B. dem Mangel an eindeutigen Kriterien[14], nicht so einfach darstellte, wie zunächst angenommen.[15] Weiterhin sei die Funktionalisierung des Alltagsphänomens Fotografie als literarisches Thema oder Motiv zu untersuchen. In der Arbeit »Literatur und Photographie, über Geschichte und Thematik einer Medienentdeckung« von 1987 geht Koppen Texten nach, in denen die Fotografie als solche eine Rolle spielt. In neuerer Zeit wurde von Jane Rabb die Anthologie »Literature and Photography« vorgelegt, worin sich Selbstzeugnisse von Dichtern und ihre vielfältige Auseinandersetzung mit dem Thema Fotografie finden lassen.[16]

10   Straub, Enrico: Photographie und Literatur im 19. Jh. In: Lendemains. Heft 23, 6. Jg., Juli 1981, 3–7.
11   Schlüns, Heike: Gustave Flaubert und die Fotografie. In: Lendemains. Heft 23, 6. Jg., 9–20.
12   Krauss verwendet (u. a. auf Seite 163) das Kriterium der »Engführung des Blicks« als typisch für die Fotografie.
13   Vgl. Geppert 145.
14   Buddemeier, H.: Das Foto, Geschichte und Theorie der Fotografie als Grundlage eines neuen Urteils. Reinbek 1981, 88 ff. nennt sechs Kriterien (Ausschnitt, Schärfenbereich, Verkleinerung, Beschränkung auf das Sehen, privilegierter Beobachterstandpunkt), die von Koppen und Krauss einer Revision unterzogen, bzw, in Abgrenzung zur Malerei ergänzt werden.
15   Vgl. dazu Krauss 20 ff.: Die Erfindung der Fotografie schlug sich seiner Ansicht nach keineswegs etwa zeitgleich in literarischen Werken nieder. Erst zehn Jahre später, bei dem Autor Karl Gutzkow, ließen sich eine spezifisch fotografische Sichtweise feststellen, bzw. optische Bezüge in der Literatur nachweisen; ebd. 163 ff.
16   Rabb, Jane M.: Literature and Photography, Interactions 1840–1990. A Critical Anthology. Albuquerque 1995.

Diese beiden Grundlagen – literarische Spurensuche und Analyse am Text selbst sowie die Diskussion der Fotografie als literarisches Motiv hielt Koppen für unabdingbar, um sich dem eigentlichen Thema zu widmen – der eingangs bereits aufgeworfenen, bislang unbeantworteten Diskussion: »Sicher ist, [...] daß in den großen Werken des französischen, deutschen und englischen Realismus der Leser immer wieder auf Beschreibungen stößt, die eine spezifisch photografische Wahrnehmungs- und Sehweise verraten«. Die Ergebnisse Koppens für Fontanes Roman *Effi Briest* jedoch – worin sich Koppen von der Existenz einer »fiktional real vorliegenden« Fotografie zu lösen versuchte – sind zwar im Ansatz vielversprechend, werden aber vom Autor selbst als »experimentell«, weil nicht klar als fotografischer Einfluss zu definieren, sozusagen in *statu nascendi* wieder revidiert.[17]

Die wenigen Beiträge, die sich mit diesem Problem befassten, gelangten daher zumeist stellvertretend mit Franz-Josef Albersmeier zu dem Schluss: »Es steht zu befürchten, dass die Hypothese vom Einfluss der Fotografie auf die literarische Produktion weitgehend eine Fata Morgana bleibt«.[18] Es schien äußerst schwer, geeignete Kriterien für eine neue Bilder-Sprache zu entwickeln, anhand derer *fotografische Bilder* im Text identifiziert werden können – ohne dass dabei explizit von Fotografien die Rede sein muss. Krauss nennt folgende Kriterien des fotografischen Bildes in Abgrenzung zum malerischen: »Ausschnitt, Schärfebereich, Verkleinerung, Immobilisierung, Beschränkung auf das Sehen, privilegierter Beobachterstandpunkt, Genauigkeit, Perspektive sowie die besondere Art der Herstellung und Vervielfältigung.«[19]

Denn, das sei hier betont, bei den meisten Forschungsbeiträgen handelt es sich um die Untersuchung literarischer Texte, in denen »real vorliegende« Fotografien thematisiert werden, bzw. Fotografien, die außerhalb des Textes als literarische Quelle fungieren – und das verhält sich, wie im Folgenden behandelt wird, auch für Johnson nicht wesentlich anders.

Interessant der Aspekt von Creekmur, die zwei postmoderne Romane hervorhebt, deren primäre Ausgangsbasis, bzw. Matrix der Erzählung eine Fotografie ist, nämlich Michael Ondaatjes *Coming through Slaughter* (1977) und Richard Power's *Three Farmers on their Way to a Dance* (1985). Diese »historiografischen Metafiktionen« werden, und das lässt auch an die *Jahrestage* denken, beschrieben als:

---

17   Koppen 248, Anm. 112.
18   Albersmeier, Franz-Joseph: Enfin Daguerre vint... Die Herausforderung der Photographie an die französische Literatur des 19. Jh. In: Lendemains. 34, 9. Jg., 1984, 4–12.
19   Krauss 163.

[…] novels which are both intensely self-reflective and paradoxically lay claim to historical events and personages […] (a weave of historical and fictional materials, multiple narrators, and an emphasis, through sudden temporal leaps, on the enunciative situation of the work being written and read […].)[20]

Der Aspekt des Fotografischen und seiner Wirkungen wird demnach vorwiegend anhand material vorliegender Bilder beleuchtet – und bleibt somit in gewisser Weise selbst von beschränkter Perspektive, der freilich Tiefenschärfe nicht abgehen muss. So lieferte z. B. Martina Wagner-Engelhaaf in ihrem Aufsatz »›Wirklichkeitserinnerungen‹, Photographie und Text bei Robert Musil« aus dem Jahr 1991 einen exemplarischen Beitrag über die Möglichkeiten einer solchen Vorgehensweise.[21] In ausschließlicher Konzentration auf ein Werk Musils, den *Mann ohne Eigenschaften* (1931/32), liest Engelhaaf darin explizit erwähnte Fotografien auf der Metaebene des Textes.

Was geschieht eigentlich beim Betrachten von Fotografien? Woher rührt jenes existenzielle Verwundern, ja mitunter Schaudern, mit dem man in seine eigene Vergangenheit oder in die vertrauter Menschen blickt, die Unmittelbarkeit, in der eine historische Situation plötzlich lebendig werden kann? Der Essay von André Bazin »The Ontology of the Photographic Image« bezeichnet die Fotografie als eine »Mumifizierung der Zeit« und als eine Art Einbalsamierung der Toten.[22] John Berger betont ebenfalls die Implikation des Todes, die sich bei der Betrachtung einer Fotografie einstelle: »[…] photography, because it stops the flow of life, is always flirting with death«.[23] Vor allem jedoch durch Roland Barthes' Schrift *Die Helle Kammer. Bemerkung zur Photographie* (1985) leitete sich eine Definitionsverschiebung in Erweiterung der bereits postulierten technischen Kriterien ein, in jedem Falle jedoch ein differenziertes, zugleich subjektiveres Nachdenken über Fotografie, Zeitlich- und Endlichkeit, und, davon abgeleitet, über das Wesen, das *noema* des Fotografischen. Dieser wesentliche Impuls für eine veränderte Wahrnehmung von Fotografie und ihrer Rezeption als »Aufzeichnungsmedium und resistenter Speicher« des Gewesenen, sprach der Fotografie »eine Realität, vor der wir geschützt sind« zu.[24] Obschon selbst keine wissenschaftliche Arbeit im eigentlichen Sinne, hat jener Grundbaustein eines Nachdenkens über Fotografie und Fiktion nicht allein

---

20   Creekmur, Corey K.: Photography, Fiction, and Mourning. In: Bryant, Marsha (Hg.): Photo-Textualities. Reading Photographs and Literature. Cranbury, NJ, 1996, 73–82. hier: 75 ff.
21   In: Poetica, Bd. 23, (1991), Heft 1–2, 217–255.
22   Bazin 59 ff.
23   Berger, John: The Sense of Sight. New York 1985, 122.
24   Barthes entwickelt die Begriffe *studium* und *punctum:* 31–72.

die Forschung stark beeinflusst,[25] sondern auch die Kategorien von Erinnerung und Erzählung mit der Fotografie verknüpft.[26]

Der Einfluss von Roland Barthes liegt denn auch der Arbeit von Hubertus von Amelunxen zugrunde, der sich mit Hilfe der Barthes'schen Kriterien von *studium* und *punctum* ebenfalls den »Einwirkungen des Mediums auf den Begriff von Literatur« widmet.[27] Anknüpfend an Barthes heißt es dort:

Unsere Aufgabe liegt in der Übersetzung der photographischen Repräsentation in unsere Zeit: diesem Entsetzen, das dem Gewesenen entspringt, haben wir in der Betrachtung zu entsprechen. Nicht das figurativ Bildhafte, die photographische Ikonographie, bestimmt also das Verhältnis von Photographie und Literatur, sondern der dem Medium Photographie technisch, bzw. physikalisch-optische inhärente Bezug zur Zeit.[28]

In diesem Sinne will auch die vorliegende Arbeit ihren praktischen, an einem literarischen Text nachgewiesenen Beitrag leisten. Nicht zuletzt auch deshalb, weil Amelunxen trotz dieser treffenden Beobachtung in der Praxis leider kein ausreichendes Instrumentarium zur Klärung und Prüfung dieser Beobachtung einführt.

Uwe Johnson spricht im *Dritten Buch über Achim* von der Kamera als einem »gedächtnisträchtigen Gehäuse«.[29] Deren Arbeitsweise wollte er jedoch literarisch-stilistisch nicht – so Horst Bieneks Meinung – in die »Starrheit von Fotos«, erinnernd an Negative, ja sogar Röntgenbilder übersetzt wissen.[30] Johnson war nicht allein ein Dichter, der mit Fotografien arbeitete. Er entwickelte sie literarisch, differenzierte ihre Bedeutung aus: Von einer Initiation der Erinnerung zur Leerstelle verlorener Erinnerung bis hin zu einem ungeheuer beweglichen Bildprogramm von Wahrnehmung und Erinnerung. Johnson war darüber hinaus selbst ein Fotograf, der nicht allein von der Technik einiges verstand – wofür die *Skizze eines Verunglückten* hinreichend Aufschluss gibt.[31] Auch er sah ein mögliches Charakteristikum der Fotografie darin, wie es auch bei seiner Protagonistin Gesine

---

25 Sontag, Susan: On Photography. New York, 1977, 14 postuliert, dass alle Fotografien ein *memento mori* darstellten.

26 Dazu auch Zetzsche 99 ff. und 117–131.

27 Vgl. Amelunxen, Hubertus von: Photographie und Literatur, Prolegomena zu einer Theoriegeschichte der Photographie. In: Zima, Peter V. (Hg.): Literatur intermedial, Musik – Malerei – Photographie – Film. Darmstadt 1995, 211.

28 Ebd. 213.

29 DBA 189.

30 Vgl. Bienek 199.

31 Ungewöhnlich, dass Zetzsche 281, Anm. 231 auf eine Interpretation der (wesentlichen) Implikationen von Fotografie verzichtet, weil man diesem Text einen »eigenen Status im Gesamtwerk« einräumen und ihn im Kontext mit Max Frisch lesen müsse.

heißt, »dem Vergessen vorzubeugen«.[32] Welche Funktionen für das Erzählen die häufige Verwendung des in typischer Weise dichterisch gestalteten Bildmaterials daher im Gesamtwerk habe, ist seither in einigen Untersuchungen nachzuweisen versucht worden.

In einem 1996 erschienenen, sehr stringenten Aufsatz und eigenständigem Zugang befasst sich Wolfgang Martynkewicz mit dem Stellenwert von Fotografie und Bildfunktion in Uwe Johnsons *Jahrestagen*. Insbesondere die Bildberichterstattung der *New York Times* in ihrer Funktion als Signal für Erfahrbarkeit findet sein Interesse,[33] mit durchaus weitreichenden Ergebnissen zu Johnsons Stil und Technik bei der »Verschriftung photographischer Vorlagen«.[34] Martynkewicz postuliert nämlich eine »zweite Botschaft« der verwendeten Fotografien sowie deren Verweisfunktion auf Anderes, »das der direkten Darstellung unfähig ist«.[35] Die literarische Technik, durch die Perspektive der Hauptfigur Gesine, deren innere Verfasstheit Schärfe und Unschärfe tönt, sowie durch Gesines Wahrnehmung und Assoziationen das Feld des Sichtbaren (die vorliegende Fotografie) immens zu erweitern, lässt sich so mit einer Art Doppelbelichtung vergleichen, für die gilt: »Vergangenheit fällt nicht wie ein Schatten auf die Gegenwart, sondern wird im Gegenwärtigen erst erlebt«.[36]

Johan Nedregård hingegen reduziert das »Bruchstückhafte der Fotografie als stillgestellter Ausschnitt einer ehemals bewegten Situation« allein auf die Phänomene der »Entfremdung und Verdinglichung«,[37] was zwar nicht falsch ist, aber im Kontext Johnsonschen Erzählens zu kurz greift. Das Motiv real vorliegender Bilder im Roman – und darum handelt es sich auch bei Nedregård – führt ja oft genug in einen schmerzhaft wirklichen Erfahrungsraum, sei es bei der Betrachtung einer Familienfotografie oder eines Fotos einer Erschießung in Vietnam.

Einen äußerst interessanten, jedoch leider nicht weiter verfolgten Ansatz lieferten Jürgen Zetzsche und Eberhard Fahlke in dem Aufsatz »Photographische Augenblicke in der erzählten Geschichte der *Jahrestage*« von 1989. Insbesondere dessen erster Teil versucht anhand Walter Benjamins Thesen sowie Konzepten moderner Dichter-Theoretiker wie Walter Höllerer, Arno Schmidt oder John Berger einen ersten Umriss zu liefern, was denn *fotografisches Schreiben* sein könne. Eng damit verbunden sei das Kriterium des Augenblicks als: »[...] kleinste Erinnerungseinheit, als kleinste Wahrnehmungs- und Erlebniseinheit, [...] auf die gerade noch Verlaß ist; der

---

32 Fahlke 123, 159 f.
33 Ebd. 147.
34 Ebd. 146.
35 Ebd. 147.
36 Ebd. 146 f.
37 Nedregård 77.

Augenblick als Summe des Wahrgenommenen in seiner geringfügigsten räumlichen und zeitlichen Wahrnehmung, oftmals der unberechenbaren Beleuchtung vom Nichtwahrnehmbaren her ausgesetzt, dem Zweifel überantwortet«.[38] Die Schlussfolgerung dieses Aufsatzes: »Die Rettung der moralischen Qualität von Photographien ist der wesentliche Sinn und Zweck des photographischen Erzählens in den *Jahrestagen*« möchte ich indes nicht teilen.[39]

Jürgen Zetzsche widmete sich in seiner 1994 erschienenen Dissertation »Die Erfindung photographischer Bilder im zeitgenössischen Erzählen« dann wieder real vorliegenden Fotografien in und außerhalb von Texten. Mit dem Instrumentarium eines umfangreichen theoretischen Überbaus von Husserl bis Barthes untersucht er Romane von Jürgen Becker sowie Uwe Johnsons Gesamtwerk. Zetzsche fragt nach der Bedeutung »[…] für das Erzählen selbst, wenn in ihm Photographien beschrieben werden und wenn diese Photographien als tatsächliche Dokumente außerhalb des Textes vorliegen«.[40] Zetzsche kommt zu dem Schluss »[…] dass photographische Bilder in fiktionalen Texten aufgehoben« werden. Aufhebung durch Sprache bedeute zum einen die mögliche Rettung dieser Bilder, andererseits kompensiere sie »den drohenden Erfahrungsverfall« der Protagonisten.[41] Weiter heißt es bei Zetzsche: »[…] erst die Betrachtung der Bilder durch Gesine und Marie verleiht ihnen ihre Existenz, d. h. ohne ihre (Er-) Findung in den Jahrestagen wären viele Bilder vergessen. Erst durch die Nicht-Wirklichkeit der *Jahrestage* erlangt die Wirklichkeit der Photographien ihren Sinn als Zeugnis, Erinnerung und Dokument«.[42] Der Aspekt des Bewahrens berührt sich zwar mit dem Aspekt der Erinnerung, die Beschränkung darauf jedoch

---

38   Höllerer 344.

39   Fahlke/Zetzsche 84.

40   Zetzsche (1994) 15 ff. verweist auf das *Bild Gabrieles*, einem Text aus Johnsons frühem Schaffen, in der eine Fotografie explizit schriftlich entwickelt, mit Kontext versehen und mit Vermutungen, bzw. den geradezu programmatischen Mutmaßungen »aufgeladen« wird, und so den Anfang einer Geschichte liefert: »Gabriele ist der Name. Gabriele, das ist vorläufig nicht mehr als ein Schnappschuß.«; auch Horend spricht (auf Seite 30 f.) im selben Kontext von Mutmaßungen und einer auch nach der zweiten Prüfung dürftigen Bildaussage: »Der Erzähler erweitert demnach schon zu Beginn seine Betrachtung um jene Dimension, welche Benjamin als Voraussetzung zum Verständnis der Photographie antizipiert hat: eine erläuternde Versprachlichung ihrer Inhalte.« Vgl. ebd. 32: Dass Gabrieles Augen indes keine »Benjaminsche Aura« zeigten, mithin nicht mehr zum Autor sprächen, ist mir nicht nachvollziehbar. Diese Aura steht auch nicht zur Debatte, galt sie Benjamin doch schon mit dem Beginn der Fotografie als im Schwinden begriffen.

41   Dem Roman eine grundsätzliche Nicht-Wirklichkeit zu attestieren, scheint nicht angemessen. Die explizit vorliegende Fotografie allein als Garant von Wirklichkeit, bzw. als deren Abbild zu deuten, berücksichtigt nicht die subtile Verschränkung und beständige Durchdringung der Ebenen. Hingegen kompensiert eine real vorliegende, fiktiv verwendete Fotografie für den Autor ein gewisses Erfahrungsdefizit, sonst hätte Johnson nicht um Fotografien gebeten, um seine Erinnerung an manche Orte aufzufrischen, bzw. zu präzisieren.

42   Zetzsche 276.

erlaubt noch keine Etablierung einer fotografischen Zeichenhaftigkeit, geschweige eines literarischen Bildprogramms von Erinnerung.

Rolf. H. Krauss vertieft in seiner 1999 erschienenen Dissertation »Photographie und Literatur. Zur fotografischen Wahrnehmung in der deutschsprachigen Literatur« den Aspekt der Wechselwirkung von Fotografie und Literatur, indem er Folgendes bemerkt: »Was aber, wenn nicht feststellbar ist, daß [...] ein Text auf bestimmte Photographien zurückgreift, und es dennoch durchaus möglich ist, dass er von photographischen Techniken beeinflusst ist?« Eine wesentliche theoretische Hilfe zur Behandlung dieser Frage bot hierbei die 1990 publizierte Untersuchung von Jonathan Crary »Techniques of the Observer: Vision and Modernity in the Nineteenth Century«. Krauss postuliert eine auf die Erfindung der Fotografie zurückgehende Veränderung des Sehens selbst, wie dies auch Armstrong in ihrer im selben Jahr erschienen Arbeit tut.[43]

Krauss entwickelt zunächst Strategien und Kriterien für das *photographische Sehen*. Fotografische Bilder sind für ihn auch dadurch vorsichtig definiert »[...] daß diese besondere Art der Textherstellung vor Erfindung der Photographie nicht möglich gewesen wäre«.[44] Krauss gelingt es, und das ist für vorliegende Arbeit von Bedeutung, Texte zu finden, welche die jeweilig zu ihrer Zeit vorherrschende optische Technik der Abbildung, nämlich Camera Obscura, Panorama und schließlich die Fotografie buchstäblich reflektieren.

Die Ergebnisse sind überraschend, insofern sie, was die Fotografie betrifft, den eingangs geschilderten Erwartungen eines literarischen Niederschlags, nämlich betonter Objektivität oder, anders gesagt, einer »Arretierung und Vervollkommnung des Realen« entgegengesetzt sind. Ebenso finden sich deutliche Modifizierungen der z. B. von Jürgen Zetzsche postulierten, jedoch gängig angenommenen Eigenschaften wie »kurz und schroff«, die den fotografischen Eindruck ausmachten.[45] Weiter jedoch wird bei Krauss dieser überraschende Befund in seiner Untersuchung ausgewählter Passagen von Wilhelm Raabes *Chronik der Sperlingsgasse* nicht diskutiert[46] – da es ihm primär um die literarische Spur einer neuen optischen Technik, bzw. dadurch veränderten Sehweise und nicht um die Tiefenstruktur eines literarischen Werks geht. Dieser Befund ist insofern für vorliegende Arbeit wichtig, da Johnson anlässlich der Vergabe des Wilhelm-Raabe-Preises 1975 in Braunschweig die literarische Technik Raabes mit folgenden Worten würdigt und zugleich relativiert: »Und gewiß kann man etwas

---

43 Vgl. Armstrong 76 f.
44 Krauss 21.
45 Vgl. ebd. 240.
46 Eine ausführlichere Betrachtung zu Raabe siehe Kap. 4 zum literarischen Motiv »Blick aus dem Fenster«.

lernen aus dem *Stopfkuchen* über die Optik des Erzählers oder aus der Komposition der *Acten des Vogelsangs* um Velten Andreas, jeweils aber nur die pure, abgelöste Technik«.[47] Damit reklamiert Johnson eine Verbindung zwischen Techniken des Sehens und des Erzählens vielleicht auch für sich.

Die Bedeutung der Fotografie im Frühwerk Johnsons untersucht Sybille Horend 1999 auf der Basis der Benjaminschen Thesen über Fotografie. Dem heutigen Verständnis nach gelten diese weniger als geschlossene Fotografietheorie denn als philosophische Texte. Zudem entsteht der Eindruck, als habe es seither keine ertragreichen philosophischen Arbeiten zur Fotografie mehr gegeben, z. B. Vilém Flusser oder Roland Barthes. Horend widmet sich ebenfalls anhand material vorliegender Bilder z. B. des Fotografen-Protagonisten B. in *Zwei Ansichten*. Die Funktion als Erinnerungsanlass mit entsprechendem Stellenwert der Erinnerung selbst weiche im Frühwerk der zunehmenden Skepsis an der eigenen Erinnerungskompetenz durch das mediale Wirklichkeitssurrogat.[48] Die Fotografie verkommt zur Ware, literarisierte Fotografien werden zu Leerstellen, die der Leser füllen soll. Die *Jahrestage* bleiben in dieser Analyse unberücksichtigt – ebenso wie weitgehend der aktuelle Forschungsstand zum Thema Fotografie und Literatur. Die alleinige Beschränkung auf Benjamin als »Autorität«, weil Johnson ihn wahrscheinlich rezipiert hat, scheint mir das andere Extrem zu Zetzsches umfassendem, aber in der Anwendung vergleichsweise wenig ertragreichen Theorie-Konzept zu sein.

Soweit die wesentlichen Stationen einer literaturwissenschaftlich-fotografietheoretischen Diskussion, deren Entwicklung deutlich geworden ist: Das Hauptaugenmerk liegt zunehmend weniger auf explizit vorliegenden Fotografien. An dessen Stelle tritt aus den Indizien für das zunächst an einer Technik entlang aufgespürte fotografische Sehen allmählich eine spezifisch fotografische *Qualität* des Blicks, die neu zu definieren versucht wird. Als Nachweis spezifisch fotografischer Bildsprache nämlich, gefasst in einer momenthaft aufscheinenden Qualität fotografischen Schreibens. Ebenso wird der fotografische Akt sowie der Akt des Betrachtens einer Fotografie in die Überlegungen mit einbezogen und einer Revision unterzogen.

Eben diese postulierte, jedoch noch nicht scharf umrissene Qualität des Blicks, bzw. der Wahrnehmung und ihrer literarischen Umsetzung wünsche ich in der Betrachtung der *Jahrestage* um wesentliche Erkenntnisse zu

---

47 Johnson, Uwe: »… habe aber nie die Absicht gehabt, durch Partheischriften den Tageslärm zu vermehren.« In: Fahlke, Eberhard: »Ich überlege mir eine Geschichte«. Uwe Johnson im Gespräch. Frankfurt a. M. 1988, 73.
48 Vgl. Horend 137 ff.

erweitern und vor allem ihre strukturbildende Funktion als fotografisches Zeichen beispielhaft in der Organisation des Romans nachzuweisen.

Mit der Konzentration auf fotografische Zeichen stellt sich jedoch nicht allein die Aufgabe, Funktionen eines technischen Mediums in der Produktions- und Rezeptionsästhetik literarischer Texte wiederzuerkennen. Zu finden war ferner ein allgemeines Zeichenmodell, welches für die spezifischen Zeichen fotografischer Wahrnehmung geeignet ist. Für eine solche halte ich die Zeichentheorie von Charles S. Peirce. Als außergewöhnlich effizientes, hoch differenziertes Begriffswerkzeug für Aspekte meiner Auffassung des Fotografischen fungiert die Peircesche Zeichentheorie, insbesondere deren Begriffe *Ikon / Index* und *Symbol* sowie die Kategorien der *Erst- Zweit- und Drittheit*. Diese werden, wo es logisch zum Verständnis des Bildprogramms der *Jahrestage* beiträgt, in der Analyse herangezogen. Im Zuge dieser Arbeit wird zudem der Versuch unternommen, dem Peirceschen *Ikon* jene Bedeutung wiederzugeben, die über der beinahe ausschließlichen Konzentration auf den Peirceschen Index, speziell im fotografischen Kontext, in den Hintergrund geriet.

Die vorliegende Arbeit ist weiterhin auch eine vergleichende, da sie sich auch mit dem Einfluss Thomas Manns *Buddenbrooks* (1901) oder in Exkursen mit Rainer Maria Rilkes *Die Aufzeichnungen des Malte Laurids Brigge* (1910) beschäftigt, wo der Schrecken der Bilder bereits vorgeformt ist. Anregung und intellektuelle Schärfe bot Christian Elbens Arbeit »Ausgeschriebene Schrift. Uwe Johnsons *Jahrestage*: Erinnern und Erzählen im Zeichen des Traumas«. Elben begreift die Organisation der *Jahrestage* unter dem Vorzeichen Trauma, er benennt das Phänomen Trauma als »grundlegendes Zeichenproblem« dieses Romans.[49] Anders als der überwiegende Teil der Johnson-Rezeption, nach der die *Jahrestage* vorwiegend eine Inszenierung gelungener Trauerarbeit verwirklichen,[50] möchte Elben diese Annahme entkräften: »Johnsons Erzählkunst gibt zu bedenken, dass […] sich Erinnern und Erzählen in den Jahrestagen nicht in Zeichen für Trauma, sondern in Zeichen von Trauma realisiert«.[51] Meine These verknüpft das, wenn man so will, traumatische mit dem fotografischen Zeichen, somit Innenstruktur der Protagonistin und poetisches Gestaltungsprinzip. Hier darf ich Elben daher beipflichten, wenn er in intendierter Paradoxie zu dem Schluss kommt: »Zu lesen sind Gesine und uns Lesern Zeichen, vor denen Augen und Ohren nicht zu verschließen sind und in denen nichts zu sehen und zu hören ist – das aber deutlich.«[52]

---

49 Elben 22 f.
50 Darunter Riordan 1989, 1995 und Fries; zu diesem Themenbereich und Forschungsdiskussion kann man nur auf Elbens fundierte Einleitung verweisen.
51 Elben 22 f.
52 Ebd. 158.

Was sind zunächst die offensichtlichen Vorteile, die einen Autor bewegen, fotografisch zu erzählen, z. B. indem er reale oder vorgestellte Fotografien verwendet? Eine zusammen mit dem Text konstruierte Fotografie gibt sowohl Autor als auch Leser die Gelegenheit, ruhig und assoziativ zu beobachten: Sie schafft ausreichend Erzählzeit, um vielfältige Zusammenhänge zwischen den abgebildeten Einzelheiten herzustellen, und eröffnet auf diese Weise den Horizont, die dargestellte Situation pragmatisch zu deuten. Johnson beschreibt schon in seinen frühen Texten »erfundene« Fotos, um Aussehen, Charakter und Realität seiner literarischen Figuren zu erproben.[53]

Was den Autor dezidiert Abstand halten lässt, kann indes den Protagonisten oder Erzähler eines Romans emotional zutiefst erschüttern: Eine Fotografie mag hierbei bewirken, von der einzigartigen Gegenwart des Referenten unvermittelt oder gar schockartig ergriffen zu werden, das Betrachten mündet in einen Strom von Sentimentalität, Wehmut oder Trauer. Dieses unvermittelte Eintauchen in eine Wirklichkeit hinter der Fotografie kann man im Gegensatz zum nüchternen Beobachten auch als quasi »trunkenen« Umgang klassifizieren.

Johnson als Autor, wie auch als konstruierter Erzähler seiner Romanwelt, lässt beide möglichen Aspekte eines literarischen Umgangs mit der Fotografie erkennen: Dem fotografisch entwickelten Schreiben ist ein subtiles Oszillieren zwischen Distanz und Nähe eigen, zwischen Registratur des gegenwärtig Sichtbaren und Verlorensein im schmerzhaft Vergangenen, kurz: eine eindrucksvolle Durchdringung von Nüchternheit und Trunkenheit. Im Übrigen wurde auch der Mensch und Zeitgenosse Uwe Johnson gemeinhin als distanziert und unnahbar beschrieben. Nur wenige Freunde erkannten, dass dieser Charakter weder inszeniert noch aufgesetzt war, sondern seinem Wesen tatsächlich entsprach.[54]

Der Fotograf und sein schreibender Stellvertreter stehen bei der Herstellung einer Fotografie inmitten einer vielgestaltigen sozialen wie technischen Wechselwirkung zur abzubildenden unmittelbaren Situation. Mit dem »Ergreifen« eines gerade eben wirkenden Blicks, dem Impuls, den Kameraverschluss auszulösen, mit der zeitlich versetzten Entwicklung der dabei belichteten Filmoberfläche entsteht schließlich ein zweidimensionaler Lichtabdruck auf Papier: Ein fixiertes fotografisches Resultat, das nun seinerseits Blicken wie auch Deutungen ausgesetzt sein wird. Fotografisches Erzählen ist daher mehr als die Umformung einer Fotografie in Text, mehr als die detailgenaue Kontextualisierung einer optisch vorgestellten Szene in das Medium der Sprache.

---

53   Vgl. Zetzsche 151 ff.
54   Vgl. Toni Richter über Uwe Johnson. In: Berbig, 111.

Selbst wenn das fotografische Erzeugnis keinerlei Ähnlichkeit mit der ursprünglichen Situation zeigt – sei es, weil der Lichtbildner außerordentlich stark inszenierte oder die technische Apparatur nur unzulänglich beherrschte – so steht doch eines außer Frage: Jetzt beobachtbare menschliche Zeichen existierten innerhalb einer eng begrenzten Zeitspanne »wirklich«.

Fotografisches Schreiben bezeichnet damit zunächst ein Erzählverfahren, das im Entwerfen der Gegenwart den visuell deutenden Sinn auf etwas Anderes, darin aufgehobenes oder dahinter liegendes wie z. B. eine zeitlich entfernte, scharf begrenzte Vergangenheit richtet. Ein fotografisches Zeichen bezeichnet damit allgemein:

– den beobachteten gerichteten Blick einer Romanfigur, das damit unmittelbar nachvollzogene Sehen – wenn mit dem dabei sichtbaren gegenwärtig Einzelnen zugleich auch die Vergegenwärtigung eines singulär Vergangenen verbunden ist;
– einen im Leben einer Person kritischen Augenblick, der quasi als Bild wie von einem Blitzlicht detailgenau beleuchtet im Gedächtnis latent, unentwickelt und unveränderlich verharrt – der aber in bestimmten Situationen immer wieder für die Handlung entscheidend wirkt;
– eine im Text material vorgestellte und erzählte Fotografie – sofern diese ein spezifisches Spannungsfeld entwirft, das die Gegenwart paradoxerweise als entfernt und die Vergangenheit als nahe liegend erscheinen lässt.

Die Bedeutung von Blicken, eingeprägten inneren Bildern oder vorliegenden Fotografien muss von der je unterschiedlichen Aktualisierung ihres Herstellungs- und Betrachtungsvorgangs abhängig bleiben. Daher ist Johnson äußerst zurückhaltend, was die wahrheitsgemäße »Ausdeutung« von beobachtbaren Phänomenen im Allgemeinen und von Fotografien im Besonderen betrifft.[55] Mit der Kommentierung einiger Textpassagen der *Jahrestage* unter Anschauung ausgewählter »echter« Fotografien soll die Wirkung fotografischer Zeichen verdeutlicht werden. Folgende Motivkomplexe werden sich dabei herauskristallisieren:

– Bewegtes Deuten auf vorgestellte und erzählte Familienbilder. (Kapitel 2)
– Entwicklung einer innersten Bildwelt durch das erzählerische Mittel des bedrohlichen »Wegkippens« eines Bildes oder seines scharfen Randes. (Kapitel 3)
– Der Blick eines Protagonisten aus dem Fenster wie auch der des Erzählers auf seine Figur. (Kapitel 4)

---

55 Vgl. JT 492 »So fotografiert würde sie [Marie, F. M.] in zehn Jahren sich ausdeuten als ein Kind, das in glücklichen Umständen aufwuchs, in einer Zeit des Friedens.«

– Die für die Erinnerung produktive Unschärfe einer visuellen Wahrnehmung bei Phänomenen wie Dunst oder Nebel, wodurch Vergangenheit
  und Gegenwart in eins fallen. (Kapitel 5)
– Die Bedeutung fotografischer Zeichen für die Erzählgegenwart und zu
  erwartende Zukunft der handelnden Figuren. (Kapitel 6)

Beginnen wir mit dem Resultat einer fotografischen Geste – also der literarischen Nutzung einer material vorliegenden Fotografie.

2. Bewegtes Deuten auf vorgestellte Familienbilder

Im Jahr 1963, nicht lange nach ihrer Ankunft in New York – ihr Vater war bereits tot, die Anstellung beim zweiten Arbeitgeber in New York gerade erst angetreten, – schien es eine Zeit zu geben, in der sich das Leben der Gesine Henriette Cresspahl ein wenig von der Vergangenheit hätte lösen können. Im unwirklichen Zustand erster tastender Kontaktaufnahme mit einem fremden Land, inmitten kultureller Interferenzen und einem spannenden, weil noch nicht zur Gewohnheit gewordenen Unbehaustsein, liest sie amüsiert die Werbung auf einem grünen Kastenwagen: »Theatralische Umzüge – Unsere Spezialität« (1880).[1] Sicherlich eine treffende Bezeichnung für Gesines damalige Situation: Von Düsseldorf nach New York umgezogen, findet sich Gesine auf der Insel Manhattan wie auf einer unbekannten, fremden Bühne. Zwar werden ihr alle Requisiten zur Verfügung gestellt und das alltägliche Sich-Zurecht-Finden in der Metropole in einer Art gesellschaftlicher Regieanweisung verständlich gemacht; eigenes Agieren jedoch empfindet Gesine als vorläufig und nur vorübergehend – ganz wie der Entwicklungsprozess einer Schauspielerin, die sich erst allmählich an die ihr zugewiesene Rolle gewöhnen muss.

»Hundstage« – jene trägen, dunstig-heißen Tage im August, wenn Sirius (*Canis maior*) in der Morgendämmerung zu sehen ist – könnten ebenso gut die Überschrift des ersten, undatierten Kapitels der *Jahrestage* liefern. Am

---

1   Die Bezeichnung »Kastenwagen« indes verweist zugleich auf eine zunehmende traumatische Zeichenwelt und mit ihr die inhärente Bedeutung dieses Gefährts in JT 1117 am 5. Mai: der Anblick der an Typhus gestorbenen Flüchtlinge für das Kind Gesine.

letzten Tag der astronomischen Hundstage, am Mittwoch, den 23. August 1967 nämlich, dem Volksaberglauben nach als das Ende einer Unglückszeit gedeutet, beginnt die chronologische Erzählung der Familie Cresspahl.

Als die Erzählerin beginnt, sich ihrer Herkunft zu erinnern, imaginiert sie den 43-jährigen Cresspahl auf den Tag genau vor 36 Jahren, am 23. August 1931. Johann Heinrich Cresspahl, Kunsttischler aus Malchow in Mecklenburg, scheint zu diesem Zeitpunkt in beruflicher wie privater Hinsicht ein zufriedener Mann. Seit sechs Jahren lebt er in Richmond bei London, wo er als Verwalter eines gut gehenden Tischlereibetriebs arbeitet. Der mittellose deutsche Auswanderer Heinrich war im London der zwanziger Jahre Elisabeth Trowbridge begegnet.[2] Diese junge, vermögende Kriegswitwe zeigte sich zwar zurückhaltend, was die Ehe betrifft,[3] dennoch entwickelte sich aus anfänglich eher unverbindlichen Zusammenkünften doch etwas wie eine dauerhafte Beziehung.

Als Heinrich Cresspahl Ende August 1931 in seine alte Heimat Mecklenburg reist, weiß er zwar nicht, dass er kurz zuvor einen Sohn namens Henry gezeugt hat. Doch deuten sowohl seine Absicht, in Deutschland ein letztes Mal die Verwandten zu besuchen, als auch sein Gebot auf ein Einfamilienhaus in Richmond darauf, dass er mit Elisabeth Trowbridge eine Familie zu gründen plant.

Dazu wird es jedoch nicht kommen. Cresspahl lernt noch in diesem August in Travemünde die 25-jährige Lisbeth Papenbrock kennen, heiratet sie zwei Monate später und zieht mit ihr in das wirtschaftlich und politisch stabilere Richmond. Die gemeinsame Tochter Gesine kommt im März 1933 auf Wunsch von Lisbeth in Deutschland zur Welt. Im Jahr 1967, anlässlich des Jahrestages der ersten Begegnung von Heinrich und Lisbeth, versucht die Erzählerin Gesine Cresspahl den abrupten Sinneswandel ihres Vaters an jenem Sonntag, den 23. August 1931, nachzuvollziehen:

Im August 1931 saß Cresspahl in einem schattigen Garten an der Travemündung, mit dem Rücken zur Ostsee, und las in einer englischen Zeitung.
Er war damals in den Vierzigern, mit schweren Knochen und einem festen Bauch unter dem Gürtel, breit in den Schultern. [...]
Er sah an seiner zerknitterten Zeitung vorbei auf einen Tisch in der sonnigen Mitte des Gartens, an dem eine Familie aus Mecklenburg saß, jedoch in einer zerstreuten Art, als habe er seine veralteten Nachrichten satt. Er war damals füllig im Gesicht, mit trockener schon harter Haut. In der Stirn war sein langer Kopf schmaler. Sein Haar war noch hell, kurz in kleinen wirbligen Knäueln. Er hatte einen aufmerksamen, nicht deutbaren Blick, und die Lippen waren leicht vorgeschoben, wie auf dem Bild in seinem Reisepaß, den ich ihm zwanzig Jahre später gestohlen habe. [...]

---

2 Vgl. neben den entsprechenden Kapiteln der *Jahrestage* auch HNJ 61 ff.
3 Vgl. die Erzählerin Gesine in HNJ 63: »Vorstellen soll ich mir vier Jahre Zusammenlebens mit Mrs. Trowbridge, ein ruhiges Bündnis ohne Aussicht auf Heirat.«

Die Luft war trocken und ging schnell. Die warmen Schatten flackerten. Der Seewind schlug Fetzen von Kurkonzert in den Garten. Es war Friede. Das Bild ist chamois getönt, vergilbend. Was fand Cresspahl an meiner Mutter?
Meine Mutter war 1931 fünfundzwanzig Jahre alt, die zweitjüngste von den Töchtern Papenbrocks. Auf Familienbildern steht sie hinten, die Hände verschränkt, den Kopf leicht schräg geneigt, nicht lächelnd. Man sah ihr an, daß sie noch nie anders denn aus freien Stücken gearbeitet hatte. Sie war so mittelgroß wie ich, trug unser Haar in einem Nackenknoten, dunkles, locker fallendes Haar um ihr kleines, gehorsames, ein bißchen gelbliches Gesicht. Sie sah jetzt besorgt aus. Sie hob selten den Blick vom Tischtuch und knetete ihre Finger, als wäre sie gleich ratlos. Sie allein hatte gemerkt, daß der Mann, der sie ebenmäßig ohne ein Nicken beobachtete, ihnen nachgegangen war von der Privatfähre bis an den nächsten freien Gartentisch.
(JT 16 f. 23. August)

Noch bevor Heinrich Cresspahl Lisbeth anspricht, beobachtet er die junge Frau im Kreise ihrer Familie in einem Gartencafé. Die erste Szene liefert Eckpunkte des Handlungsortes und fokussiert dann auf die Beschreibung äußerlicher Merkmale Cresspahls. Die zweite Szene wiederum nimmt die Perspektive Cresspahls ein. Seine Wahrnehmung von Lisbeths Aussehen und ihren typischen Gesten ist auch verbunden mit einer ersten charakterisierenden Deutung.

Zu Anfang wird eine zunächst noch gestaltbare Skizze zunehmend verdichtet, interpretierbare Details können alsbald nicht mehr eingefügt werden. Als Fotografie gesehen, ist das Bild schließlich endgültig entwickelt. In ihrem weiteren Verlauf konzentriert sich die Szene weiter auf Merkmale, die eindeutig einer fotografischen Beschreibung entstammen. Die Beschreibung von Cresspahls Kleidung, Körperbau und seinen Händen könnten durchaus noch gezeichnete Vorbilder haben. In der darauf folgenden Fokussierung seiner Gesichtsmerkmale jedoch wird ein fotografisches Vorbild immer deutlicher – und als solches dann auch genannt. Mit Sicherheit fotografisch *gemeint* ist indes nur die Beschreibung von Blick und Mund, da nur diese ausdrücklich durch ein Passfoto »beglaubigt« sind. Eine solche Beglaubigung liefert bei Johnson jedoch keine genaue eigentliche Beschreibung, vielmehr eine Umschreibung, eine Überblendung, die eine andere Wahrnehmungs-Ebene ermöglicht. Bei aller Genauigkeit des Details ergibt dieses Bild dennoch keine Ganzheit.[4]

Eine derartige »Kamerafahrt« vollzieht zudem den bewegten Blick des Erzählers auf eben jener dadurch vorbereiteten Bildoberfläche nach. Angekommen beim äußeren wie inneren Endpunkt einer Personenbeschreibung – nämlich bei der Art, wie jemand auf die Welt sieht – beim Blick also, der zugleich die Gesamtheit innerer Verfassung ausdrücken kann, enden Bil-

4 Vgl. Martynkewicz 152.

derzeugung und -beschreibung gleichzeitig: Der Blick selbst ist jedoch »nicht deutbar«. Das nun insgesamt erstarrte szenische Tableau weist zum einen auf den erzählerischen Szenenanfang zurück und motiviert zum anderen den Perspektivwechsel selbst.

Wie in einer Gegenbewegung formt und zeigt sich allmählich eine andere Person: Gesine Cresspahl. Gehörte die Erzählstimme zunächst einem eher neutralen, nüchternen Erzähler – nennen wir ihn ruhig »Johnson«, da er sich in den *Jahrestagen* selbst als »Schriftsteller Johnson« einführt – so treffen wir mit der fotografischen Verdichtung zugleich auf die nun konkret fassbar werdende Erzählerin, die Tochter Cresspahls. Als sich die Beschreibung nicht nur zu irgendeiner, sondern zu einer ganz bestimmten Fotografie hin reduziert, wechselt die Erzählstimme »Gesine« zum ersten Mal in den *Jahrestagen* zur expliziten Ich-Perspektive: »[…] wie auf dem Bild in seinem Reisepass, den ich ihm zwanzig Jahre später gestohlen habe«.

Kaum ist Gesine Cresspahl uns fassbar aufgetaucht, folgt bereits ein Aufschub. Die Ich-Erzählerin räumt ihren Platz und tritt für die nun folgende Rekapitulation der Gründe, weshalb Cresspahl sich nach Deutschland aufmachte, in die zweite Reihe zurück. Anschließend erscheint Gesine allerdings umso deutlicher, indem sie in die vergangene Gegenwart eintaucht, und zwar keineswegs mehr Distanz haltend, sondern vom vorstellbaren Medium einer Fotografie nahezu losgelöst. In der plötzlichen Bewegung des Lichts sowie der sinnlich erfahrbaren Empfindung der warmen Luft auf der Haut, im blitzartigen Entwurf jener singulären Zeitspanne, formt sich ein abgelegtes Bild in seiner ganzen Lebendigkeit. In diesem Erneuern jedoch neigt sich die Empfindung bereits wieder ihrem Ende zu: Sichtbar bleibt nur mehr ein bloßes Stück Papier. Nach jenem so kurzen wie intensiven Moment angedeuteten Überschwangs ernüchtert Gesine die vergilbende Oberfläche einer Fotografie unter vielen.

Nicht allein eine verwandte Art der Beschreibung und Interpretation des Nicht-Deutbaren: *Im Auge Traum. Die Stirn wie in Berührung / mit etwas Fernem* sowie eine ähnliche Erfahrungsbewegung lässt hier an Rilkes Gedicht »Jugend-Bildnis meines Vaters« denken, das in der Einbeziehung der eigenen Sterblichkeit mit den Worten endet: *Du schnell vergehendes Daguerrotyp / in meinen langsamer vergehenden Händen.*[5] Die materiale Oberfläche, bzw. das je nach Blickwinkel unsichtbare Daguerrotyp weisen, so Calhoon, über sich hinaus auf den Betrachter selbst: »[…] a daguerrotype in which the decay of the material holding the image figures a transitoriness that extends beyond the photographic subject to the hands holding the object«.[6]

---

5   Rilke, Werke 1, 522.
6   Calhoon 630.

Gesine geht diesen Schritt der Erkenntnis eigener Endlichkeit jedoch nicht, vielmehr bricht ihr Gedankengang und mit ihm auch das intensive Empfinden abrupt ab – wie so häufig vor dem unnennbaren Etwas, das Elben als den Tod identifiziert hat.[7] Während der Aspekt der Tabuisierung des Todes jedoch vom Leser erst mit fortschreitender Lektüre erschlossen und entsprechend ergänzt werden kann, liegt hier das Augenmerk auf einer wie auch immer gearteten Gefährdung durch intensives Einlassen auf die Vergangenheit. Mit bewusster Wahrnehmung der materialen Oberfläche besinnt Gesine sich demnach auf oberster Erzählebene auf ihren berichtenden Status und damit auf die »Sicherheit« ihrer Gegenwart.

---

7   Elben 80 f., Anm. 60.

Johnsons Roman handelt an dieser Stelle nicht nur von Fotografien, sondern es lassen sich hier auch die beiden Funktionen fotografischen Schreibens exemplarisch aufzeigen. Zum einen fungiert die fotografische Erzählweise der Eingangsszene als ein *ikonisches* Zeichen: Zunächst wird ja nicht von einem bestimmten Tag, sondern lediglich von einem Augusttag unter möglichen anderen erzählt, an dem ein Mann in den »Vierzigern«, und keineswegs ein 43-jähriger, ebenso gut hätte in einem Gartenlokal am Strand Zeitung lesen können. Aus dieser Überlagerung mehrerer ähnlicher Bilder aus dem Spätsommer 1931 entsteht der Eindruck der vorstellbaren Abbildung einer Gartenszene oder die eines überblendeten »Mischfotos«. Charles S. Peirce, der Begründer der pragmatischen Zeichentheorie, erläutert die Funktion eines ikonischen Zeichen denn auch ganz ähnlich: »Hier ist das *Ikon* die geistige Mischphotografie aller regnerischen Tage, die der Denkende je erlebt hat«.[8]

Optisch vermittelte Qualitäten des erzählten Fotos ähneln denjenigen der damit erinnerten Zeit in vielen visuellen Einzelheiten. Ein solches Ikon entwirft nunmehr innerhalb des erzählten Bildraums eine traumartig mögliche Wirklichkeit, weil es vom damaligen Objekt unabhängige Anschauungsformen auf seiner materialen Oberfläche in abgeschlossener Weise bereitstellt. Um darüber hinaus jedoch in eine *singuläre*, also eine auch tatsächlich gewesene vereinzelte Wirklichkeit hineinzufinden, muss der ikonische Aspekt wieder in den Hintergrund treten. Der Betrachter muss Abschied nehmen von der Vorstellung, hier würde Ganzes als Ähnliches abgebildet. Die Erzählerin Gesine wird ja keineswegs durch die Ähnlichkeit ihres Fotos mit der Wirklichkeit in die Vergangenheit katapultiert – eine vergilbte Fotografie kann kaum gleichbedeutend werden mit jenem vergangenen Ereignis. Erst in der physikalischen Verbindung von vergangenem Lichteinfall und aktueller Wahrnehmung, die allein ein fotografisches Bild herstellen kann, entsteht ein zeichen-unmittelbares, ein erzwungenes Hinwenden zum einstigen einzigartigen Geschehen.

Im Kontrast zum ikonischen Zeichen steht damit die *indexikalische* Funktion der Fotografie. Peirce zufolge ist der Index »[...] all das, wodurch er [der Denkende, F. M.] *diesen Tag* [Hervorh., F. M.] unter allen anderen in seiner Erfahrung unterscheidet«.[9] Das kurze, intensive Eintauchen der Erzählerin in die vergangene singuläre Gegenwart wurde durch die ikonische Ähnlichkeit bereits angeregt. Endgültig ausgelöst jedoch wurde dies erst durch den indexikalischen Aspekt dieser Fotografie – nämlich durch ihre Eigenschaft, *qua* Lichtempfindlichkeit physikalisch in realer Verbindung mit dem Ereignis zu stehen.

8   Peirce (1986), 219 f.
9   Ebd.

Im Gegensatz zum ikonischen Zeichen, das durch Ähnlichkeit zwischen abzubildendem Referenten und abbildendem Zeichen definiert wird, charakterisiert Peirce das indexikalische Zeichen durch eine physische Verbindung zwischen Zeichen und singulärem Ereignis, worauf die Aufmerksamkeit durch deutendes Zeigen zwingend gerichtet wird.[10] Schließlich handelt jener Jahrestag, wie zunächst suggeriert, mitnichten von einem beliebigen Augusttag, sondern um exakt den 23.8.1931, wie nachfolgend gezeigt wird:

Als Cresspahl mit Lisbeths Vater übereinkommt, konnte er sich acht Tage lang eine Unterkunft leisten (69), also muss die Unterredung an einem Montag nach dem Kennenlernen während eines Sonntagsausfluges stattgefunden haben. Lisbeths Einwilligung hätte demnach einen Tag zuvor bei dem Strandspaziergang in Rande am 30.8.1931 (48, Eintrag vom Sonntag, den 3.9.1967 – der Jahrestag bezieht sich also auf den Sonntag) stattgefunden. Die endgültige Zuordnung geschieht nun durch den Eintrag am 20.9.1967 (102), der Datierung von Lisbeths Reise nach Richmond in Verbindung mit dem Eintrag vom 17.9.1967 (96): Nach etwas mehr als drei Wochen, um den 20. September 1931, kam Lisbeth also in London an – genau einen Monat nach ihrer ersten Begegnung.

---

10 Peirce, CP 2.299 und ebd. 2.306: »The Index is physically connected with its object; they make an organic pair, but the interpreting mind has nothing to do with this connection, exept remarking it, after it is established.«; »Indices may be distinguished from other signs, or representations, by three characteristic marks: first, that they have no significant resemblance to their objects; second, that they refer to individuals, single units, single collections of units, or single continua; third, that they direct attention to their objects [...] Psychologically, the action of indices depends upon association by contiguity, and not upon association by resemblance or upon intellectual operations.«

2.1 Exkurs: Ikonische und indexikalische Wahrnehmungs- und Erzählaspekte

Ikonische und indexikalische Wahrnehmungsaspekte sowie ihre möglichen Auswirkungen seien verdeutlicht anhand einer real vorliegenden Fotografie quadratischen Formats.

Diese Aufnahme motiviert – abhängig von den jeweiligen Umständen, unter denen sie gezeigt, bzw. betrachtet wird – zwei deutlich voneinander zu unterscheidende Reaktionen. Die primär ikonische erkennt darin eine vertraute Garten- oder Campusszene. Man mag als Betrachter an dieser Umgebung und dem Aufenthalt darin Interesse finden – oder sofern die Bildgestaltung im Sinne einer allzu üblichen Wahrnehmungscodierung vom »Studentenleben« ähnelt, diese durchaus als nichtssagend entlassen.

Wird der Fotografie hingegen ein persönlich erfahrbarer Kontext unterstellt – z. B. indem sie sich im Besitz einer dem Betrachter bekannten Person befindet, so wird er wahrscheinlich nach der scharf fokussierten Studentin vor der Caféteria fragen. Diese unmittelbare wie beziehungsreiche Hinwendung zur abgebildeten Person ist bereits als erster Ausdruck eines indexikalischen Zeichens zu werten.

Unschärfe und Verdichtung von Vorder-, bzw. Hintergrund weisen auf die Verwendung eines Teleobjektivs hin, mithin auf eine verhältnismäßig große Distanz des Fotografen zum vermuteten Objekt. Trotz dieser Entfernung könnte die Abgebildete mit dem Fotografen Kontakt aufnehmen. Offenbar jedoch ist ihr dieser und sein auf sie gerichtetes Handeln nicht bewusst – und es ist auch keineswegs sicher, dass wirklich sie es ist, die gemeint ist. Ikonisch daran darf weiterhin die wie eine bemalte Leinwand aufgespannte, materiale wie distanzierte Ebene zwischen den Unschärfebereichen im Vorder- und Hintergrund bezeichnet werden:[11] Hier hält sich der Betrachter in abgeschlossener Weise auf. Indexikalisch ist der dennoch stattfindende Verweis auf ein bestimmtes Individuum zu einem bestimmten Zeitpunkt. Entscheidend an dieser Fotografie ist damit beides – nämlich sowohl die Darstellung einer beliebigen Garten-, bzw. Campusszene als auch die genaue Abbildung einer konkreten Person. Damit sind beide Aspekte zusammengefasst – die Inszenierung zum einen sowie die fotografische Visualisierung eines Distanz haltenden Blicks.

Weit davon entfernt, spontan auf das Foto zu zeigen und zu rufen: »Da ist mein Vater, da meine Mutter, als sie sich gerade kennen lernten!« hält die Erzählerin, die Tochter Heinrich Cresspahls, inne. Diese intuitive Geste auf den Referenten, das momentane Vergessen eines bloßen Abbildes, das eine private Fotografie von solch existentieller Bedeutung eigentlich auslösen müsste, wird übergangen – und umgewandelt in die Entfernung vom eigenen Vergegenwärtigen. Das szenisch entwickelte Foto erreicht ein lebendiges Erinnern, einen mentalen Konnex an ein Ereignis, an dem die Erzählerin selbst nie teilgenommen hat.[12] Als das entzückte Deuten unausweichlich

---

11   Man könnte hier auch von sekundärer Ikonizität sprechen, da dieser Zeichenbezug in einem fortgeschritteneren Interpretationsverlauf entsteht. In Übereinstimmung mit Peirce, der für die jeweiligen Grade an Objektbezügen keine komparativen Attribute einführte, verzichte ich darauf.

12   Barthes 55 fragt nach dem einzigen Beweis der Fotografie als Kunst. Sei es ihr nicht eigen »[…] (s)ich als *Medium* aufzuheben, nicht mehr Zeichen, sondern die Sache selbst zu sein?« Zum Phänomen dieser überaus lebendigen, die Vergangenheit sozusagen halluzinierenden Fähigkeit dieses visuellen Zeichens der Fotografie siehe auch Krauss, R., »Welcome to the Cultural Revolution« in: October 77 (1996), 92: »[…] a certain type of visual sign is now ascendant […] Identified as an *image* its material structure has collapsed and, disembodied, it now rises as imaginary, hallucinatory, seductive: the shared property of Psychoanalytical studies, Cultural Studies, and the incipient field of Visual Studies.« In Gesines Betrachtung jener Fotografie lässt sich diese gestei-

aufscheint, wird die Vorstellung als eine ebensolche entzaubert: Das Bild ist jetzt nur eines von vielen in einem Fotoalbum, nämlich *chamois* getönt, überlagert von unendlich vielen weiteren Geschichten.[13] Bereits vielfacher Betrachtung und Deutung ausgesetzt – vergilbt eben – dient es nur mehr dem Verweis auf Einzelheiten, deren wirkende Zusammenhänge nunmehr mühsam rekonstruiert werden könnten.

Als hätte er ein Bild vor sich, sieht der Erzähler die ersten entscheidenden Szenen der Liebesgeschichte zwischen Cresspahl und Lisbeth. Er stellt sie sich nicht nur vor, vielmehr noch: Er inszeniert sie dramatisch. Dies geschieht mit Hilfe des Eintrags vom 23. August, mit dem Kurzbericht der *New York Times*, der von der aktuellen Lage in Vietnam und New Haven handelt. Der nächste Absatz verbindet nun ein Foto der Rassenunruhen in New York mit der Erzählhaltung des weiterhin Vortragenden. Eine entscheidende Rolle spielen dabei folgende Zeilen:

Und wäre sie gestern nachmittag am Foley Square gewesen, hätte sie [...] rufen hören können, [...], als sie die 95. Straße West hinunterging, entgegen dem immer noch feucht verwischten Parkbild mit dem Fluß inmitten. Sie stellt sich vor, dass sie die Gesichter der Polizisten beobachtet hätte, [...].
(JT 16, 23. August)

Was nun ›sieht‹ Gesine, während sie auf den Hudson zugeht? Den Riverside Park, genauer gesagt, dessen Bild (»Parkbild«), zugleich aber – angeregt durch das Foto auf dem Titelblatt der *New York Times* – die Gesichter der Demonstranten. Ob das berichtete Ereignis nun medial vermittelt oder am Vortag selbst erlebt wurde: In beiden Fällen bildet der Riverside Park für Gesines Wahrnehmung ein Abbild seiner selbst. Das »Parkbild« stellt ikonisch eine traumartig flimmernde Kulisse dar, eine Peircesche »Mischfotografie«, auf die sie zugeht und vor der sich selbst erlebte oder durch Zeitungsmeldungen rekonstruierbare Geschichten abspielen können.[14] Schulz

---

gerte Wahrnehmung exemplarisch beobachten – diese jedoch kehrt ab einem kritischen, im Verlauf dieser Arbeit noch genauer zu präzisierenden Moment, explizit zum Ausgangspunkt der materialen Oberfläche zurück.

13   Die vielfältigen Bezüge erlauben, weit über Zetzsches Feststellung 232, mit dem Begriff chamois-vergilbend »betont der Erzähler den Vergangenheitscharakter dieser Gartenszene« hinauszugehen. Ebenso wenig trifft an dieser Stelle seine 238 postulierte »intakte Beziehung zwischen Betrachter und Bild« zu, da sich »romaninterne Bildwirklichkeit und Erinnerungstätigkeit« gegenseitig ergänzten. Vielmehr offenbart sich der Bruch, das Zerrissene, das denkbar Un-Intakte in Gesines spezifischer Sehweise.

14   Storz-Stahl 139 betont zum einen die soziologisch-historische Beschreibung des Parks, anhand derer die Ungerechtigkeit zwischen den Rassen illustriert würde. Im Kapitel »Sinnlichkeit – Die Raumwahrnehmung in den Jahrestagen« 129–157 jedoch behandelt sie auch Aspekte jenes Parkbildes als »ein vom realen Gehalt abgelöstes Vorstellungsfeld Gesine« (140), dessen Funktion aber nicht genauer untersucht wird.

ist daher der Ansicht, für die *Jahrestage* gelte: »Je unklarer das Visuelle, desto stärker das Visionäre«.[15]

Auch am Tag zuvor, am Dienstag, den 22. August, ging Gesine am späten Nachmittag mit dem »geknickten, flappigen« (15) Zeitungsblatt unter dem Arm die 95. Straße von der Arbeit zurück zur Wohnung, jenem »immer noch feucht verwischten [...] Parkbild« entgegen (16). Sicherlich ist mit den Adjektiven »feucht« und »verwischt« mehr als die meteorologisch messbare Luftfeuchtigkeit eines Nachmittags Mitte August am Riverside Park bezeichnet, sondern in erster Linie ein gedämpfter, schwebender Bewusstseinszustand, worin jede visuelle Einzelheit nicht klar, sondern diffus die Folie für eine andere Wahrnehmung vorbereitet – dies mag auch für andere Sinneseindrücke gelten, da auch der Straßenlärm am Ende desselben Kapitels im Restaurant – »dumpf übers Dach« fällt. (18) John Berger spricht in diesem Kontext von der Kohärenz: »Erscheinungen sind auch – als Wahrnehmung – im Bewusstsein kohärent. Der Anblick irgendeines einzelnen Dinges oder Ereignisses zieht die visuelle Wahrnehmung anderer Dinge und Ereignisse nach. Um eine Erscheinung wiederzuerkennen, bedarf es der Erinnerung an andere Erscheinungen«.[16] Schulz sieht den »Umschlag von sachgetreuer Beobachtung in imaginatives Sehen« durch »Phänomene des Transitorischen« ästhetisch dargestellt, durch meteorologische Phänomene wie Dunst, Nebel, bzw. die abstrakte Qualität der Nicht-Farbe Schwarz und Weiß [...] die in ihrer inhaltlichen Verfügbarkeit zur Durchdringung dessen einlädt, was in Gedanken gerade präsent ist«.[17] Butzer konzediert ebenfalls: »[...] der Dunst wirkt wie ein Medium, das die gegenwärtige Situation transformiert ins Erinnerungsbild. [...] so entsteht das, was Proust einmal die »optische Ansicht« des Vergangenen nennt, welche eine einzigartige Beziehung zwischen Empfinden und Erinnerung ermöglicht«.[18]

Das Foto in der *New York Times* dient an diesem Tag weniger der Verankerung von Gesines Alltag im New York der 60er Jahre, ebenso wenig ausschließlich der politischen Verknüpfung ihrer Erzählgegenwart mit der Vergangenheit ihrer Erzählung. Es handelt sich generell, wie Offe auch richtig bemerkt, »weniger [um, F. M.] die Inhalte als die Konstellation der Meldungen«[19]. Vor allem aber fungiert es als Vorbereitung einer Erzählhaltung, die sich ikonisch an der bildlichen Oberfläche von Fotografie, sowie indexikalisch an traumatischer Erinnerung durch Fotografie orientieren wird.

---

15 Schulz 23.
16 Berger 114.
17 Vgl. Butzer 30.
18 Ebd. 139.
19 Offe 85.

2.2 Das setting der Projektionsfläche –
Literarische Reminiszenz und Programmatik in
»Parkbild« und »Meerbild«

Gesine geht auf ein »Parkbild« zu, auf eine gegenwärtige Projektionsfläche
vergangener Ereignisse. Gleichgültig, ob die vergangenen Einzelheiten nun
vermittelter oder authentischer Erfahrung entspringen: Fotografisch jedenfalls werden sie erinnert, als die »Bildberichterstattung« der Ereignisse in
Travemünde vor genau 36 Jahren beginnt. An jenem Sonntag begibt sich
Cresspahl an den Ort, wo sich die »Eintagsfliegen aus dem guten Mit-
telstande« treffen, wie Ida Jungmann in Thomas Manns *Die Buddenbrooks*
jene Familien spöttisch nannte, »die gar nicht hierher gehörten«.[20]
    Johnson nimmt hier eindeutig Bezug nicht nur zu jenem Ort, an dem
Manns Protagonist Thomas Buddenbrook einen seiner letzten Tage ver-
brachte. Während der Ferien in Travemünde betrachtet auch dessen Sohn
Hanno, glücklich der Schule entronnen, das Meer. Ebenso wird der Beginn
einer unerfüllten, doch lange fortwirkenden Liebesgeschichte in diesem *setting* entworfen: Zu Beginn des Romans nämlich treffen sich dort Tony
Buddenbrook und Morten Schwarzkopf, um dort, wie es heißt, »auf den
Steinen zu sitzen«.
    Als Lisbeth ihrem künftigen Mann Johann Heinrich Cresspahl »über die
Trave näher« kommt,[21] streift Johnson also die »Gegend Thomas Manns«.[22]
Doch erschöpft sich dieser Umstand keineswegs in einer »Anspielung«, wie
es der Kommentar zu den *Jahrestagen* benennt und auf weitere Verweise
und Bezüge verzichtet.[23] Für Uwe Johnson ist vornehmlich die Gegend
selbst, ihr *genius loci* von Bedeutung – zumal auch er Thomas Manns »großes Verlangen nach der See« teilte.[24] Uwe Neumann zeigt in seiner Analyse
des Romananfangs weitere literarische Reminiszenzen an Thomas Mann,
welche die folgenden Ausführungen noch ergänzen sollen.[25] Im Gegensatz

---

20   Mann 698; vgl. JT 16.
21   JT Band 3 Anhang, V.
22   Vgl. Kommentar zur Stelle: »Im August 1931 […] Hof in Jerichow«: eine Anspielung auf
Thomas Mann, »Buddenbrooks« (3. Teil, Kapitel 5–11), als sich Tony Buddenbrook an der Travemündung verliebt; vgl. Johnson, Lübeck habe sich ständig beobachtet. In: Fahlke, Eberhard: »Ich
überlege mir eine Geschichte«. Uwe Johnson im Gespräch. Frankfurt a. M. 1988, 80: »Bei aller
Nachbarschaft, ich habe kein Wort, keinen Satz, geschweige denn einen Menschen in die Stadt
Lübeck gesetzt, ohne zu wissen, daß ich mich aufhielt in einer Gegend Thomas Manns […] Be-
suchsweise demnach, auf der Durchreise sitzt im August 1931 der zweiundvierzigjährige Heinrich
Cresspahl in einem Wirtshaus vor Travemünde«; vgl. auch Fries 49.
23   Vgl. Kommentar zur Stelle.
24   Pabst 31.
25   Neumann, Uwe: »Behandeln Sie den Anfang so unnachgiebig wie möglich.« Vorläufiges
zu den Romananfängen bei Uwe Johnson. In: Johnson-Jahrbuch 1 (1994), 19–50. Zu weiteren

zu allen Protagonisten Manns jedoch blickt Heinrich Cresspahl nun gerade nicht *auf* das Meer, sondern sitzt explizit mit dem Rücken dazu. Dadurch bleibt mit ihm auch dem Leser verborgen, von welchem Buddenbrookschen Bild er sich abwendet.

Vor allem aber gewinnt das Motiv des »Meeres *als Bild*« eine überragende Bedeutung. Johnson, und mit ihm Gesine und Cresspahl, lenken am 23. August ihre Blicke weg von der See und damit auf Lisbeth inmitten ihrer Familie. Weil beide, Lisbeth wie auch Cresspahl, im enger werdenden Fokus einer Fotografie vorgestellt sind, darf der Rückschluss erlaubt sein, der Blick auf die Ostsee in Travemünde sei nicht allein als anspielungsreicher literarisch-visueller Hintergrund, sondern geradezu als latent wirkendes Bild zu verstehen. Das lebendig vorgestellte, rezente Bild der flackernden Schatten ergibt erst zusammen mit dem latenten Meeresbild die vollständige Kulisse, vor der die nun folgenden Romanereignisse inszeniert oder erinnert werden können. Denn was sahen Tony und Morten Schwarzkopf, als sie sich am Ende der Sommerferien küssten?

Große, starke Wogen wälzten sich mit einer unerbittlichen furchteinflößenden Ruhe heran, neigten sich majestätisch indem sie eine dunkelgrüne, metallblanke Rundung bildeten, und stürzten […][26]

An jenem Mittwoch, den 10. September 1845, versprachen sich Tony und Morten einander in Travemünde. Am 122sten Jahrestag dieses inoffiziellen Verlöbnisses, der 1967 auf einen Sonntag fällt, berichten die *Jahrestage* von der Einwilligung von Lisbeths Vater in Cresspahls Heiratsantrag, die am Montag, den 31. August 1931 gegeben wurde. Über Travemünde reist Cresspahl am darauf folgenden Tag mit Lisbeth nach Hamburg· Dieser letzte Augusttag wiederum fiel in den *Buddenbrooks* 1872 auf denjenigen Samstag, an dem Hanno aus Travemünde zurückkehren sollte.[27] Während seines Aufenthalts im August beobachtete der Junge die Ostsee, deren Bild

---

Thomas Mann-Allusionen siehe ebd.: Vom höheren Abschreiben. Ausgewählte Beispiele zu Uwe Johnsons Auseinandersetzung mit Thomas Mann. Johnson-Studien 7: So noch nicht gezeigt. Göttingen 2006, 219–241. Der Aufsatz beschäftigt sich allerdings, was die *Jahrestage* betrifft, mit primär poetologischen Fragen in der Wuthenow – Lektüre und dem Schüler Lockenvitz als *alter ego* des Dichters.

26   Mann 154 u. 99.

27   Wie subtil die Verweise, damit die Ebenen und Schichtungen sind, zeigt ein weiterer, diesmal chronologischer Vergleich der beiden Werke: Auch der letzte der besagten Hundstage, jener 23. August 1931/1967, ist implizit verbunden mit dem verspäteten Ende der Hundstage im Jahr 1855, mit dem Sonntag, den 9. September also, als während eines heftigen Gewitters Johann Buddenbrook stirbt. Dieses Unwetter wiederum verweist auf den 12. August 1932 in Richmond, an dem Lisbeth »[…] den Gedanken an das Sterben nicht los« wurde (JT 149). Ferner erinnert er an das Liebesweh einer 14jährigen Gesine 1946 (JT 1276). Zugleich evoziert es die Beschreibung Jerichows: »[…] und Gewitter kommt nicht of vorbei«. (JT 34).

bis zum Ende des hier wiedergegebenen Zitats mit dem Anblick für das Jahr 1845 identisch ist.

Damit weisen die fotografisch fassbaren Anfangsbilder der *Jahrestage* auf ein *inszenatorisches* Bewusstsein des Autors für den Roman als Ganzes hin. Indem sich Cresspahl vom Meer dezidiert abwendet, ignoriert er insbesondere die Buddenbrooksche Bedeutung des Meeres als einer ewigen, unerbittlichen Macht. Nicht nur in den kommenden Augusttagen wendet er den problematischen Aspekten der Familie Papenbrock buchstäblich den Rücken zu. Dadurch unterschätzt Cresspahl die Folgen von Lisbeths großbürgerlicher Herkunft auf seine künftige Ehe, vor allem aber bleibt er blind gegenüber der übersteigerten Hingabe Lisbeths an die Religion.[28]

Als wiederum Gesine am Sonntag, den 10. September 1967, von Cresspahls Verlobung erzählt, befindet sie sich mit Marie in Tottenville auf Staten Island mit Blick über das Meer nach Nordosten. Das Mecklenburger Bild der flackernden Schatten vom 23. August, des »flackrigen Laubs« vom 3. September, jene indexikalischen Bezüge zu der verlorenen lichten, unmittelbaren Gegenwart an der Ostsee, finden sich nun gewandelt als weiß leuchtendes Licht für die Erzählgegenwart New Yorks Mitte September wieder:

Im Nordosten, jenseits der Atlantikbucht, sind die vom Wetter verschmierten Türme von Brooklyn zu sehen, manchmal weiß aufleuchtend unter Spalten der Bewölkung. (JT 72, 10. September)

Zugleich jedoch wird die inszenierende, ikonische Funktion des Parkbildes erneuert: Man kann sich den Regenschleier als eine der dunstigen Parkluft vergleichbare, unscharfe fotografische Bildebene vorstellen. Diese ist bereits am 23. August, dem Beginn der chronologischen Erzählung, aber auch etliche andere Male beim Blick aus dem Fenster am Riverside Drive in Richtung Nordwesten zu beobachten.[29]

Cresspahl wendet sich nicht allein vom Meer in seiner symbolisch-allgemeinen Bedeutung, sondern von einem spezifischen Wellen*bild* ab, wie es sich in den *Buddenbrooks* für Hanno im August, für Tony und Morten am 10. September und für Thomas ebenfalls an einem Septembertag darbot, als die Wellen von Nordosten aus Richtung der Mecklenburger

---

28   Bormuth 178 ff. bezeichnet Lisbeths religiöse Schuldvorstellungen in Jaspersscher Terminologie als »überwertige Ideen« und protestantisches Gesinnungspathos und attestiert eine Persönlichkeitsstörung. Heinrich wurde von Meta Wulff gewarnt (JT 87 f.), insbesondere über die, so Bormuth 179: »Schärfung des individuellen Gewissens, mit denen sie [Lisbeth, F. M.] die Kinder in der Bibelstunde entlässt.«

29   Als literarisches Vorbild könnten auch hier die *Buddenbrooks* dienen: »Der Regen ließ nicht nach. Er zerwühlte den Boden und tanzte in springendem Tropfen auf der See, die, vom Südwest überschauert, vom Strande zurückwich. Alles war in Grau gehüllt. Die Dampfer zogen wie Schatten und Geisterschiffe vorüber und verschwanden am verwischten Horizont.« (Mann 734)

Bucht heranrollten. Weshalb also sollte ebendieses Bild nicht nur die Hintergrundtönung des undatierten Augusttags, sondern in programmatischer Intention den Beginn der *Jahrestage* selbst prägen?

Lange Wellen treiben schräg gegen den Strand wölben Buckel mit Muskelsträngen, heben zitternde Kämme, die im grünsten Stand kippen. [...] Das Wort für die kurzen Wellen der Ostsee ist kabbelig gewesen.
(JT 7)

Die Zerstörung einer Familie geht von einer bislang noch unsichtbaren, aber erkennbar wirkenden und inszenierten Kraft aus.[30] Für wen jedoch ist diese Kraft als solche zu begreifen? Im Fall der Familie Buddenbrook ist das Meer sichtbares Zeichen einer aus bürgerlich-ökonomischer Sicht »irren«, unberechenbaren Natur, die wirtschaftlichen Wohlstand sowie praktische Vernunft der Kaufmannsfamilie – von ihr selbst die längste Zeit unbemerkt – untergräbt. Den Protagonisten selbst sollte diese erodierende Kraft zu erkennen verwehrt bleiben, bzw. wo dies geschieht, wird es im selben Moment negiert: So kommt es auf der Dialogebene der Geschwister Buddenbrook einem Tabubruch gleich, als ein stark geschwächter Thomas seiner Schwester Tony beim Anblick eines vom Herbstregen verschleierten Meeres erklärt:[31] »Aber man ruht an der weiten Einfachheit der äußeren Dinge, müde wie man ist von der Wirrnis der inneren. [...] Dergleichen sagt man doch nicht!, dachte sie, [...]«[32]
Vielmehr – so könnte man den Dialog als semiotisch orientierte Empfehlung Thomas Manns ergänzen – zeigt man das Meer ikonisch, inszeniert seine Bedeutung als Bild und liefert damit vereinzelte, implizite Hinweise auf dessen Wirken. Bis zum Ende des Mannschen Romans bewegen sich die Protagonisten als Darsteller vor einer abgeschlossenen bürgerlichen Szenerie, insbesondere innerhalb der mit allen Insignien des Wohlstands ausgestatteten Häuser. Die fordernde Natur dahinter, der sich verstärkende Sog eines naturgemäß Unabänderlichen, gefasst im Bild der Wellen, wirkt, ohne *für sie* je präsent gewesen zu sein. Die zitierte Ausnahme, die Worte Thomas' Buddenbrooks, der im Meer seine Befindlichkeit gespiegelt und aufgehoben sieht, bestätigt diese Regel.

In den *Jahrestagen* hingegen wird nicht allein der implizite Leser im wahrsten Sinn des Wortes »ins Bild gesetzt«. Durch die Verbindung von ikoni-

---

30 Elben 262 bezeichnet die *Jahrestage* ebenfalls als einen Roman der Zerstörung einer Familie.
31 Während Thomas' Aufenthalt in Travemünde regnete es beständig: »Träge, während der Regen, der unausbleiblich wieder ein setzte, die Aussicht verschleierte, glitt das Gespräch dahin.« (Mann 735)
32 Mann 741.

scher Oberfläche *und* schockartigem Verweis auf die latente Wirklichkeit
dahinter, entsteht auch für Gesine inmitten ihrer eigenen, quasi-auktorialen
Erzählweise eine Spannung unmittelbar hinter den einzelnen Worten und
deren darauf bezogenen singulären Bildeinheiten. Wird z. B. das Eingangsbild des Meeres im fünften Satz mit der Wendung »kabbelig« beschrieben,
so ist die Evozierung einander widerstreitender Strömungen verbunden mit
konkretisierbarer Erinnerung. Weil das passende Adjektiv für die »kurzen
Wellen der Ostsee« nicht einfach »kabbelig«, sondern ein »kabbelig gewesen« ist, fragt man sich unwillkürlich: »Wer hatte zu welcher Zeit dieses
Wort »kabbelig« verwendet, und was passierte damals außerdem?« Dieser
Index soll eben nicht stumm bleiben, sondern auf zumindest potenziell Sag-
bares gerichtet sein. Die Eigenschaft »kabbelig gewesen« schafft dieses po-
tenzielle Erzählfeld, das nicht einmal von Gesine selbst beschritten werden
muss. Zugleich wird mit dieser Reminiszenz die Erzählperspektive modifi-
ziert. Es ist nun nicht mehr eine überzeitlich, allgemeingültige, sondern eine
persönlich-historische: Gesine, die Schwimmerin, wird nun sichtbar und
mit ihr der Aspekt der Vergangenheit. Ob man nun von der hier zu konsta-
tierenden »Zweiheit der Erzähler und damit der Perspektiven«[33] oder vom
hier bereits erkennbaren »Erzählpakt« zwischen Schriftsteller und Protagonistin spricht – auch für das Fotografische darf dieses Bild als »Basisfikti-
on«,[34] bzw. als Basiszeichen gelten.

Der fotografische Index ikonisch vorbereiteter Bilder führt direkt auf die
eigentliche Erzählung hin – wogegen der implizite Hinweis im Fall der
Buddenbrooks von der Erzählhandlung weg- und bereits auf die finale Interpretation verweist. Die Lübecker Familienmitglieder halten sich insgesamt nur selten in Travemünde, sondern vor allem innerhalb geschlossener,
mit bürgerlichen Zeichen überreich ausgestatteter Räumen auf, deren Natur
gewissermaßen künstlich ist – allem voran im sogenannten »Landschaftszimmer« in der Mengstraße. Dieser Raum wird benannt nach einer mit idyllischen Landschaftsmotiven bemalten Tapete, die vor der eigentlichen
Wand einen Zwischenraum freilässt.[35]

Der schleichende Niedergang, so ein mögliches finales Interpretans, ent-
sprang bei Buddenbrooks dem Versagen, die Natur nicht mehr ausschließlich als eine eigens gestaltete, so idyllische wie praktikable Bühne zu begreifen, oder – semiotisch formuliert – nicht mehr sämtliche Zeichen im
bürgerlich-pragmatischen Sinn zu benennen, und damit bezähmen oder an-
verwandeln zu können. So treffen zu Beginn des Romans zwischen dem

---

33   Gerlach 15.
34   Kreller 196.
35   Tapeten wurden im 19. Jahrhundert nicht mit Kleister auf die Wände geklebt, sondern auf
einen Holzrahmen vor die Wand gespannt.

Konsul Thomas Buddenbrook und seinem Vater Johann denkbar gegensätz-
liche Auffassungen über die Natur aufeinander:

»Aber wenn die freie Natur doch mir gehört, habe ich da zum Kuckuck nicht das
Recht, sie nach meinem Belieben herzurichten …«
»Ach Vater, wenn ich dort im hohen Grase unter dem wuchernden Gebüsch liege, ist
es mir eher, als gehöre ich der Natur und als hätte ich nicht das mindeste Recht über
sie …«[36]

In logischer Konsequenz lässt Thomas Mann den letzten Nachkommen jenes Konsuls in die Nähe des oben erwähnten verwilderten Gartens hinter
dem Burgtor ziehen. Hanno wiederum erträgt nicht einmal mehr das Vokabular der kaufmännischen Gesellschaft: Wie froh ist der Junge, als er in
Travemünde endlich einmal nicht die Namen aller aus- und einlaufenden
Schiffe aufsagen muss! Seinem Wesen gemäß will er auf die Natur ganz
ohne die sie unterordnenden Worte blicken. Hanno, so scheint es, sehnt sich
nach unkommentiertem, unklassifiziertem Sehen.

Der Erzrivale und seitens Tony gerne als »Parvenü« geschmähte Julius
Hagenström übernimmt unterdessen das Buddenbrooksche Anwesen in der
Mengstraße – nicht zuletzt deshalb, weil ihn gerade das Landschaftszimmer
im ersten Stock so beeindruckt: »Ein charmantes Zimmer effektiv!«[37] Das
dazugehörige Rückgebäude zur Beckergrube indes, welches die Natur wieder in ihren Besitz genommen hatte, lässt Hagenström abreißen – sogar eine
»freie Katzenfamilie« hielt sich dort auf.[38] Wo hält sich übrigens Johann
Heinrich Cresspahl am Tag vor der Geburt seiner Tochter im Jahr 1933
auf? In der Beckergrube (198). Als Johnson 1979 in Lübeck den Thomas-
Mann-Preis entgegennahm, äußerte er: »Das ist sein [Manns, F. M.] Thea-
ter«. Und die *Jahrestage*, – könnten sie nicht eine Katzentragödie genannt
werden, so wie die *Buddenbrooks* eine Katzenkomödie?[39]

2.2.1 Die Bühne für die Lebenden und Toten

Die Städte Lübeck und Travemünde sind für das Romanwerk Johnsons
ebenfalls bezugsreiche Aufführungsorte. In dieser Funktion können auch al-

---

36 Mann 34.
37 Ebd. 665. Die Wortwahl von »effektiv« enthält *in nuce* das finale Interpretans: Der dick-
leibige, denkbar unvitale Hagenström bewegt sich mühelos inmitten des kulissenhaften Zeichen-
systems, fernab aller gefährdenden Kräfte der Natur. Dies ist für ihn hocheffektiv, schließlich be-
lohnt es ihn mit einem Wohlstand, der den Buddenbrooks vollständig abhanden gekommen ist:
dem Reichtum an Geld und Nachkommenschaft.
38 Ebd. 666.
39 Vgl. ebd. 661: Tony Permaneder, als sie von Tom erfährt, daß Hagenström das Anwesen
übernehmen will: »Eine Katzenkomödie zum Heulen?«

le anderen fiktiven, z. B. Wendisch Burg, sowie real existierenden Orte wie New York als intensiv vorbereitete Bühnenbilder eines dramatischen Geschehens angesehen werden. Kulissen und Regieanweisungen sind vorhanden, der performative Akt jedoch ist erst mit der Vergegenwärtigung des Erinnerns zu leisten. Die jeweilige Bühne wird zum Bild, das die Aufführung erst möglich macht. Das Familiendrama kann beginnen, indem die Erzählerin das – fotografische – Bild vor Augen hat. »[…] es ist möglich, dass Ernest, der kleine Schüler, den Kértesz 1931 photographiert hat, heute noch lebt (doch wo? wie? welch ein Roman!)« schreibt Roland Barthes im Angesicht einer vorgestellten und abgedruckten Fotografie.[40]

Diese Aussage könnte auch auf zwei weitere zentrale Schauplätze zu Beginn der *Jahrestage* zutreffen. Vor den Zuschauern des Jahres 1967 bis heute, seien dies nun der implizite Leser, Marie oder Kliefoth, der Empfänger der Aufzeichnungen, spielen die Akteure von damals noch einmal den Prolog zu einem breit angelegten Drama.[41] Die beiden Orte, der des Gartencafés in Travemünde, aber auch exakt einen Monat später vor der Kirche in Jerichow,[42] erscheinen als fotografische Bühnen, auf der sich die handelnden Personen lebendig, aber reglos vorstellen. Verstorben sind sie 1967 sämtlich. Roland Barthes stellte im übrigen nicht die bildende, sondern die darstellende Kunst in den Mittelpunkt seiner Betrachtung über den Tod, wie man seine »Bemerkung über die Photographie« mit einigem Recht nennen könnte:[43]

[…] auch wenn man sich bemüht, in ihr etwas lebendiges zu sehen, […], so ist die PHOTOGRAPHIE doch eine Art urtümlichen Theaters, eine Art von »Lebendem Bild«: die bildliche Darstellung des reglosen, geschminkten Gesichts, in der wir die Toten sehen.[44]

In Travemünde beginnt nicht nur Gesines Familiengeschichte, dort hätte sie für Gesine nach der Aussage Uwe Johnsons ursprünglich auch enden sollen: »[…] bei einem Glas Wein in einem Wirtshausgarten an der Trave, mit dem Rücken zur Ostsee«.[45] Weil Johnson aber die ursprüngliche Romankonzeption mit dem Einmarsch der Sowjets in Prag veränderte und Gesine

---

40 Barthes 93 f.
41 Der Kommentar z. St. spricht vom »deutlich präludierenden Charakter« des ersten, undatierten Tages und nennt »intertextuelle Bezüge« zu Mann, Woolf und Proust, ohne jedoch auf deren Einzelheiten, bzw. die Absetzung Johnsons vom literarischen Vorbild näher einzugehen.
42 Anlässlich von Lisbeths und Heinrichs Trauung (JT 111 ff).
43 Auch in Barthes' früheren Schriften steht das *tableau vivant* und nicht die unabänderliche zeitliche Abfolge von Erzähleinheiten zu einem Gesamtwerk im Focus einer semiotischen Analyse, z. B. in: Die Lust am Text. Frankfurt a. M. 1975.
44 Barthes 41.
45 Johnson: Rede zur Verleihung des Thomas-Mann-Preises am 25. März 1979 in Lübeck.

gewissermaßen »nach Prag schickte«, verlegte er die letzte Szene nach Dänemark. Mit dem alten Lehrer Kliefoth spazieren Gesine und Marie nun in der Nähe des Kopenhagener Flughafens, in Klampemborg am Öresund, anstatt in Travemünde am Ostseestrand.[46]

Wie zu Beginn des Romans in Travemünde befindet sich der Erzähler ein letztes Mal an einem Ort, von dem aus die vergangene Gegenwart dargestellt werden soll, einem Ort, der auch als Transitraum bezeichnet werden kann.[47] Ausführlicher werden wir uns dieser Szenerie, bzw. Topografie im siebten Kapitel dieser Arbeit widmen. An dieser Stelle sei nur gesagt, dass es sich dabei um einen Ort handelt, an dem der verlorenen Gegenwart wieder eine Bühne samt knapp skizzierten Angaben von Ort, Zeit und Ausstattung vorangestellt wird – in der Art von Regieanweisungen:[48]

In einem Badehotel an der dänischen Küste, Schweden gegenüber. In einem Speisezimmer für Familienbegebnisse; Rohrmöbel, Damasttischtuch. Im Garten, hinter dem Gebüsch zur Promenade. Am Strand. Von zwölf bis sechzehn Uhr.
(JT 1888, 20. August)

Kehren wir jedoch zurück zum Beginn der *Jahrestage*: Die ersten Einträge bestehen aus einer sich präzisierenden fotografischen Vorstellung einzelner Figuren, allen voran der Gesines am 21. August: »Ich stelle mir vor: Unter ihren Augen die winzigen Kerben waren heller als die gebräunte Gesichtshaut«. (12) Hier imaginiert sich der Schriftsteller seine Protagonistin und führt sie zugleich auch dem Leser an ihrem Aufenthaltsort in New York ein.

Wie in Travemünde oder Jerichow befindet der Leser sich auch in der Erzählgegenwart New Yorks an sorgsam vorbereiteten Spielorten: Die Wohnung am Riverside Drive, der Arbeitsplatz mit seinen jeweiligen Innen- wie Außenansichten stellen visuelle Fixpunkte der Vergangenheitsfindung dar.[49] Sie ermöglichen wiederholte stille Blicke aus Fenstern ebenso wie den wiederkehrenden Ortswechsel zwischen der Nordwest- und Südostseite Manhattans.[50] Durch Wiederholung und Ähnlichkeit wird allmählich das für die Geschichte bedeutsame visuelle Feld aufgespannt. Johnson vermeidet in den *Jahrestagen* den schnellen Wechsel von Perspektiven und Stimmen, wie er für die *Mutmassungen über Jakob* kennzeichnend ist.

Es gibt in den *Jahrestagen*, ganz im Gegensatz zu den *Mutmassungen*, keine Stimme, die ganz frei wäre von einer Erzählerin Gesine. Selbst Zitate

46 Vgl. Thomas Mann bei Helsingör. In: Pabst 31.
47 Vgl. Offe 89: »Nur auf Durchreise dürfen wir nach Mecklenburg, [...]« (JT 1890).
48 Vgl. dazu auch das Schlusskapitel 7.6 der vorl. Arbeit.
49 Durzak, M., New York – doppelt belichtet. Zur literarischen Wahrnehmung New Yorks bei Uwe Johnson und Jürgen Federspiel, in: Internationales Johnson-Symposium. (Hg. Carsten Gansel und Nicolai Riedel), Berlin, New York 1995, 95–110.
50 Die meisten Stadtpläne drehen Manhatten platzsparend in eine scheinbare Nord-Südausrichtung. Tatsächlich erstreckt jedoch sich die Insel von Nordost nach Südwest.

der *New York Times* sind einem gedanklichen Feld mit vergangenen und gegenwärtigen Ereignissen von Gesine und ihrer »sprachlichen Mitstreiter« zu sehen. Es gibt keine simple Anhäufung von gänzlich fremdem Textmaterial in den *Jahrestagen*, selbst die Karsch-Episode hat eine Funktion. Einschübe, die zunächst als Störung der Illusion im Brechtschen Sinne erschienen, vervollständigen doch ein schon anfänglich gebrochenes Bild.

Die ersten Auftritte der Protagonisten an diesen Orten dienen vor allem der Konstituierung einer Erzählerstimme, die bei allem Wechselspiel innerhalb des »Stimmraumes« von »Gesine-Genosse Schriftsteller« verbleibt.[51] Das allmähliche Wachsen von Zeichenbedeutungen durch den relativen Stillstand einer gewählten Szenerie wird, wenn vom Erzähler nicht selbst sprachlich ausgeführt, einem Dritten ermöglich – wenn nicht gar anheim gestellt. Auf keinen Fall aber verweisen derart gewachsene Bedeutungen auf eine finale Interpretation jenseits dieses Feldes immanenter, von den vorhandenen Stimmen artikulierbarer Bedeutungen. Selbst ein Verstummen Gesines weist auf Bedeutungen innerhalb des Erzählraumes, auf die Erinnerung an bestimmte Personen, damit vor allem an Verstorbene.

Die Erzählstimmen stehen mit den Stimmen der Toten in Verbindung[52] – im Schriftbild im Allgemeinen kenntlich an der kursiven Schrift[53] – jedoch auch bewusst gebrochen zu einer nicht mehr eindeutig klassifizierbaren Durchdringung der Seinsebenen, für die Gesines Diktum über Francine gelten mag: »[Sie] mag gestorben sein; ist verloren«. (1885)

Zu Romanbeginn erscheint derart gekennzeichnet zwar lediglich eine erinnerte, direkte Rede, wie auch am 21. August, dem zweiten Jahrestag selbst: »*You American? Hlavni nadrazi ...*«. Was Gesine jedoch hier erinnert, war eine bedrohliche Situation in Prag im Januar 1962, welche im vorletzten Kapitel (1879) wiederholt wird und als eine die *Jahrestage* umfassende Klammer fungiert. Dieser »Mann in Postuniform« (304), vielleicht als eine Art Bote oder Psychopompos zu verstehen, sprach zwar nicht als Toter zu Gesine. Doch der erinnerte – sowie »künftige« Aufenthaltsort Prag, sowie der Umstand, dass sie nach eigenen Angaben etwa seit 1964 die Stimmen der Toten hört (1539), macht deutlich, dass es bereits mit dem

---

51   Auerochs (1994) 202.

52   Vgl. Jahn 243: Die Toten sind, da außerhalb der Handlung stehend, in ihrer deutenden und mahnenden Funktion dem Chor des antiken Theaters nachempfunden. Gerlach 183 spricht diesem Chor eine »höchst zwiespältige« Rolle zu und nennt diese Toten- und Gedankengespräche 163 ein »Dialogsystem sui generis«, letztlich in Gesines Bewusstsein selbst verankert (171): »Gesine selbst ist es, die mit verteilten Rollen monologisiert.«

53   Krellner 262 verweist auf die typographischen Kennzeichen: Kursivdruck, Einrückung eines neu beginnenden Absatzes und die Leerzeilen zum jeweils vorausgehenden und nachfolgendem Erzähltext.

Beginn der *Jahrestage* so etwas wie eine beständige Gegenwart der Toten
gibt – auch außerhalb des kursiven Textteils. Über die Tragweite dieser Beobachtung und jener ersten kursiv gesetzten Stelle wird im letzten Kapitel
noch zu handeln sein. Vielleicht könnte man im erzählerischen Blick auf
zahlreiche fotografische Tableaus zunächst eine grundlegende Verbindung
zwischen Vergangenheit, Gegenwart und Zukunft zu einer *einzigen* Zeit
konstatieren. Denn was antworten die Toten auf die Marie zugeschriebene,
von Gesine vermittelte Frage »*Was ... ist beständig? Wir*«. (1541)

In diesem Sinn stellt die TV-Verfilmung der *Jahrestage* aus dem Jahr
1999 der Schlussszene am Öresund jene stimmliche Einheit von Toten und
Lebenden dar: Die Regisseurin Margarethe von Trotta lässt am Strand alle
Verstorbenen Gesine entgegenkommen.

2.2.2 Vorgestellte Bilder – Existenz und Latenz

Von der Szene an der Trave am 23. August bis zum ersten faktisch »vorliegenden« Foto in den *Jahrestagen*, dem Lichtbild vor der Kirchhofsmauer in
Jerichow, vergeht genau ein Monat Lebenszeit in New York. Wir befinden
uns nun nicht mehr auf dem Gebiet Thomas Manns, sondern in einer Gegend, die Uwe Johnson nach der Flucht aus Pommern als seine Heimat annahm. Lässt sich die erste Begegnung von Lisbeth und Heinrich als Fotografie zwar bereits rekonstruieren, wird die Erzählerin einen Monat später,
am 23. September, schon deutlicher: »Dies ist das erste Bild:«

Doch auch hier zeigt sich das Fotografische in einer scheinbar noch unsicheren Weise, denn die Erzählerin nimmt diese nahe liegende Bezeichnung
nach der Beschreibung sofort zurück: »Dies Bild habe ich nie gesehen«.
(114)[54] Sie stellt die Beschreibung des bewegten Moments vor der Aufnahme einer Fotografie voran. Im Folgenden wird nicht allein die Existenz eines Bildes erwähnt, mehr noch – und das ist als eine Steigerung der behaup-
teten Bildhaftigkeit zu werten – das Bild wird klar als Fotografie benannt:
»Das andere Bild ist eine Fotografie, versteift durch lackierten Karton [...]«
(114). Doch schon bei all den zuvor genannten Bildern könnte es sich ihrer
Funktion nach – nämlich ein physisch existierendes Vorbild für Erzählung
zu sein – ebenso um Fotografien gehandelt haben.

Eine fotografische Vorstellung ist es also, die mit der Konstellation der
künftigen Familie in Travemünde und Jerichow bekannt macht. Ein solches,
zum Zweck der Erkenntnis errichtetes Schaubild, kann mit Peirce auch *Ge-*

---

54 Fries 82 nennt diese (fast stereotype) Behauptung Gesines »eine erzähltechnische Problematik«.

dankendiagramm genannt werden: Individuen und deren Attribute sind auf der Vorderseite (dem *recto*) eines Stück Papiers aufgezeichnet und miteinander in Beziehung zu bringen. Die Betrachter beschäftigen sich mit dem Bild derart intensiv, »[...] daß ihre Gedanken während der fraglichen Zeit so in den fraglichen Bereich versunken sind, dass es ihnen nicht in den Sinn kommt – zumindest nicht in dem Teil ihrer Gedanken, der auf dem Recto wiedergegeben wird – daß es darüber hinaus noch etwas gibt«.[55]

Eine Fotografie kann als Gedankendiagramm konsequent zum *Versinken* in jene dargestellte Welt verleiten. Ist der Betrachter erst einmal auf ein Diagramm aufmerksam gemacht, so stellt dieses in ikonischer Weise ein zu untersuchendes Objekt dar, weil abgebildete Einzelheiten in einer dem Objekt ähnlichen Verbindung zueinander stehen. Doch beendet eine Fotografie nicht vollständig das Bewusstsein von der gegenwärtigen Welt, die ja wohl den Anlass zur Nachzeichnung jenes bedenkenswerten Zustandes gab, einer Gegenwart also, die zumindest ebenso augenblicklich existent ist, wie diejenige, in welche man zu versinken geneigt ist. Die eingezeichneten Ereignisse bezeichnen nach Peirce Einzelzustände eines *augenblicklichen* Denkzustandes.

Im Zeigen auf ein auktorial konstruiertes Bild der Vergangenheit neigt der Erzähler zum ausführlichen Beschreiben oder aber Verstummen, indem sein Bewusstsein schließlich in die Welt hinter dem Abbild zu versinken beginnt. Hinter der Unterbrechung einer kontinuierlichen Bildbeschreibung entsteht für den Leser erst allmählich und nicht ohne Mühe jenes rekonstruierbare, für ihn daher latente Bild.

Das dem Leser unmittelbar *sichtbare* Bild entsteht demnach *nicht*, weil die Erzählerstimme Vorgefundenes, angeregt durch Ähnlichkeiten, berichtet. Die New Yorker Gegenwart steht mit der Mecklenburgischen Vergangenheit in einer ikonischen Beziehung. Aber dies keineswegs durch natürliche Ähnlichkeiten, sondern in einem diagrammartigen Bild, das erst erschlossen werden muss. Offensichtliche Ähnlichkeiten werden nicht ausgestaltet: So erinnert sich Gesine am 23. August beim Anblick der »efeubewachsenen Ziegelwände« womöglich an das eufeuumrankte Grab ihrer Mutter (138), an die roten Fliesen, die roten Bausteine und das rote Dach ihres ehemaligen Wohnhauses in Jerichow (539), die roten Steine des Pastorenhauses, den roten Trockenschuppen oder an die benachbarte Ziegelei (273). Das wären nicht nur mögliche, sondern nahezu zwingende visuell-assoziative Erinnerungen, hervorgerufen durch die Ähnlichkeit von gegenwärtigem und vergangenem Bild. Doch wird ein solcher ikonischer Bezug *qua* Ähnlichkeit des gegenwärtigen Bildes zur Vergangenheit hin durch den Text selten

---

55   Peirce (1993) 90.

aktiv genutzt. Solche ikonischen Bezüge wurden vom Genossen Schriftsteller aktiv – und zwar als *setting* oder fotografisch inszeniertes Bild – vorbereitet, können aber von der Erzählerin Gesine zögernd, vorläufig und oft genug nur lediglich latent genutzt werden.

Diejenigen Zeichen, die man in den *Jahrestagen* fotografisch nennen könnte, durchlaufen im Interpretations- und Erkenntnisprozess eine Abfolge von Objektbezügen: Die Zeichen entstehen durch die Bereitung eines Gedankendiagramms, aktualisieren sich im Versinken der Erzählerin darin, und werden so – unausgesprochen – für eine dritte Person, z. B. den impliziten Leser, zu einer Wirklichkeit. Im Erinnern, aber auch »real« in New York, betritt Gesine ein »Land der vorgehaltenen Möglichkeiten«. Nach ihrem »theatralischen Umzug« nach New York hält sie sich inmitten eines vorgefertigten Plans auf. Dessen Eckpunkte bestehen aus Personen, Räumen und Verkehrsverbindungen, innerhalb derer ihre Familiengeschichte noch einmal stattfinden wird. Peirce nannte ein dramatisches Werk als Beispiel für solch geschaffene Welten, auf die sich Aussagen innerhalb einer Erzählung beziehen:

Es kann sich um Shakespeares Welt des Mittsommernachtstraum handeln; es mag sich um ein Universum handeln, das vom Autor für den Augenblick erschaffen wurde. Doch all diese Universen haben ihre Orte in dem einem großen Universum *der Wahrheit*.
(Peirce (1990) 100)

2.2.3 Voraussetzungen von Wirklichkeit – Ikonisch und traumatisch

Lange bevor Gesines Leben als abrupt vermittelte Wirklichkeit einsetzt, beschäftigte sich der Schriftsteller Johnson offensichtlich mit den Bedingungen von deren Möglichkeit. Diese Vorgehensweise ist nicht allein begründet mit der Suche nach »realistischen« Bedingungen, also konkret belegbaren Umständen, wie etwa Abfahrtszeit und Fahrpreis einer Zugfahrt in einem bestimmten Jahr.

Johnsons Arbeitsweise spiegelt wiederum einen distanzierten wie zugleich in unserer Definition »trunkenen« Charakter wieder: Da leistet ein Autor jahrelange Vorarbeit, ohne diese ausführlich niederzuschreiben. Bereits einen Großteil des *settings* muss Johnson als ein überdimensioniertes Bild vor oder in sich gehabt haben, bevor er mit dem Schreiben, dem Einsetzen einer gegenwärtigen Handlung darin begann. Distanziert hieran ist die planerisch-strategische Vorgehensweise zu nennen, trunken hingegen die beinahe völlige Vereinnahmung des Geistes, sein Versinken in eben dieser Vorwelt.

Die Konstruktion einer der unmittelbar erzählten Wirklichkeit vorgeschalteten Bedingung von Möglichkeit, wie sie zum Beispiel in der Beschäftigung mit Subway- oder Reichsbahnplänen deutlich wird, entspringt einem Wunsch nach originärer, aber auch beherrschbarer Wirklichkeit. Doch birgt diese Strategie das Risiko, die Wirklichkeit nur mehr im vergangenen, nun verlorenem Leben zu erlangen. Und wahrscheinlich liegt hier sogar die Ursache jener Wirklichkeit begründet.

Im Übrigen beschäftigte sich auch der Autor der hier verwendeten Zeichentheorie intensiv mit den Grundlagen eines jeden Kartenmaterials, der Geodäsie. Seit 1867 war Peirce bei der *United States Coast and Geodetic Survey* angestellt, dem staatlichen Vermessungsdienst zur Bestimmung der Erdgestalt und der Erdoberfläche sowie zur Erstellung von Land- und Seekarten. Seine Grundlagenforschung dort, vor allem bei der Bestimmung der Schwerkraft, genoss internationales Ansehen. Aber auch in der Kartografie leistet er Pionierarbeit, wie seine Quincunicalsche Kartenprojektion von 1876 zeigt.[56] Peirce, der sich selbst als vorstellungsarm bezeichnete,[57] vermochte es offenbar, seine Entwürfe gedanklich durch Zeichen auf bildhaften Karten zueinander anzuordnen, woraus seine umfänglichen niedergeschriebenen Diskurse entstanden.[58]

Wie Peirce selbst ausführt, bieten (ikonische) Diagramme, zu denen natürlich auch Land- oder Seekarten gehören, dem Nutzer die Gelegenheit, sich im realen Gelände zu orientieren, ohne darin je *in persona* anwesend zu sein.[59] Seekarten geben zum Beispiel die Tiefe des Meeres an, ohne dies selbst in Tauchgängen ausloten zu müssen. In der Beschäftigung mit dem Kartenmaterial tritt nun ein die unmittelbare Umgebung zurückstellendes und nur auf die Karte bezogenes, sozusagen »ikonisches« Bewusstsein zu Tage. Der ikonische Weltbezug ist seiner Natur nach distanziert zu nennen,

56   Vgl. die Abbildung dieser Karte: Brent, Joseph: Charles Sanders Peirce: A Life. Bloomington Indiana 1998, 311.

57   Vgl. ebd. 16: »Surprisingly, Peirce claimed, that his mind was completely lacking in imagination, […]« Es handelt sich hier m. E. um eine auch vielen Fotografen eigene Vorstellungsarmut. Der Fotograf bewegt sich in einer vorgefundenen Situation; seine aufnehmende Neugier oder bloße Anwesenheit substituiert das künstlerisch-kreative Moment der Einbildung oder Phantasie.

58   Beverley E. Kent entdeckte zwischen Albert Einstein und Charles S. Peirce die Gemeinsamkeit einer visuellen und diagrammatischen Weise zu denken. Beide waren, bedingt durch eine spezifische Gehirnentwicklung, wie sie oft bei Linkshändern zu beobachten ist, in Vokabular und Syntax nur mäßig entwickelt, aber schufen sich in ihren Gedankenexperimenten eine eigene visuelle Sprache. Vgl.: Kent, Beverley E.: Charles S. Peirce: Locic and the Classification of Science. Montreal 1987, 3. Zitiert nach: Brent: Charles Sanders Peirce: A Life, Bloomington Indiana 1998, 15.

59   Peirce (1993) 132 f. überzeugt in einem fiktiven Dialog einen General von der Nützlichkeit einer Karte, selbst wenn ihm das Gelände seit frühester Kindheit bekannt wäre: »Gut, General, dies entspricht genau dem Vorteil eines Diagramms für den Verlauf einer Diskussion.«

da die vorstellende Person einen Plan der Welt und nicht diese selbst vor sich hat.[60] Mit demselben Recht allerdings könnte dieser Bezug im literarischen Zusammenhang auch »traumatisch« genannt werden: Etwas Schmerzhaftes mag aus der Welt heraus und in ihr Abbild hinein geführt haben.

Die beiden Aspekte der indexikalischen Beziehung eines Bildes zum wirkenden Objekt, nämlich die zwingende Aufmerksamkeit und die gewissermaßen physikalische Verbundenheit mit ihm, sind aufeinander bezogen. Wer sich mit einer bildhaften Vorstellungswelt beschäftigt, erfährt im Dargestellten einen Zuwachs an Wirklichkeit. Zu einem anfangs bezugslosen Zeichenelement tritt ein zwingendes Interesse, das nicht mit dem Zeichen als solchem zu tun hat. Unvermittelt, beinahe schockartig, wird dann der unbedingte Bezug hergestellt. Aus einem Spiel vorläufiger Vorstellungen kann ein Bedingungszusammenhang erkannt werden, der von nun an eine Handlungs- und Denkgewohnheit verändert – mithin eine neue Wendung in der Interpretation von Zeichen schafft. Der indexikalische Bezug ist damit nicht nur beschränkt auf die unbedingte, nahezu physische Verbindung mit einem unabänderlichen Dasein und seiner augenblicklichen Wahrnehmung. Ebenso wenig ist er begrenzt auf die schmerzliche Wahrheit einer erkannten Vorstellung – sondern ist immer auch die Wiederholung dieses Schreckens selbst.

Die Suche nach der Wirklichkeit, der Antrieb, über den ikonischen Aspekt wieder zu einem realen oder »physischen« Bezug zu kommen, geht eindeutig über eine Bildbeschreibung hinaus, hin zu der darin noch unverstandenen und – man möchte beinahe sagen, triebhaft oder instinktiv gesuchten Wirklichkeit. Mir scheint dem Peirceschen Begriff des *Wachsens* eine dem ikonischen Objektbezug ähnliche und zugleich weitergehende, semiotisch wie existentielle Bewegung zugrunde zu liegen. Ein nach Peirce »weibliches Wachsen« wird kontrastiert mit männlicher, unvermittelter und unverständlicher Sexualität.[61] Aus beider Vereinigung entsteht etwas Neues, nicht nur ein fortfolgend weiter gewachsenes Zeichen, sondern eine neue Gewohnheit, eine grundlegende Handlungsänderung.[62]

---

60   Peirces Intellekt wurde von seinem Studenten William Peperell Montapline als »kalt und klar« (Zit. nach Brent 1998, 15) bezeichnet. Wir könnten diese Charakterisierung auch als »nüchtern« umschreiben, obwohl oder vielleicht gerade weil Peirce ausgeprägte Züge von Trunkenheit besaß, wie sein Drogenmissbrauch seit der Studentenzeit beweist. Sein Onkel sah ihn »coming out of Boston in a state of intoxication.« (Zit. nach Brent 1998, 53)

61   Peirce (1990) 311 f.

62   Der Objektbezug, der eine solche Änderung zumindest begrifflich vorwegnimmt, könnte mit Peirce »symbolisch« genannt werden. Im Symbol drückt sich nach Peirce ein Bedeutungsbezug per Verhaltensgewohnheit aus (z. B. Peirce (1990) 285). Wichtig allerdings ist, dass eine solche Konvention immer wieder durch Erkenntnisprozesse und vor allem Gewohnheitsverfestigung

In jedem Fall aber bedingen die zwei der insgesamt drei Bezüge zur dargebotenen Welt einander: der vorbereitende, planerische und einrichtende ikonische Bezug auf der einen Seite, und der jene Bildwelt »erschrocken« verlassende, bzw. abrupt unterbrochene indexikalische Bezug auf der anderen Seite.

2.2.4 Woraus die Welt der *Jahrestage* wächst – Empathie und Distanz

Gesines Betrachten von Pressefotos aus der *New York Times*, Trümmer eines Flugzeugs in Hanoi sowie das Gesicht eines kämpfenden Polizisten in New Haven »mit einem ungläubigen Ausdruck fast altersweiser Art« (16), der vielleicht Assoziationen an Heinrich Cresspahls Gesicht weckt, formen eine gemeinsame Bildoberfläche mit den Koordinaten »Krieg« sowie »vertrauter Gesichtsausdruck« für die folgende Inszenierung.

Heinrich ist der Nachrichten aus London müde. Er versucht ein neues Leben zu initiieren, indem er dem eigentlich Wirkenden den Rücken zuwendet und nach Jahrzehnten das Bild seiner Jugendliebe erkennt. Als er sich von der unaufhörlichen Wellennatur der Ostsee ab- und einem Bild zuwendet, vergisst er nicht nur sich selbst, sondern auch Mecklenburgs ökonomische, immer noch ständisch geprägte Gesellschaftsordnung. Cresspahl bemerkt, dass es keinen Platz für einen weiteren Tischler in Jerichow gibt. Zudem ist es dem überzeugten Sozialdemokraten selbst nicht ganz klar, wie ausgerechnet er in eine deutschnationale bis nationalsozialistische Familie einheiraten kann. Er gibt sich einer bildhaften Illusion von vollkommener Liebe hin, wobei er im Mittelpunkt eines im Grunde banalen, alltäglichen Plots steht: Ein Handwerker in den besten Jahren verliebt sich auf seiner letzten Reise in die Heimat in ein bildhübsches Mädchen aus guter Familie. Die Faszination, die trotz allem von einer so unvoreingenommenen Liebe ausgeht, ist in Gesines Schilderung einen Moment vollkommen spürbar – in der unterdrückten Verzückung nämlich,[63] kurz bevor das Bild durch seine Chamois-Färbung an Wirklichkeit, fassbar am Partizip, sukzessive wieder verliert:

Die Luft war trocken und ging schnell. Die warmen Schatten flackerten. Der Seewind schlug Fetzen von Kurkonzert in den Garten. Es war Friede. Das Bild ist chamois getönt, vergilbend. Was fand Cresspahl an meiner Mutter?

neu erreicht sein will. Dieser dritte Objektbezug ist im Vergleich zum ikonisch/indexikalischen ein sehr versuchsweiser, allerdings beständig notwendiger Versuch, der dem eigentlichen Zeichenprozess Richtung und Halt gibt.

63 Auerochs (1994) 208 spricht von »zeitaufhebender Ekstase im Augenblick der unwillkürlichen Erinnerung, die quasimystische Einswerdung der Vergangenheit mit der Gegenwart«, deren Existenz Gesine leugnet.

Meine Mutter war 1931 fünfundzwanzig Jahre alt, […]
(JT 17, 23. August)

Mit Sicherheit werden die beiden aufgeregt gewesen sein – und ebenso gewiss »ging« nicht nur die Luft, sondern vielmehr beider Herz »schnell«. Rasch jedoch wird das Erleben einer Liebe auf den ersten Blick gebrochen. Aufregung, Neuigkeit und Einzigartigkeit, wie sie die drei Sätze locker und bewegt ausdrücken, werden mit einem Satz von nur drei Worten verlangsamt, und schließlich gleichsam erstickt: »Es war Friede«. Auch wird mit diesem Satz die Koordinate »Krieg« – Auslöser der Erinnerung sowie Präfiguration der Katastrophe auch für das Ehepaar Cresspahl in der gegenwärtigen Vergangenheit – darin einesteils geborgen und zugleich wieder schmerzhaft evoziert. Nüchternheit und Distanz gegenüber einem solchen Bild bleiben nun vorherrschend und so bleibt der Erzähler bei aller innerer Anteilnahme innerhalb der eigenen (New Yorker) Gegenwart.[64]

Diese innere Haltung wird zu einer Norm, aus deren bemühter Aufrechterhaltung und ungewollter Übertretung zugleich die Welt der *Jahrestage* zu wachsen beginnt. Gesine darf sich durch ihre Erinnerung von der Verantwortung für Marie ebenso wenig ablenken lassen wie der Leser des Johnsonschen Erzählkosmos' von derjenigen seinem eigenen politischen Zeitgeschehen gegenüber. Als Beispiel seien einige bedrückende Parallelen des Irakkrieges von 2003 zum Vietnamkrieg der *Jahrestage* genannt. Der Leser hätte im Sinne Johnsons nicht die Aufgabe, Ähnlichkeiten zwischen beiden Kriegen zu suchen, sondern die Lesegegenwart als ebenso wirklich, bedenkenswert und kritikwürdig zu beobachten, wie er die Situation in den USA zu Ende der 1960er Jahre sah.

Die den ausdrücklich erwähnten »warmen« flackernden Schatten folgende Beschreibung der Mutter ist dementsprechend ernüchternd. Die Erzählerstimme wird auktorial, sie nimmt die distanzierte Form des vorletzten Absatzes desselben Kapitels an: »Gesine Cresspahl wird an manchen Mittagen eingeladen […]« (18)

Die zunächst stattfindende ungeheure Berührung durch den zutiefst persönlichen Aspekt der Fotografie und die darauf anschließende Distanzierung, die sich auf genaue Beschreibung zurückzuziehen versucht,[65] ist ein

---

64 Vgl. Zetzsche 242: »Distanz zwischen Originalfotografie und fiktionaler Verarbeitung.« Worin diese jedoch begründet ist, wird – vielleicht durch die Beschränkung auf material vorliegende Fotografien bei Johnson – nicht weiter verfolgt.

65 Storz-Stahl 140 verwendet für einen solchen Moment den Begriff des Illusionären: »Das Illusionäre, die Projektionen von Innen und Außen, wird aber im Moment des Erkennens wieder zurückgenommen.« Für diese so unwiderstehlichen wie gefährlichen Momente des Wieder-Erkennens jedoch scheint mir dieser Begriff nicht adäquat zu sein. Gesine erkennt ja nicht die Illusion, die Täuschung (das ist Gesines fast stereotypes Rückzugsargument aus Selbstschutz) sondern die Gefahr, die in genau diesem Wiedererkennen läge. Bedenkenswert daher auch Martynkewicz 153: »Nicht Erinnerung steht in den *Jahrestagen* im Mittelpunkt, sondern Wiedererkennen.«

Verfahren, das hier spätestens mit dem Blick auf das Passfoto beginnt »[…], den ich ihm zwanzig Jahre später gestohlen habe. Er war vor fünf Tagen aus England […]« – und in den letzten beiden Sätzen seinen Abschluss findet. Der Leser indes setzt zu diesem Zeitpunkt diese Distanzierung von Vater und Mutter noch gewissermaßen gleich: Gesine jedoch erinnert sich ihrer Mutter auf weit prekärere Weise, was sich allerdings erst im Laufe des Romans zeigen wird.

Entsprechend dem in diesem Kapitel vorherrschenden Wechsel von fotorealistischer, objektivierend inszenierter Einstellung und kaum beherrschbarem Sog dieser Vorstellung, steht der Satz »Die Chinesen stecken die britische Botschaft in Peking an […]« in beabsichtigtem Kontrast zu »Das machen die Chinesen«. (18) Dieser letzte Satz – ein für den politischen Tagesbericht kaum sachdienliches, daher weitgehend unverständliches, wie wiederholtes Raunen – fasst die latente Vorstellung Gesines in paradoxer Weise, vor allem aber im Hinblick auf jenes innere »Versinken« zusammen. Die unmittelbare Bedeutung von Gesines geäußerter Wahrnehmung für die Ökonomie der Gesamterzählung ist hierbei kurzzeitig verloren gegangen. Eine Aktualisierung visueller Zeichen in Form eines bewussten Berichts, zum Beispiel die vorangegangene Vergegenwärtigung vergangener Ereignisse im Angesicht einer efeubewachsenen Ziegelwand, bleibt ausgeschlossen.

Zwischen dem Satz »Das Bild ist chamois getönt, vergilbend.« und der Frage »Was fand Cresspahl an meiner Mutter?« erfordert ein möglicher Vortrag eine längere Sprechpause, als verstumme Gesine hier und halte eine Weile inne. Ist ihr Blick erst einmal vom chamois getönten Bild abgewandt, werden keine weiteren, auf Unmittelbarkeit gerichteten Zeichen aktiviert, wie dies *vor* dem Versinken in jenen Bildraum noch geschehen konnte. Nunmehr bleibt vor Augen die bezugslose, singuläre Qualität eines fotografischen Zeichens, ein flackernder Schatten etwa – und dadurch lediglich der Hinweis darauf, dass da etwas war und noch immer existieren kann.

Die Erzählerin zeigt sich uns Lesern gegenüber ernüchtert von der zweidimensionalen Reduktion einer anfänglich so unmittelbaren Vorstellung und fährt mit einer eingehenden Bildbeschreibung *qua* Ähnlichkeit fort. Gesine deutet nun in ikonischer Weise aus einem Sammelsurium von Familienfotografien (dies entspricht dem Peirceschen Begriff der *Mischfotografie*) – bevor erneut ein mitteilbares Eintauchen (jedoch nicht zu verwechseln mit dem wortlosen Versinken!) in die vergangene Unmittelbarkeit gewagt wird: »Sie sah jetzt besorgt aus. Sie hob selten den Blick vom Tischtuch und knetete ihre Finger, als wäre sie gleich ratlos.« (17)

Johnsons fotografisch erinnerte visuelle Bilder stellen einen unbedingten Zusammenhang von gegenwärtigem und vergangenem Augenblick her. Hätte allein die vergangene Geschichte Priorität, so reduzierte sich die Bedeutung einer bildhaften Vorstellung auf den kommunikativen Zweck, Marie oder dem Leser das Hinübergeleiten in die berichtete Vergangenheit zu erleichtern. Dem ist jedoch nicht so: Bereits Marie, an die sich die Erzählung ihrer Mutter Gesine in weiten Teilen richtet, soll manche vergangene Ereignisse ja gerade *nicht* erfahren – wie zum Beispiel die Umstände des Todes ihrer Großmutter Lisbeth. Die Bedeutungen der in einem erzählten Bild sichtbaren Dinge sind Teil einer stillen, weil äußerst persönlichen Erinnerung und können bestenfalls durch aktives Nachfragen einer dritten Person, wie der des impliziten Lesers, erkannt werden.

Gibt es einen noch weiteren Grund, weshalb Cresspahl im August 1931 mit dem Rücken zur Lübecker Bucht sitzt? Dies hat, wie wir anlässlich von Lisbeths Selbstmordversuch erfahren, nicht allein mit einer inszenierten Reaktion auf Thomas Manns Travebild zu tun. Lisbeth schwimmt Ende September 1937 vier Kilometer in die Lübecker Bucht hinaus. Die Seekarte macht dort, »[…] weit jenseits der 16-Meter-Linie« eine Meerestiefe von »24 und 25 Meter« aus. Der Fischer, der sie rettete, erinnert sich an ein ähnliches Ereignis, damals war »[…] eine junge Frau, eine Kindergärtnerin, zweieinhalb Kilometer weit hinausgeschwommen«. Dies geschah im August 1931. (579 f.)

Das Bild von Cresspahl im Gartencafé an der Travemündung zeigt ebenfalls beispielhaft, wie sich Gegenwart und Vergangenheit in den *Jahrestagen* aufeinander zubewegen, um nach kurzem Innehalten und schmerzhaftem Verstummen quasi ineinander zu fallen. Nicht so weit geht Butzer, der das Auslaufen der Brandung als »Annäherung des Vergangenen an das gegenwärtige Bewußtsein« versteht.[66] Im Überschlag von ikonischen zu indexikalischen Bildbezügen entsteht eine geheimnisvolle Realität, die »gemacht und zugleich zerstört« wird. Dies folgt zumindest, wenn an dieser Stelle die Annahme des Wellen-Eingangsbildes als programmatische Äußerung bzw. als Analogie zum fotografischen Zeichenprozess der *Jahrestage* gestattet ist.[67] Auch Krellner spricht vom »strukturellen und thematischen

---

66 Butzer 130.
67 Um die Vielfalt der (meist programmatisch aufgefassten) Interpretationen zu illustrieren: als Erinnerungsmetapher bei Butzer 130; Kaiser, A.: Für die Geschichte. Medien in Uwe Johnsons Romanen. St. Ingert 1995 (Mannheimer Studien zur Literatur- und Kulturwissenschaft, Bd. 6, 71) interpretiert sie als »Bild für die Gleichförmigkeit des Lebens, für die alltäglichen Wiederholungen«; Strasky 123 ff. als »Symbol für die gegen das Bewusstsein andrängende Erinnerung«, den »aktiven Rekonstruktionsvorgang« und die zerplatzende Woge als »gesellschaftliches System mit seinen Mechanismen und Zwängen« und die Machtlosigkeit des Individuums«; Vogel 118 als »Metapher für die Geschichte, die erzählt werden könnte«; Jahn 257 ff. räsoniert über die in diesem Bilde geschaffene »deskriptive Pause« zwecks »Einfühlung« des Lesers, der doch so gerne kontemplativ mit Gesine baden gehen möchte, aber sich darauf folgend mit Diegese und damit belehrendem Faktenüberschuss konfrontiert sieht.

Exposécharakter des Eröffnungskapitels, das in seiner das gesamte Werk
›aufschließenden‹ Funktion kaum überschätzt werden kann«.[68]

Bereits im ersten Satz der *Jahrestage* nimmt Johnson folgende Momente
auf: Das beständige Treiben der Wellen (W1), ihr bedrohliches Wölben
(W2), das Kräuseln der Wellenkämme (W3), ihre Farbe (W4) und ihr Kippen vor dem Überschlag (W5). Das Zerplatzen der Wellen (W6) und die
Wirkung darauf am Strand (W7) folgt erst im übernächsten Satz.

Lange Wellen treiben schräg gegen den Strand, (W1) wölben Buckel mit Muskel-
strängen, (W2) heben zitternde Kämme, (W3) die im grünsten Stand (W4) kippen.
(W5) Der straffe Überschlag, schon weißlich gestriemt, umwickelt einen Hohlraum
Luft, der von einer klaren Masse zerdrückt wird, als sei da ein Geheimnis gemacht
und zerstört worden. Die zerplatzende Woge (W6) stößt Kinder von den Füßen, (W7)
[…].
(JT 7)

Man vergleiche diese Abfolge mit möglichen literarischen Vorbildern und
achte dabei vor allem auf Vorhandensein und Stellung von W5, also der
Neigung vor dem Überschlag:

Große, starke Wogen wälzten sich mit einer unerbittlichen und furchteinflößenden
Ruhe heran (W1), neigten sich majestätisch (W5), indem sie eine dunkelgrüne, metallblanke Rundung bildeten (W2,3,4), und stürzten tosend, krachend, zischend, don-
nernd über den Sand. (W6,7) [69]

As they neared the shore (W1) each bare rose, (W2), heaped itself, (W3) broke (W6)
and swept a thin veil of white water across the sand. (W7)[70]

Auch bei Johnson wird zunächst ein Bild beständiger Bewegung gezeichnet
(W1), die dann stockt (W2–5). Die für die *Buddenbrooks* typische, nämlich
bedrohliche Wirkung der Wellen durch ihren unaufhaltsame, »endlose«,
»irre« Folge ist bei Johnson aufgehoben und neu gewendet – in der für sein
Werk, wie noch nachzuweisen sein wird, hochgradig bedeutsamen Bezeichnung »schräg«. Im beständigen Anbranden liegt unbestreitbar auch eine (erodierende) Gefahr, angezeigt an dem Buckel, den man – vermutlich
im Sinne Johnsons – mit einem Buckel einer Katze *vor* einer Gefahrensitua-
tion assoziieren darf.[71] Das Bild wird noch überwältigender durch die Verwendung des Präsens, das mehr als nur ein momentanes Ereignis bezeich-

68   Krellner 192.
69   Mann 154 u. 699. (Buddenbrooks: 3.Teil 9. Kap. und 10. Teil 3.Kap.)
70   Woolf, Virginia: The Waves. London 1963, 5.
71   Riordan (1995) 161 sieht das Wellenbild in anderer Nuance kombiniert mit dem Motiv
der »Katze Erinnerung«: »Was Katzen und Wasser in den Jahrestagen gemeinsam haben, läßt sich
auf einen Nenner bringen: latente Gewaltsamkeit«.

net, nämlich zugleich »situativ unmittelbar und ubiquitär« seine potenzierte Wirkung entfaltet.[72] Dazu trägt auch die chronologische Unbestimmtheit des undatierten Romananfangs bei, die die Deutung einer Allgemeingültigkeit an dieser Stelle zulässt, wenngleich eine zeitliche Bestimmung in den folgenden Absätzen erkennbar wird: der zehnte Tag von Gesines Ferien am Meer.

Erst zwischen dem Neigen und dem Stürzen der einzelnen Welle, deren Überschlag also, liegt das literarisch innovative Moment bei Johnson. Die rhythmische Bewegung vieler Wellen ist also deutlich unterbrochen, weil die einzelne Welle nicht stürzen oder auslaufen darf, wie zum Beispiel bei Virginia Woolfs Eingangsbild in *The Waves*.[73] Das Bild des beständigen Wellengangs ist unterbrochen zugunsten einer einzigen, einer singulären Woge, der genauen Wahrnehmung ihres individuellen Entstehens und Vergehens. Dass das Augenmerk explizit auf den kurzzeitigen Stillstand, auf den schon »weißlich gestriemt(en)« »grünsten Stand« gerichtet ist, darf als ein deutlicher Beleg für fotografische Wahrnehmung gelten.[74]

Mit der Naturbeobachtung wird momenthaft eine Wahrheit erkannt und – da sie geheimnisvoll erscheint – für sich behalten. Weder wird sie rasch entdeckt noch langsam entwickelt, sondern in der Beobachtung eines fotografischen Stillstands nur bemerkt und »umwickelt«, also verhüllt. Ein Bild der Zeit selbst wird demnach schmerzhaft erkannt und aufgenommen – aber nicht, um es zu vervielfältigen oder weiterzuverbreiten, sondern um es ganz bei sich zu behalten. Und so findet sich das Bild des straffen Überschlags wieder in dem der warmen Schatten, die flackerten, findet sich die schnell bewegte Luft, dem zitternden Wellenkamm gleich – kurz bevor alles zerdrückt, vernichtet wird vom Abbild seiner selbst, vom chamois getönten Bild.

72   Krellner 193, zitiert ebd. Anm. 33: Davis, L.: Diachronie und Synchronie: Das Faulknersche Element im Prolog zu Uwe Johnsons *Jahrestage*. In: Internationales Uwe Johnson Forum 3. (1993), 105–120, hier: 111 in diesem Kontext: »Das einfache Präsens drückt in der deutschen Sprache etwas aus, das gerade stattfindet, während der Leser davon hört; es kann aber auch, eine zweite Möglichkeit, als generische Beschreibung solcher Szenen an jedem beliebigen Strand benutzt werden.«

73   Von Woolf übernimmt Johnson die Ähnlichkeit der Wellenkämme mit Pferderücken, dieses Bild wiederum ist dem antiken Mythos entlehnt: die sich aufbäumenden Pferde des Neptun werden in der bildenden Kunst als Wogen dargestellt. Das Pferd Jakobs, jener Fuchs, spielt in den *Jahrestagen* eine ebenso große Rolle wie »[…] eine Geschichte… wie die von Kleinkindern, die in eine Wassertonne fallen.« (JT 1843)

74   Paefgen 242 schreibt anhand des Superlativs dieses ersten Farbwortes Gesine Cresspahl eine Offenheit für die Farben ihrer Umgebung zu, was sich vielleicht mehr der auch farblich gekennzeichneten Spannung im Moment des Überschlags verdankt. Der Perspektivwechsel des Erzählers zu der Gesines wird hier nicht wahrgenommen. Paefgen vertritt ferner 243 die These, in den *Jahrestagen* sei insbesondere Fremdes farblich markiert, das Vertraute bedürfe der Farben nicht unbedingt.

Das Moment der Neigung des Wellenkammes könnte mithin gedeutet werden als das Umschlagen zwischen einer möglichen Schilderung des wirklich Gewesenen, jenes Geheimnisses der Zeit, in der Gesine (Kind) war, hin zum Verstummen im Angesicht dieser Schilderung. Weil jene Zeit und mit ihr die darin lebendig gewesenen Menschen, allen voran Jakob, nun nicht mehr sind.[75]

---

75   Auch an dieser zunächst unverständlichen Verbindung mit den Chinesen ist bereits Jakob präsent, wie der Vergleich mit dem Eintrag vom 15. August zeigt: »Jakob hatte sie mit einer Rückfahrkarte ausgestattet. [...] Und was machen in S. F. die Chinesen?« (JT 1845)

3. Scharfer Rand von Gefahr und Unglück

Die Entwicklung einer innersten Bildwelt

Entwickelt am Motiv des »kippenden Bildes«, worunter auch die schräg geneigte Blickrichtung zu verstehen ist, geraten für Gesine und Heinrich Cresspahl aktuelle und vergangene Eindrücke, geraten äußere und innere Wahrnehmung – und daher rezentes und latentes Bild – in bedrohlicher Weise an- und ineinander.

Heinrichs Erinnerung an Lisbeths »Bild« bei ihrer Abfahrt aus Richmond präfiguriert eine künftige Krise. Gesines Wahrnehmung der kippenden Glastüren jedoch, aufgrund derer sich Erinnerungen ankündigen, evoziert in erster Linie vergangene Krisen. Während Heinrich eine Gelegenheit zur Bewältigung seiner Eheprobleme durch nüchterne Beobachtung verpasst, »verwendet« die Erzählerin Gesine das kippende Bild, um gegenüber einer bevorstehenden Gefahr und ihres eigenen Anteils daran eine Art Rechenschaft abzulegen.

Ein für die Protagonisten erschreckender Bildverbund von Vergangenem und Gegenwärtigem dient keineswegs dem harmlosen Wieder-Erinnern und Weitererzählen, sondern gefährdet die Stabilität ihrer Erzählstimmen selbst. Sie erinnern ein frühes Ereignis in der Form in sich abgeschlossener Bilder, dessen volle Bedeutung und Wirkung bislang nicht erfasst wurde. Wahrscheinlich aus Selbstschutz wird ein Ereignis wie eine Fotografie »aufgenommen«, ohne dass es zunächst in seiner Bedeutung verstanden wird.

Ein derart aufgehobenes, latentes Bild entwickelt sich während einer konkreten Erinnerung nachträglich und spontan. Aber auch dann verhilft die Ausentwicklung nicht zum vollen Verständnis des abgebildeten Ereignisses, sondern erschafft lediglich kurzzeitig einen Bildraum, worin ein materialisiertes Bild erscheint, sich der genauen Deutung entzieht und schließlich bedrohlich »kippt« – zu fallen droht.

Das Rätsel, weshalb Heinrich Cresspahl sich an jenem Augusttag Hals über Kopf verliebt, sucht seine Tochter anhand eines gegenständlich gedachten Lichtbildes zu beantworten. Welche Vorstellung wurde in ihrem Vater wachgerufen, als er Lisbeth das erste Mal sah? Wachgerufen indes wird eine andere als Lisbeth: Cresspahl folgt dem Bild seiner Jugendliebe Gesine Redebrecht. Die intensive erste Begegnung des 16-jährigen Gesellen Heinrich mit der 15-jährigen Enkelin des Tischlermeisters in Malchow wiederholt sich nun, 28 Jahre später, das Bild von Lisbeths schräg geneigtem Kopf vor Augen. (96 und 398). Gerlach spricht, was Gesine Redebrecht anbelangt, von »unabgegoltene(r) Glücksverheißung«.[1]

Als Heinrich Lisbeth nach der Verlobung verlässt, um bis zur Heirat wieder in Richmond seiner Arbeit nachzugehen, werden drei Wochen nicht ausreichen, um ein lebendiges, bewegteres Bild – Lisbeths Abschiedswinken nämlich – in seinem Gedächtnis zu verankern. Heinrichs visuelle Vorstellung seiner Verlobten ist auch noch unvollständig, als er seine langjährige Geliebte Elizabeth Trowbridge ein letztes Mal sieht. Doch als Lisbeth ihm eine Fotografie zusendet, vergisst Heinrich alle bisherigen Bilder und Eindrücke und ersetzt diese durch die Abbildung einer etwas schief auf den Fotografen blickenden Lisbeth. Mithin ist Cresspahl nicht einfach von dem Urbild der Gesine Redebrecht »gefangen«, sondern vielmehr »blind vor Verstrickung« (85) durch ein davon überlagertes Bild seiner Verlobten. Auch sein fotografisch starres Bild der geliebten Frau wird nicht wenig dazu beitragen, dass seine Ehe tragisch scheitert.

---

1   Ebd. 185.

Cresspahls inneres Bild von Gesine Redebrecht und sein Umgang damit kann durch den Umgang mit einer hier real vorgestellten Fotografie plausibel gemacht werden. Der Besitzer mag versucht haben, einer unerreichbaren Person durch seine starke Vergrößerung des Negativs auf Papier näher zu kommen. Dieses selbst geschaffene zentrale Wunschbild, herausgelöst aus der damaligen Situation – vielleicht ein gemeinsamer Ausflug zu Schulbeginn – erlaubte ihm noch lange, es durch einen so niemals wahrgenommenen Bildausschnitt festzuhalten. Anhand einer Fotografie, die nur wenig Spielraum für sprachliche Übersetzung erlaubt, – denn was bleibt übrig außer ein »Gesicht« und »lange, glatte Haare«? – verbarg er sich die Realität dieses Mädchens hinter seiner Aufnahme. Gesine beschreibt in der Tonbandaufnahme vom 29. November ein vergleichbares Verfahren in Bezug auf eine Fotografie ihrer sechs-jährigen Mutter: »Ich als Kind wollte sehr die Oberfläche vergrößern, auf der die Liebe für Mütter anwachsen kann.« (387)

Der einstige Kontext gerät also hier wie dort durch eine von Sehnsucht bestimmte Manipulation in den Hintergrund: Ein Gesicht soll gleich einer
darin gesuchten Idee unbedingt erscheinen – dabei verliert die reale Person
die Fähigkeit zu vielfältigen Bezügen und Möglichkeiten. Der Leser erfährt
damit von jenem Urbild der Gesine Redebrecht – nicht hingegen von dessen Voraussetzungen, etwa einer unerkannten Ähnlichkeit mit Cresspahls
Mutter.

Als Lisbeth ihren Verlobten überraschend in London besucht, erkennt
Cresspahl sie trotz des kürzlich gesandten Porträtfotos zunächst nicht an ihrem Gesicht (103). Nach ihrer Heirat übersiedelt Lisbeth mit ihrem Mann
nach Richmond, wo sie sich jedoch nur schwer akklimatisiert. Cresspahl
kann ihren Nöten wenig Verständnis oder Trost entgegenbringen:

> Er sah sie an, er erbaute sich in den Mundwinkeln über den Anblick, er sah um ein
> Winziges an ihren Augen vorbei, er hörte sie nicht klagen.
> (JT 123, 27. September)

Schließlich fährt die im achten Monat schwangere Lisbeth im Januar 1933
in ihre Heimatstadt Jerichow nach Deutschland, ihren Ehemann lässt sie
verwirrt und verletzt zurück. Cresspahl beginnt zu trinken und erinnert sich
auf dem Heimweg eines langen Kneipenabends an ihre Abfahrt:

> Was Cresspahl auf dem Heimweg durch die kahle Petersham Road vor Augen hatte,
> im pfeifenden Wind der Kanalstürme, war Lisbeths Gesicht hinter der Scheibe des
> anruckenden Zuges im Victoria-Bahnhof. [...] Sie hatte hinter der Scheibe gestanden,
> mit hängenden Armen, als sei ihr das Öffnen des Fensters zu beschwerlich. Sie hatte
> nichts angesehen als ihn. Es war ein anderes Gesicht. Sie schien jünger und zu jung
> für ihre neuen Erfahrungen. Sie hatte wieder ein Mädchengesicht, etwas ungenau um
> die Augen, ein Weniges starrsinnig. In seiner Erinnerung, in der Finsternis des verlas-
> senen, ungeheizten Zimmers, stand es still, bis es wegschwankte unter dem Ruck des
> anfahrenden Zuges und schräg wegfiel.
> (JT 193, 19. Oktober)

Nicht einmal während dieses schmerzhaften Abschieds blickt Cresspahl
Lisbeth direkt in die Augen, da er vor allem einen Gesichtausdruck beobachtet, der durch Unschärfe »um die Augen« bestimmt ist. Deswegen bemerkt er Lisbeths auf ihn gerichteten Blick kaum, sondern vielmehr die fehlende Übereinstimmung ihres Gesichts mit dem seiner Vorstellung.
Heinrich Cresspahl, soviel sei klargestellt, liebt Lisbeth und nicht lediglich
ein Bild von ihr, er sucht ihre Nähe und vermisst sie wirklich. Und dennoch
trägt Cresspahl ein davon unabhängig unentwickeltes, weil unerkanntes inneres Bild in sich, das mit der wirklichen Person Lisbeths so gar nicht über-
einstimmen mag. Hier wird ihm diese Diskrepanz zum ersten Mal bewusst:
Der betrunkene Cresspahl beobachtet, dass Lisbeth im Zustand der Über-
forderung ein Mädchengesicht angenommen hat. Ob sie ein solches indes

wieder annahm, kann er keineswegs wissen – schließlich lernte er sie als 25jährige erst vor einem guten Jahr kennen.

Wie reagiert Cresspahl auf den Unterschied von Bild und Wirklichkeit? Cresspahls Vorstellung von Lisbeth verblasst weder, noch wird sie als Ganzes undeutlich oder unscharf, sondern sie »fällt«, in aller Deutlichkeit gesagt, einfach »weg« – nicht ohne darin noch einmal die wesentliche Eigenschaft dieses ihres Urbildes zu offenbaren, nämlich »schräggeneigt« zu sein. Der erinnerte visuelle Eindruck gleicht damit dem Umkippen einer gerahmten Fotografie, sein Bild einem ikonischen Zeichen, das für zu vergegenwärtigenden Verlust und proleptisch für künftige Gefahr steht.[2]

Als Cresspahl Lisbeth am Tag der Geburt seiner Tochter, dem 3. März 1933, schließlich nach Jerichow nachfolgt, nehmen ihn zunächst politische Ereignisse gefangen. Er wird uns bei seiner Ankunft als ein nüchterner Betrunkener geschildert, als »[…] ein Blinder, der alles sah, ohne es behalten zu können. Als ein Tauber, der eine Katze laufen hörte, ohne das Geräusch zu begreifen«. (202)

Am nächsten Tag schlägt Heinrich vor, die gemeinsame Tochter Gesine zu nennen – mit der unaufrichtigen Behauptung, damit sei keine weitere Person mitgenannt. Während die beiden ihre Tochter taufen lassen, sehen sie weder auf das Kind, noch blicken sie einander an. Cresspahls ursprüngliche Vorstellung von seiner Ehefrau wird während der darauf folgenden monatelangen Trennung erneut seinen Erwartungen entsprechend angeglichen: Dieser Vorgang ist mit dem fotografischen Fachausdruck des »Retouchierens« einer Bildvorlage bezeichnet. (398)

Als Cresspahl nach Abwicklung seiner Londoner Verpflichtungen schließlich im Herbst 1933 endgültig in Jerichow eintrifft, zeigt er sich irritiert von den unvermittelt starren, traurigen Blicken seiner Frau und versucht, von ihr eine Erklärung zu erhalten. Dennoch – und spätestens hier beginnt seine Schuld – überwiegt nach wie vor, trotz aller genannten Vorzeichen, sein Wunsch, den Anblick Lisbeths mit jenem ersten, schrägköpfig neckenden Bild in Deckung zu bringen. Er hat die Anzeichen von Verlust und Gefahr ignoriert und wird einen hohen Preis dafür entrichten.

In Cresspahl wirkt ein latentes Bild, vor allem ein *ikonischer* Bezug zu diesem, ein unvollständig oder gar nicht entwickeltes Schlüsselerlebnis, wirksam allerdings nicht seit seinem fünften, sondern dem sechzehnten Lebensjahr. Ein singulärer Moment hat sich eingebrannt, ist zu einem immer während Schattenspiel geworden, ohne dass je der Versuch gewagt werden konnte, es objektivierend zu deuten. Das Bild der Gesine Redebrecht wurde vor langer Zeit derart vergrößert und herausgehoben, dass es von ei-

---

2   Vgl. zur Krise der Bilder im realistischen Roman: Geppert 143 ff.

ner fortwährenden Realitätsprüfung ausgeschlossen werden konnte. Damit
war es Heinrich nicht möglich, sein Bild durch geeignete Entwicklung, i. e.
Sichtbarmachung, einer Revision zu unterziehen. Cresspahls erlebtes Urbild
einer Frau, sein »altes Raster«, ist durch folgende Merkmale gekennzeichnet (86) – wie Gesine Redebrecht selbst im Gespräch mit Gesine Cresspahl
berichtet:

Ich trug Zöpfe um den Kopf. Ich war blond. Er wünschte sich immer, daß ich die
Zöpfe aufmachte. Das erste Mal ging ich mitten in der Nacht oben ans Fenster, die
Haare offen. Es war nichts ausgemacht und nichts angesagt. Da stand er.
(JT 217, 24. Oktober)

In Johnsons Erzählkonstruktion ist es Gesine, die von einem frühen Erleben
ihres Vaters berichtet. Ihr eigenes erstes Bild dagegen ist ein leidvolles, ein
traumatisch frühes Bild: Als ihre Mutter Lisbeth sie im Alter von vier Jahren in wahrscheinlich mörderischer Absicht in eine Regentonne fallen lässt,
hat Gesine das Bild der ruhig dabeistehenden Mutter noch vor Augen: »Ich
hatte noch immer ihr Bild bei mir; erst dann fiel mir auf, dass in dem runden Tonnenschacht nur der Himmel zu sehen war«. (617) Es gehört mit zur
poetischen Intention und ungeheuren Wirkung dieser traumatischen Erinnerung oder Vermutung, dass ihr »Wahrheitsgehalt« letztlich nicht zu klären
ist. [3]

Die Gestalt der Mutter, das direkte Objekt des erinnerten Bildes, ist für
Gesine Ergebnis eines in die Gegenwart reichenden, seit langem bereits an-
dauernden Zeichenprozesses: Ihre Wahrnehmung wird nicht wie bei ihrem
Vater auf einen sicher geglaubten Eindruck gelenkt, also auf eine ikonische,
in sich vollständige Darstellung, sondern – weil genau das vermieden werden muss – auf ein zwar leidvolles, aber bereits sprachlich bearbeitetes Geschehen. Ihre Bildwahrnehmung ist an dieser Stelle angewiesen auf größt-
mögliche Distanz zu ihrem »Urbild«. Es ist ihr nur anhand von Spuren und
logischen Schlüssen, aber nicht unmittelbar zugänglich. [4]

Das liegt zum einen an verschütteter, fast ausgelöschter Erinnerung. Gesines Schreckensbild zeigt sich, wenn überhaupt, weniger in der detailgenauen Ähnlichkeit, sondern als schwer zu entziffernder Rest eines mit Sicherheit stattgefundenen Ereignisses. Nur in der – meist visuellen – Spur
findet Gesine zum latenten, trotz aller Bemühungen schwer zu entwickeln-
den ersten Bild, zu diesem so singulären wie konstitutiven Eindruck, der,
weil erinnerungsbildend, sich auf alle folgenden Bilder auswirken wird.

---

3   Siehe auch Elben 47.
4   Assmann 210 macht auf die Renaissance des Begriffs »Spur« seit dem 19. Jh. aufmerksam: »Platons Methaphysik der Anamnesis wurde dabei durch eine Physik des Realen ersetzt. So
ging man davon aus, daß sich die ›Spur des Realen‹ ebenso in die Silbersatze der photographischen Platte wie in die Substanz des Gehirns ›einschreibt‹.«

Gesines überwiegend *indexikalischer* Bezug zum Bewusstsein der offenen Regentonne ist die Grundlage für ein differenziertes Bildprogramm ihrer eigenen »Jahrestage«. Es ist sicher ebenfalls Zeichen einer Krise, aber einer, die durch den Vollzug des Romans eingelöst wird in einer Welt voll Gefahr und Wahrheit. Wie bei Cresspahl finden wir auch bei Gesine ein »Kippen« der Bilder, doch weitaus aktiver und reflektierter, sowohl im erzählpragmatischen als auch optischen Sinn. Der Weg zu ihrer Vergangenheit, einer mitteilbaren ersten Erkenntnis davon, mag vergleichbar sein mit der lange verzögerten, nun plötzlichen erfolgten Entwicklung oder Vergrößerung eines latenten fotografischen Bildes. Vergleichbar also mit einem Weg der Sichtbarmachung verdrängter schmerzlicher Eindrücke, der durch das Verrücken oder Kippen alltäglich wahrgenommener Bilder ausgelöst wird.

Indem sich innere Bilder im entscheidenden Moment auszuentwickeln beginnen, werden sie Gegenstand eines bewussten Prozesses. Allerdings, und das macht das Fotografische an Johnsons Schreiben aus, eines Bewusstseins vom Vorhandensein dieser Bilder, nicht jedoch unbedingt ihres Referenten. Erzählerisches Bewusstsein bildet sich demzufolge entlang einer allmählich aufgezeigten Latenz von Bildern, nicht aber in der Übersetzung des referentiell Dargestellten, ihrer »Ausdeutung« also, um einen Begriff Johnsons zu verwenden. Fotografische Blicke zeigen auf latente innere Bilder, auf den damit verbundenen Schmerz, sowohl des vergangenen wie des kommenden. Durch Gesine Cresspahls Blick, durch ihren Bericht wahrgenommener Bilder, wird die Gefährdung, die von offensichtlich vorhandenen frühen Bildern ausgeht, für den Leser sichtbar, wie hier, beim Gang durch die Türen des Foyers ihres Arbeitsplatzes:

[…] und zwischen gleitenden Abbildern von Schattenmenschen ist der Hintergrund tief geworden, weißliches Seelicht gesehen unter Laubgrün, Boote auf dem Wasser, vor mir unverlierbar gewußte Umrisse, Namen voll Zeit, und erst, wenn ich das Bild an der von Neon beleuchteten Ecke des Fahrstuhlschachtes verliere, versieht mein Gedächtnis den freundlichen Anblick und Augenblick und Moment mit einem scharfen Rand von Gefahr und Unglück.
(JT 124 f., 28. September)

Jene Gefahr, die für Gesine mit dem Wegkippen des dem zitierten Text vorausgehenden Bildes verbunden ist, wird deutlicher, weil expliziter dargestellt, als dies bei Cresspahl 1932 in London der Fall ist. Die Objekte werden personalisiert. Bereits der Bildausschnitt der ersten Türfront beim Betreten des Foyers des Bankgebäudes »tut verletzt«, der Spiegel der zweiten »zerbricht fast«. (124) Das gesamte Bild schließlich, das zwischen dem Betreten der Bank in der Third Avenue und dem des Fahrstuhlschachtes entsteht, wird bedrohlich scharf gezeichnet.

Auerochs gesteht dieser Passage die Qualität einer Proustschen *mémoire involontaire* zu, insofern würde Gesines Skepsis vom 8. September relativiert. Deren Skepsis, ja sogar das Konzedieren einer Täuschung der Erinnerung, bedeutet indes nicht zwingend, dass sie damit auch recht hat – was die innere Spannung immens erhöht. Mit der Vergangenheit nicht nur assoziierte, sondern sie *in nuce* enthaltende Bilder überwältigen Gesine fortwährend, eine Reflexion scheint ihr kaum möglich. Insofern ist es auch kein Wunder, dass sich »[…] aus Gesines Wahrnehmung von New York plötzlich Erinnerungsbilder halluzinatorischer Klarheit herauschälen«.[5] Diese Bildsprache ist die Regel, nicht die Ausnahme, die von Auerochs postulierte »Plötzlichkeit« hingegen in Gesines Wahrnehmungsmodus längst vorbereitet, latent. Auerochs sieht zudem einen Zusammenhang mit der Lektüre der *New York Times*, die Gesines Lebenswelt »jenen scharfen Rand von Gefahr und Unglück [gibt, F. M.], der bezeichnenderweise immer dann auftaucht, wenn Gesine sich […] idyllischen Zügen ihres Lebens zuwendet«.[6] Dieser Zusammenhang ist jedoch sekundärer Natur: Gesines eigene Verfasstheit färbt und integriert die Nachrichten der *Times* in ihren psychischen Kosmos, wie meine Analyse der Passage zeigen wird – Gesine liest schließlich *selektiv*.[7]

Die *Jahrestage* erinnern *nicht* an bereits abgeschlossen Vergangenes, endgültig Verlorenes. Vielmehr – und das kann zugleich als Aufgabe der Fotografie gesehen werden – drängt sich die aufgenommene Gegenwart, die sich in ihnen täglich jährt, mit all ihren im wach bewussten Zustand noch gar nicht entdeckten Details, ihren nüchternen Aussagen wie ihren stillen Verlusten, in die Handlungsgegenwart.

Darunter finden sich immer wieder Bilder von Menschen, vor allem von deren Gesichtern, die sich anschicken, gegen den einzig sicheren Tatbestand, nämlich den Strom der unmittelbaren Wahrnehmung, anzugehen und etwas in Erinnerung zu bringen. Eine denkbar unspektakuläre Erfahrung wie z. B. der morgendliche Gang ins Büro, wird im Übergang vom harmlosen, unvoreingenommenen Sehen zur nur Sekunden später erfolgenden – und als unzureichend empfundenen – Speicherung explizit versehen mit einem »scharfen Rand von Gefahr und Unglück«.

Ein scheinbar unbekümmerter Blick, ein Erschauen von Sonne, Licht und Farben, wird im Wunsch nach Aufzeichnung sofort auf einen fernen

---

5   Auerochs (1994) 209.
6   Ebd. 225.
7   Hierzu siehe Martynkewicz, 154 Anm. 13, basierend auf Durzak, M.: Gespräch mit Uwe Johnson über die *Jahrestage*. In: Gerlach, Rainer u. Richter, Matthias: Uwe Johnson. Frankfurt a. M. 1984, 279: Gesine ist in der Tat als Medium und Filter zu verstehen: Johnson selbst habe darauf verwiesen, dass die Nachrichten nicht als authentisch zu verstehen seien: »[…] das ist nicht irgendetwas Objektives, sondern das ist völlig auf das Subjekt dieser Mrs. Cresspahl Eingerichtetes.«

Moment reduziert. So wird eben noch nahes, unmittelbares Erleben als ge-
fasstes, gerahmtes Bild kategorisiert, weil es existenziell mit dem latenten
Bild in Verbindung steht. Die Speicherung des latenten Bildes, das Funkti-
onieren des Gedächtnisses, erscheint zweifelhaft: Warum nicht bereits beginnen mit der Speicherung des gerade Gesehenen?

Wie schon in der Schilderung von Cresspahls erstem Zusammentreffen
mit Lisbeth, bereitet die bildhafte Schilderung einer Situation eine Gefahr
vor, selbst wenn es nur die gegenüberliegende Seite einer Bürofront ist
(124), die »verletzt [tut, F. M.] wie etwas Friedliches«.[8] Ist das Fried-
liche das nur scheinbar Beruhigte, darunter die Verletzung? Ist damit die
Taubheit des Sich-Nicht-(Mehr)-Einlassens gemeint, die Gesine sich selbst
verordnet hat? Wie dem auch sei: Jedenfalls ist dieser an ein Paradoxon
grenzende Vergleich ein weiterer impliziter Verweis auf Gesines seelische
Verfassung.

Dass es ungewusste, latente, sogenannte »innere« Bilder gibt, die sich im
Gedächtnis einlagern und darauf wie auch auf unser konkretes Verhalten
neben den Informationen der aktuellen Außenwelt wirken, erscheint heute
selbstverständlich. Sigmund Freud jedoch war es, der im Jahr 1938 anhand
einer Analogie zur Fotografie darstellte,[9] dass traumatische Eindrücke sich
selten (weiter-)entwickeln, sondern zunächst unverändert in uns ruhen, um
in einem späteren, nachvollziehbaren Moment als vollständiges Bild der
Vergangenheit zu erscheinen:

Es ist längst Gemeingut geworden, daß die Erlebnisse der ersten fünf Jahre einen be-
stimmenden Einfluß auf das Leben nehmen, dem sich nichts späteres widersetzen
kann. [...] Weniger bekannt dürfte sein, daß die stärkste zwangsartige Beeinflussung
von jenen Eindrücken herrührt, die das Kind zu einer Zeit treffen, da wir seinen psychischen Apparat für noch nicht vollkommen aufnahmefähig halten müssen. An der
Tatsache selbst ist nicht zu zweifeln, sie ist so befremdend, daß wir uns ihr Verständnis durch den Vergleich mit einer photographischen Aufnahme erleichtern dürfen, die nach einem beliebigen Aufschub entwickelt und in ein Bild verwandelt werden mag.[10]

---

8   An dieser Stelle ist zu erinnern an JT 17: »Es war Friede.«
9   Hierzu auch Kofman 37 ff. zur Analogie des Unbewussten, das nach Marx wie eine Camera Obscura funktioniere und Freud, der das Unterbewusste mit Hilfe eines fotografischen Appa-
rats zu erklären versuchte: »Quand Freud utilise le modèle de l'appareil photographique, c'est pour
montrer que tout phénomène psychique passe d'abord nécessairement par une phase inconsciente,
par l'obscurité, le négatif, avant d'accéder à la conscience, de se developper dans le clarté du posi-
tif. Mais le cliché peut ne pas être développé. Le passage de l'obscurité à la lumière fait intervenir
une sorte d'ordalie, une mise à l'épreuve qui est toujours une épreuve de forces.«
10   Freud (1950) 234.

In diesem Spätwerk *Der Mann Moses und die monotheistische Religion* (1937–39), das in der ersten Version als »fiktiv-biographische Studie« nach dem Vorbild von Thomas Manns Josephsroman angelegt war,[11] erläutert Freud die Funktion eines traumatischen Erlebnisses in Analogie zu einem latenten fotografischen Bild.[12] Freud schließt den Fall einer allmählichen Veränderung verdrängter Erlebnisse zwar ebenso wenig aus wie eine schrittweise Sichtbarwerdung dieses Bildes, doch – das zeigt auch die hier wiedergegebene Analogie – interessiert ihn zumindest in diesem Aufsatz eher das spontane Erscheinen eines verborgenen Erlebnisses. Bis zu diesem Zeitpunkt jedoch erfährt ein Beobachter allenfalls durch merkwürdige Verhaltensweisen, z. B. Wiederholungen bestimmter Situationen von der Existenz eines solchen Bildes.[13]

Eindrücke, die ein Kind unvorbereitet treffen, werden während der Latenzzeit verborgen gehalten, es wächst seelisch scheinbar unbeschadet auf. Weil das traumatische Bild latent, also verborgen und unbesehen bleibt, erinnert kein offensichtliches Merkmal an das – für ein Individuum – frühkindliche Erlebnis. Erst ein deutlich späteres, reiferes Alter wird vielleicht eine Entwicklung, also die Sichtbarwerdung jenes Bildes ermöglichen.

3.1 Vom Ausentwickeln der Bilder – Rezenz und Latenz

Um die Analogie zu verdeutlichen: Welcher konkrete chemische Vorgang ist damit eigentlich in der fotografischen Praxis gemeint? Mit der Belichtung einer lichtempfindlichen Emulsion sind winzige Schwärzungen in den darin enthaltenen Silberhalogenid-Kristallen entstanden, die das noch unentwickelte, so genannte *latente Bild* formen. Die Entwicklersubstanz, z. B. Hydrochinon, schwärzt das betroffene Kristall vollständig durch eine Reduktion der Silberionen zu Silber, und lässt – nachdem der Fixierer die ungeschwärzten Kristalle herausgelöst hat – das Bild als Negativ dauerhaft sichtbar werden.

Das latente Bild ist mit der Belichtung und damit also bereits *vor* der Entwicklung vollständig vorhanden. Es bedarf zur Sichtbarmachung keines kunstfertigen oder kreativen, sondern eines standardisierten Prozesses, der in der Regel im Anschluss an die Aufnahme erfolgt. Doch ist und vor allem war es keine Seltenheit in der Silberhalogenid-Fotografie, dass Filme unentwickelt über Jahrzehnte in der Kamera lagen und die Bilder, die sich darauf befanden, nach ihrer Entwicklung überraschten.

---

11   Vgl. Hermann, Hansgeorg über die Psychoanalyse-Forscherin Ilse Grubich-Simitis, in: Ders: Freud wäre fast Romancier geworden. FAZ 4.1.2007, 36.
12   Siehe auch Kofman 42 ff.: »Le développement du négatif«.
13   Peirce (1990) 154.

Nimmt man diesen chemischen Prozess und den darin umfassten sozialen und familiären Umgang des »Bildermachens« mit Freud als Analogie zu inneren, seelischen Bildern, die »dunkle Kammer« als einen verbergenden Ort eines unentwickelten Bildes, so unterlägen fotografische innere Bilder an sich keinem unbekannten oder unbewussten Prozess. Das innere latente Bild einer Person bliebe in sich gleich, verschieden nur in der Art und Weise, wie und vor allem wann es nach einer Entwicklung in ein sichtbares Bild verwandelt wird – und damit die jeweils unterschiedliche Zeitlichkeit des Bildes auf den gegenwärtigen Betrachter wirkt.

Dabei ist nicht nur entscheidend, dass ein latentes Bild in sich unverändert eine lange Zeit überdauert, sondern zudem, dass, indem es schließlich zum Gegenstand der Betrachtung wird, zwei zeitlich weit auseinander liegende Momente in überraschender Weise aufeinander treffen, ja kollidieren. Für ein solches Wiederauftauchen stellt Freud drei Anlässe fest: Den Schlaf, den Trieb und – ein besonderes Moment im gegenwärtigen Geschehen:

Dies Verdrängte … erreicht sein Ziel […] wenn im rezenten Erleben zu irgend einer Zeit Eindrücke, Erlebnisse auftreten, die dem Verdrängten so ähnlich sind, daß sie es zu erwecken vermögen. Dann verstärkt sich das Rezente durch die latente Energie des Verdrängten und das Verdrängte kommt hinter dem Rezenten mit seiner Hilfe zur Wirkung.[14]

Freud benutzt für den Umstand, der Gegenwärtiges mit Vergangenem verbindet, den Begriff des *Rezenten*. Dies ist ein eigentlich geologischer Terminus, der im Gegensatz zum *Fossilen* ausdrückt, wie frisch und unmittelbar ein gegenwärtiger Eindruck im Vergleich zu den übrigen Wahrnehmungen ist. Im alltäglichen Geschehen dessen, was gerade so geschieht (im engl. *recent*) gibt es also eine Qualität der Gegenwart, des Neuen, die sich noch verstärken kann, nämlich eine besonders auffallende Schärfe oder Konturierung innerhalb des gerade Gegenwärtigen. Eine solche unvermutete Unmittelbarkeit inmitten gegenwärtigen Erlebens verhilft dem latenten Bild und seinem »Drang« zu erscheinen zum Auftrieb. Das Rezente als Schlüsselmoment ist demnach eine steigerbare Qualität inmitten eines kontinuierlichen »rezenten Erlebens«.

Die klare, unverbrauchte Ähnlichkeit eines rezenten Erlebnisses weckt demnach ein altes, doch niemals alt gewordenes inneres Bild. Dies geschieht nicht einmal allein durch eine in ihren Einzelheiten verfolgbare Erinnerungsspur, sondern vor allem durch die unerwartete, ja schockähnliche Neuigkeit, den plötzlichen Charakter des Augenblicks vom gerade jetzt wie auch längst vergessenen Gegenwärtigen. So wenig einer Routine unterwor-

---

14   Freud (1950) 201 f.

fen oder selbstverständlich das ursprüngliche traumatische Erlebnis damals war, so wenig ist es auch das Rezente des es auslösenden gegenwärtigen Moments.

Wohl erst die Fotografie ermöglichte es, den Begriff des *Rezenten* klar zu fassen: die augenblicklich neue Zeit im Gegensatz zu einer fossilen Schichtung schier unendlich vieler vergangener Momente. Jene unbestreitbare Unmittelbarkeit eines »Hier und Jetzt« war bis zur frühen Konzeptualisierung der Fotografie Ausdruck einer herausragenden, dabei allgemein gegenwärtigen, insgesamt aber doch kontinuierlichen Lebendigkeit.[15] Demgegenüber konnte erst mit der Fotografie das aufgenommene, latente und entwicklungsfähige »Jetzt« zum Inbegriff eines längst vergangenen wie zugleich immer neuen Lebens werden, eines Lebens, das mit Begriffen oder Bedeutungen kaum je erfassbar ist.

Wenn auch das plötzlich entwickelte Bildnis in allen Details nachvollzogen wird, so bleibt zum einen die Erkenntnis, dass nachfolgende Betrachter darin weitere Spuren und Bedeutungen finden werden – zum anderen jedoch die Gewissheit, mit dieser einen Fotografie ja nur den geringsten Teil einer Gegenwart überliefert bekommen zu haben. Jede zu entdeckende fossile Schicht einer Fotografie bestätigt und bezweifelt zugleich das Rezente eines erlebbaren Augenblicks.

Der moderne Augenblick, die »Jetztheit«, steht als das plötzlich Neue in einer ihn begründenden Konkurrenzbeziehung zu einem gleichartig *einst* erfahrenen und immer weiter gerichteten Moment. Das begehrte Sein *hic et nunc* ist nicht mehr anders als zugleich fotografisch aufgehoben und vermittelt vorstellbar. Ein zutiefst widersprüchlicher Stillstand eines unmittelbar verborgenen Seins läutert einerseits die darin gedachte Zeit, andererseits erfüllt und zerstört er den erinnerten Augenblick.

In den fotografischen Erkenntnisprozess tritt also die vergegenwärtigte Erinnerung. Das bereits vorhandene, gewohnte Vorstellungsbild wird abgelöst vom latent oder rezent Gesehenen. Nur wenn ein gerade vorhandenes Bild eine deutlichere Wirkung auf den handelnden Rezipienten erzeugt, wird dieser signifikant aus seinen eingeübten Gedanken, Gefühlen, Wahrnehmungen herausgelöst und zum Überdenken bisheriger Erkenntnisse aufgefordert. In Konkurrenz dazu stehen jedoch nicht erlebte Gegenwart und Vergangenheit, vielmehr – und das ist entscheidend – stehen *gleichwertige* Vergegenwärtigungen einander gegenüber. Es gibt keine absolute Vergangenheit, der gegenüber die Gegenwart in jedem Fall neu, frisch, lebendig wäre: Das, was dieser Jetztheit im Wege steht und sie zugleich befördert, ist sie selbst, wie sie in der Erinnerung fortwirkt und dabei neu entsteht. Ein

---

15   Vgl. die Auflistung bei Batchen der Protofotografen der Jahre 1794–1837 auf Seite 50.

solch genuin fotografisches Wahrnehmen und Erkennen ließe sich damit auch Peirces' Aussagen unterstellen:

Plötzlich, in einem Augenblick, der durch ein starkes Empfinden der Jetztheit gekennzeichnet ist, in welchem ich etwas zu spüren scheine, das der Unteilbarkeit und Isolation dieses Jetzt entspricht (obwohl dies illusorisch sein kann), erfahre ich eine einschränkende Kraft (was eine Empfindung des ihr Widerstehens einschließt), und eine Veränderung meiner Gefühlsgewohnheiten tritt augenblicklich in einem außergewöhnlich detaillierten und klaren Vorstellungsbild auf.
(Peirce (1990) 177)

Für Peirce steht am Anfang eines jeden Wahrnehmungs- wie Zeichenprozesses nicht der Fluss von noch ungeordneten Wahrnehmungen. Selbst das »früheste« Stadium einer un- oder vor- bewussten Wahrnehmung geht auf einen störenden, die bisherigen Gewohnheiten verändernden *Impuls* zurück. Inmitten eines gleichförmig verlaufenden, alltäglichen und nur teilweise wahrgenommenen Ablaufs, worin Zeichen gedeutet werden und danach gehandelt wird, findet sich das Moment des *Abrupten*: Wie beim flüchtigen oder intensiven Betrachten eines längst vergessenen Fotos in einem Album, oder eben der späten Vergrößerung eines in der Kamera vergessenen Films, gerät in einem Moment der Vergegenwärtigung mit einem verloren gewussten Bild das Gefüge der alltäglichen Handlungs- und Denkweise – kurz, all das, was eine aktuelle Zeitgenossenschaft der individuellen Fixierung in ihr ausmachte – durcheinander. Was sich während der latenten Phase, in der Gewohnheiten regieren, in Bezug auf dieses Bild höchstens als unbestimmte Melancholie äußern konnte, zeigt nun deutliche Auswirkung auf das kurzzeitig als gegenwärtig begriffene – und verlorene Leben.

Bis zu diesem Zeitpunkt freilich waren nach Freud durchaus »Narben« sichtbar, also für die Dauer der Latenz verheilte Grenzen der durch ein Trauma entstandenen seelischen Bereiche – seien diese nun funktionell oder räumlich differenziert. Die sichtbare Spur einer verheilten Wunde deutet auf eine vergangene Verletzung, auf ihre seelische Repräsentation, und demnach – indexikalisch – auf ein latentes Bild. Insbesondere fotografische Bilder und Blicke fungieren im Medium der Literatur als solche Narben. Wie der Fotograf macht auch ein Erzähler den Leser zwangsläufig auf ein verborgenes, eigentliches Objekt aufmerksam. Peirce stellt dar, dass eine Fotografie seines Haus dieses nicht vermittels Ähnlichkeit darstellen würde:

Nein, der Photograph hat den Film auf eine solche Weise aufgebaut, daß der Film gemäß den Gesetzen der Optik gezwungen wurde, ein Bild dieses Hauses aufzunehmen. Was das Zeichen tatsächlich zu tun hat, um sein Objekt zu indizieren – und es zu dem seinen zu machen – und alles, was es zu tun hat, besteht nun darin, sich der Augen seiner Interpreten zu bemächtigen und sie zwangsweise auf das gemeinte Objekt zu richten.
(Peirce (1990) 322)

Diese Erzählung einer wohl erfundenen Fotografie könnte ein schmerzhaft anderes, versunkenes Bild bedeuten: Als Peirce diesen Text im Jahre 1905 verfasst, steht das überdimensionierte, ärmliche Anwesen Arisbe für seine gescheiterten Versuch, mit ihm ein Auskommen zu erlangen und damit zugleich für vollkommenen Rückzug, Einsamkeit und Verschuldung. Gerade fotografisch erzählte Bilder weisen unbedingt und damit deutlicher als metaphorische oder symbolische auf eine Begebenheit, die sie selbst weder ausgestalten noch deuten möchten.[16] Weil auf eine nicht verbalisierte Bedeutung hinter dem Bild verwiesen wird, zeigen diese Bilder auf ein nicht direkt dargestelltes, aber dennoch beständig wirkendes, nämlich *dynamisches* Objekt.

Das stille Bild ist an seinem scharfen Rand vom übrigen, jederzeit auch anders konstruierbaren Verlauf einer Erzählung ausgeschlossen. Die fotografisch erinnerten Bilder der *Jahrestage* dienen daher nicht der kontinuierlichen Überlieferung von Geschehnissen oder einer genauen Geschichtsschreibung, ja noch nicht einmal der Erinnerung im Sinne einer Retrospektive.[17]

3.2 Die Toten in den Türen

Als Gesine sich dem Fahrstuhl und dem dahinter liegenden, unsichtbaren Schacht nähert, ist der Rest des Tageslichts von der Neonbeleuchtung endgültig verdrängt und dennoch – und das ist die exakte Stelle jener »Narbenfunktion« – durch eine erste Interpretation erkannt worden. Der *Interpretant* des gerade noch aktuellen Anblicks wechselt im Übergang von der unmittelbaren zur aktuellen Bedeutung die Vorzeichen: von »freundlich« auf »gefährlich«. Mit dieser Vorgehensweise wird retrospektiv ein Bild entworfen, dessen Latenz und Rezenz nicht voneinander zu unterscheiden sind.

Morgens, in der ersten schattigen Front der fünf gläsernen Türen, sehe ich die weißlichtige Gegenseite der Straße gespiegelt, und ihr Ausschnitt mit Ladenschildern, Schaufenstern, Passanten tut verletzt wie etwas Friedliches, wenn ich ein Fünftel von ihm in der aufgezogenen Tür wegkippen lasse.
(JT 124, 28. September)

Der Erzähler des Jahrestags vom 28. September 1967 entwirft ein latentes Bild im selben Augenblick, als ein rezentes im Verschwinden begriffen ist

---

16 Martynkewicz spricht auf Seite 146 f. von Fotografie als einem »Supplement«, somit einem »Verweis auf ein Anderes, das der direkten Darstellung unfähig ist.«

17 Auch für die real vorliegenden Bilder in den *Jahrestagen* gilt ebd. 152: »Darum ist alles Erkennen in den Jahrestagen in Wahrheit Wieder-Erkennen, zumindest aber ist das Beschreiben und Betrachten photographierter Bilder im Wiedererkennen motiviert.«

– indem er dieses scheinbar unmittelbare Bild zu schildern versucht. Gesines alltäglicher Eintritt in ihre Arbeitswelt,[18] der filmisch bewegte Gang durch die morgendliche Lobby samt seiner darin zahlreich enthaltenen Einzelbilder wird als *ein einziges* Bild gefasst – aber erst von dem Moment an, als sie durch ein bisher unerkanntes, plötzlich präsentes Detail, jenes Fragment einer »von Neon beleuchteten Ecke«, einer für Fotografien typischen unvermuteten Einzelheit gewinnt. Gesines Panik vor dem geschlossenen, im Schacht bewegten Fahrstuhl schafft an diesem Tag aus einem täglich wiederholten Gang zur Arbeit eine singuläre Wahrnehmung, die als in sich abgeschlossenes Bild im Gedächtnis gespeichert und dabei zugleich beobachtet und erzählt wird.

Dieses Bild vom 28. September wird dauerhaft konnotiert und umrahmt mit einem »scharfen Rand von Gefahr und Unglück«. Diese implizite Unruhe und Bedrohung wirkt weiter im Sinne nicht nur stets präsenter, sondern sich für ein angsterfülltes Gemüt scheinbar »erfüllender« Vorzeichen. Bestätigt wird diese beständige Erwartung einer existenziellen Bedrohung durch den Banküberfall zwei Stunden später in der Lexington Avenue, in unmittelbarer Nähe von Gesines' Arbeitsplatz: Das Foto der *New York Times* am darauf folgenden Tag ist ebenfalls vom Eingangsbereich aus aufgenommen und zeigt – dem Leser wird es viermal wiederholt – das Einschussloch einer Schaufensterscheibe, und zwar von innen heraus – mithin jener Position vergleichbar, von der aus Gesine, vor dem Fahrstuhl angelangt, in Gedanken zurückblickt. Eingebettet in einen Essay über die Funktion solcher Zeitungsartikel verleiht dieser Überfall dem fotografisch erinnerten Bild im Licht der Neonröhre zusätzliche optische Schärfe.[19] Es gibt dem bereits unzählige Male wiederholten Eintritt in ihre Arbeitswelt jene ständig anwesende Endgültigkeit, die selbst sicher geglaubten Gewohnheiten und Gesten innewohnt. Der Rand von Gefahr und Unglück ist ebenso scharf wie das Einschussloch in der Schaufensterscheibe. Dessen Abbild bewahrt nicht nur versäumtes Leben, »gewärmt und noch frisch«, sondern erinnert in aller Lebendigkeit an keinesfalls versäumtes Leben, an das immer noch anwe-

18 In völliger Verkennung der Funktion solcher und verwandter Beschreibungen, bezeichnet Jahn 258 diese Szene als »deskriptive Pause zum Zweck intensionsloser Beschreibung«, die »ihre Intention erst in dem angefügten Summary des Erzählers findet«, nämlich, dass die raffende Darstellung lediglich eine Preisgabe wichtiger Informationen, bzw. so Jahn »Überblickswissen« erhält: »so dass Gesine als Angestellte erkennbar wird.« Die Art der Beschreibung, die mangels differenzierterer Betrachtungsweise gerne pauschal als »sinnlich-realistisch« (264) abgetan wird, ist gerade alles andere als eine realistische Abbildung und sicher nicht zu dem Zwecke eingeführt, um die Angestelle Cresspahl zu legitimieren. Ebenso wenig wird hier die »Distanzierung des Erzählers zur Figur und der Anspruch auf Glaubwürdigkeit des Dargestellten vorgeführt« (259).
19 JT 127: »Wir bilden uns ein, sie [die *New York Times*, F. M.] hebt uns versäumtes Leben auf, gewärmt und noch frisch, als könnten wir es nachholen.«

sende vergangene Leben in Mecklenburg nämlich, dessen inhärente psychische Gefahr nur unzureichend, doch im Bild des Banküberfalls treffend, mit »nah und tödlich« bezeichnet werden kann.

Der Banküberfall findet zwei Stunden nach Gesines Arbeitsbeginn und ihrer Vorahnung von Gefahr statt – während ihr Blick aus dem zehnten Stock ein »Verlangen« nach einem Sommertag 1953 und gleichermaßen eine Abwehr dieser Sehnsucht erzeugt.

Dieses Motiv finden wir auch im unmittelbar vorangehenden Eintrag vom 27. September in allerdings abgeschwächter Form. Beschrieben wurde Lisbeths Gang durch London 1931 nach ihrem folgenschweren Streit mit Cresspahl. Auch dies trägt noch zur Schärfung jenes morgendlichen Bildes bei. Lisbeth sah an Cresspahl »etwas Neues« (123), und konnte von da an in London nichts wirklich Neues mehr für sich entdecken. Der scharfe Rand zwischen latenter Vorstellung und Wirklichkeit, das Winzige, um das Cresspahl an Lisbeths Augen vorbei sah, verhinderte von einem Moment auf den anderen, dass Lisbeth noch nach einem Unterschied zwischen Vorstellung und Wirklichkeit ihrer neuen Londoner Umgebung zu suchen vermochte: »Die Ähnlichkeit der historischen Gebäude mit ihren Vorstellungen von ihnen war niederdrückend«. (123) Lisbeths Bilder hatten, da sie ihr Objekt nur ikonisch wiedergaben, einen versichernden, indexikalischen Bezug verloren.

Zurück zum Bild vom 28. September und seiner Grundbausteine, das nach Beatrice Schulz »im Visuellen eine Alchemie von Zerlegung und Neubildung in Gang« setzt.[20] Die einzelnen Lichtzeichen auf den Glastüren der ersten Front, die Ladenschilder, Schaufenster und Passanten stellen für das poetische Gesamtbild, den erfassten Augenblick, mittelbare und keineswegs an sich real wirksame Objekte dar. Die »weißlichtige Gegenseite« und die »schattige Front« sind schon Ergebnisse, direkte Objekte eines vorangegangenen Prozesses, sie stehen für eine bereits angedeutete Grenzfläche zwischen Leben und Tod. Indem nämlich helles, »weißliches Seelicht« auf das Sterben von Gesines Vater nur zwei Kapitel früher verweist,[21] bleibt es mit dem Tod assoziiert wie auch das dunkle Licht, nämlich die »schattige Front«, in die sie selbst eintritt.

---

20 Schulz 22 f. im Kapitel »Der Spiegel« zeigt sehr differenziert Progression und Reduktion von Licht und Bewegung dieser Passage sowie ihrer Strukturierung der täuschenden »Erinnerungssplitter«. Ihrer Interpretation nach handelt es sich bei den Bildern des »Kippens« hier (die Wiederholung wird nicht berücksichtigt) um die »Dynamik des Eindringens«.

21 Zwei Tage zuvor stand das: »[…] weißgraue Licht über den auffällig grünen Baumpulks« (JT 120) für den bevorstehenden Tod ihres Vaters Cresspahl.

Es handelt sich offenbar um ein vorbereitetes, nun gesteigertes Wechselspiel von hell und dunkel. Nicht aber in der konventionellen Bedeutung von Leben und Tod (das hieße die helle Gegenseite, aus der Gesine kommt, *versus* die dunkle Front, in die sie tritt), vielmehr von Sterben und Gestorbenen. Die weißlichtige Gegenseite entspräche darin dem weißgrauen Licht der letzten Tage Cresspahls vom 26. September gegenüber den »Schattenmenschen« als dem Reich der Toten, die – da sie ja zu Gesine sprechen – noch Verbindung zu den Lebenden haben.

Der Eintritt in die Dunkelheit ist zugleich ein Gang auf das Helle der Marmorfläche zu. Filmisch bewegt treffen Gegensätze eines Gleichen aufeinander, Leben und Tod wirken vertauscht, Gesines Schritt zum Fahrstuhl wird zu einer Metonymie ihres Bewusstseins. Helles wie Dunkles sind wiederkehrende erblickte Lichtzeichen *vergangener* Leben – ganz gleich, ob die handelnden Figuren noch leben oder längst gestorben sind.[22]

Mittelbare Objekte wiederholen diese gleichgerichteten Gegensätze auch im zweiten Satz – diesmal schon bildhafter – mit dem »Widerschein der hellen Marmorflächen« und dem »Bild aus Schatten«. Diese einfache, vorläufig als »symbolisch« zu bezeichnende Zusammenkunft von Lebenden und Toten, die – angezeigt durch die Spiegelmetapher – Verwechselbarkeit beider Reiche, bilden indes nicht den End-, hingegen den unmittelbaren Ausgangspunkt eines nach Leben und Erinnerung reichenden Zeichenprozesses, in dessen Mittelpunkt die Frage nach der Zeit stehen wird. Die Bedeutung der Lichtzeichen bewegt sich auf Gesines Vergangenheit zu, ohne sich ihr bereits bewusst zu vergegenwärtigen. Mit der zweiten Klapptürfront findet diese vergangene Gegenwart Wege und Mittel ihrer Darstellung in einem zweiten, noch visuell nachvollziehbaren und einem dritten, nun ausschließlich inneren Teilbild:

In der zweiten Klapptürfront des Windfangs stellt sich der Spiegel verwischter her, zerbricht fast gänzlich in gleichgroße Teile der neben mir schwenkenden Türen, kommt zurückgeschwungen im Widerschein der hellen Marmorflächen im Foyer und ist nun ein Bild aus Schatten, stillen und losen, oben von einhängendem Dunkel eingefaßt wie von Baumkronen, und zwischen den gleitenden Abbildern von Schattenmenschen ist der Hintergrund tief geworden, weißliches Seelicht gesehen unter Laubgrün, Boote auf dem Wasser, vor mir unverlierbar gewußte Umrisse, Namen voll Zeit, […].
(JT 124 f., 26. September)

---

22 Auch Fries 83 sieht Lichtzeichen verbunden mit den Toten (genauer gesagt, mit Cresspahl), wenn auch der Begriff »Lebenslicht« zum einen irreführend und der differenzierten Zeichnung Johnsons nicht angemessen ist. Hierzu insbesondere das Kapitel »Tod und Struktur«, ebd. 77–96.

Das zweite Teilbild entsteht durch noch dunklere Spiegelungen des hellen Außenlichts an den inneren Schwingtüren. Es ist räumlich begrenzt, durch die seitliche Umrahmung »eingefaßt« von Baumkronen und Laubgrün. An den je zwei Schwingtüren links und rechts der Eintretenden, hinter der wohl gerade noch geschlossenen mittleren Tür, dort, wo »der Hintergrund tief geworden ist« erscheint nun als drittes und letztes neues unmittelbares Objekt eine Szene vor »weißliche(m) Seelicht«, die »Boote auf dem Wasser« von einer ganz bestimmten Perspektive aus gesehen.

In einem starken Kontrast tritt Gesine in eine dunkle Front, in der sich sehr helle Gegenstände spiegeln, diese werden im weiteren Fortschreiten zunehmend dunkler, geben einen schattigen Hintergrund ab, vor dem nun die Marmorfläche des Inneren hell erscheint. Die zuvor dunkle Front leuchtet gleich einem Negativ blendend hell – nun erst werden die erinnerten Gesichter als Erscheinungen vor einer zu erwartender Entwicklung freigegeben. Auch Schulz verwendet den fotografischen Terminus: »Die pikturalen Gehalte haben sich verflüchtigt, die Verteilung von hell und dunkel ist umgeschlagen, die Konturen des Negativs öffnen sich für neue Füllung«.[23]

Nicht die ikonische, mosaikartige Ausgestaltung von Details vor hellem Hintergrund oder dunklen Oberflächen ist die eigentliche Funktion jener Lichtzeichen. Sondern die – wie mit dem Fahrstuhlschacht schockartig wahrgenommenen – (un)mittelbaren *Grenzen* zu einem damals wie heute entfernten Bild. Eine deutliche, für die Erzählung bedeutsame Erinnerung entsteht *zwischen* den »gleitenden Abbildern«, also hinter dem Spiegelbild der noch geschlossenen Türe, auf die Gesine gerade zugegangen war. Die »unverlierbar gewußte[n] Umrisse« sind begreifbar als Grenzfläche von Gegenwart und Vergangenheit, von Glück und ihm immer weiter folgendem Unglück. Speziell abgebildet mag hier sein das Zusammensein mit einer geliebten Person (Jakob, Dietrich Erichson) und ihr Verlust (während des Ungarnaufstands, durch einen Flugzeugabsturz). Darauf deutet zumindest der im Fahrstuhl mitgehörte Tratsch über Heirat und erfolgter Einberufung nach Vietnam hin.

Das eigentlich latente Bild oder, um mit John Berger zu sprechen, die »verschlüsselte Botschaft alles Sichtbaren«,[24] könnte etwa Jakobs Umriss sein. Durch einen gegenwärtigen Anlass, ausgelöst durch mehr als eine Sehnsucht nach einem freundlichen Anblick, nach einem friedlichen Tag in Mecklenburg eines Nachmittags beim Segeln, beginnt eine Entwicklung, die derzeit noch verzögert ist durch den Verweis auf Gefahr und Unglück. Hingegen vermutet Auerochs zu dieser Stelle nicht nachvollziehbar, dass

---

23   Ebd. 22.
24   Berger 116.

diese Idylle in Gesines »halluzinatorischer Wahrnehmung« durch das Wissen über deren gesellschaftlichen Kontext dementiert wird.[25]

Gesine erinnert sich hier in einer besonderen Vergegenwärtigung, dem Rezenten, an ein latentes Bild, das fotografisch durch eine einst eingenommene Perspektive (»gesehen unter«) vor allem aber durch deren scharfe Konturen zu kennzeichnen ist. Im übrigen »sieht« Gesines Erinnerung insbesondere Jakob niemals als ein in Details beschreibbares Gesicht, kein einziges Mal als portraitierte Person, obwohl es von ihm in Maries Zimmer ein Foto gibt, wie der Leser anlässlich Francines Besuch bei Cresspahls am 12. Dezember 1967 erfährt (441). Johnson verzichtet bewusst auf einen Entwurf von Jakobs Gesicht aus einem »beglaubigten« Passfoto heraus und setzt, wenn überhaupt auf das Erfinden als »Entwurf einer Bildfiktion als elementarer Sicherungsbeziehung«.[26] Jakob lebt vielmehr in vergegenwärtigten Spuren,[27] Situationen, seiner Stimme oder Gesten: das Bild selbst bleibt unscharf – und auch immer wieder zusammen mit anderen Frauen verbunden. Mit Anne Dörte sieht Gesine ihn als junge Frau, später, als sie schon in den Westen gegangen war, stellt sie sich ihn in einer Liebschaft mit der Tschechin Tonja in Olmütz vor. Jakobs Bild erscheint nicht als Bildnis eines Gesichts, sondern als am Rande kenntliche Abbildung eines Hinweises auf ihn, inmitten einer oft genug erfundenen Situation:

---

25   Vgl. Auerochs (1997) 440.
26   Martynkewicz 150.
27   Gesine ist nicht vergönnt, was es von Cresspahl in MJ 170 heißt: »Als Cresspahl sich an Jakob erinnerte, lächelte er vor lauter Gegenwärtigkeit, denn Jakob erstarrte nicht in den Bildern des Abschieds, sondern blieb im Gedächtnis als eine Wirklichkeit von Lächeln und Antworten und Spass und Leben überhaupt: wie eine Gebärde.«

Da hat Jakob gelebt en famille; den Anfang des Tages erzählt: am Morgen sei da nur ein umfängliches, schwarzblau ausgetuschtes Fenster gewesen, davor eine dickbauchige Lampe, die sucht eine plumpe Beule in die auswärtige Dunkelheit zu drücken, über einem weißen, friedlichen Tischtuch. Daran mit dem Gast aus Mecklenburg der Hausherr, noch schläfrig, aber bekannt mit den Arbeiten des Tages und gewiß, sie zu bewältigen. Vorläufig wartete er mit verhehltem Genuß, welche von den Töchtern die erste sein wird.
(JT 1807, 13. August)

Gesine sucht also nach (imaginären) Spuren von Jakob; die sie findet auf vorgestellten, gegenwärtigen Bildern – hier aus einem wohl gänzlich erfundenen Brief Jakobs: Im Herbst 1955 hatte sie sich von ihm ein Fotoportrait bestellt, das sie mit einem Brief hätte erreichen sollen. Gesines visuelles Gedächtnisbild eines prinzipiell im Anfang ikonischen Ganzen, eines vollständig dargestellten Bildes, ist zwar vorhanden – aber, und das zeigt auch dieses Beispiel, auf sofortige Auflösung gerichtet. Sie beschränkt sich auf

Erzählung der singulären Spuren im Abbild; sie nimmt das Bild nicht als eingängige, wiederholbare und eigenständige Ausführung eines vergangenen Ereignisses, reduziert es hingegen auf indexikalische Bruchstücke. Mit einer Bildbeschreibung führt sie vor allem den rezenten Anlass eines aktuellen Bildes aus, und vermeidet dabei auffallend stark das darin enthaltene, isolierbare latente, nicht zuletzt das *ikonische* Bild. Diese, man möchte mit Freud sagen *Verdrängung*, funktioniert allerdings nur beschränkt.

In der fortgesetzten Materialisierung eines Bildes samt seiner aktuellen Interpretation nämlich (»verletzt«, »scharfer Rand«) entsteht eine Spur, die Verborgenes, die in allen Einzelheiten benennbaren Gesichter hinter dem Umriss erneut kenntlich macht. Denn die Erzählerin Gesine ist eigentlich äußerst begabt im Beschreiben, also genauem Wahrnehmen und Nachzeichnen von Gesichtern – gut ersichtlich am Beispiel der Bekanntschaften mit Marjorie und Francine in der Umgebung des Riverside Drive: Am 5. November vermisst Gesine ein sechzehnjähriges Mädchen, deren Gesicht bis hin zu den Augenbrauen »aus winzigen Einzelheiten« vor ihr erscheint (264): »Wir kennen von ihr nicht den Namen«. (266) Ungewöhnlich an Marjorie ist die absichtslose Freude, mit der sie Gesine und Marie ein Stück des Weges begleitet, und vor allem der Blick, »[...] als erkennte sie uns, nicht nur ihr Bild von uns, auch was wir wären«. (264) Gesine sucht in ihrem Gedächtnis am 23. November nach beschreibbaren Details eines zwölfjährigen schwarzen Mädchens, Francine: »Dann vergaß ich sie wieder, und im Vergessen blieben von ihrem Gesicht nur Einzelheiten übrig, [...] die bei offenem Blick abwesenden Augen, sehr kräftig vorgewölbte Lippen, die Trauer zeigen mögen, oder nicht Trauer.« (345) Sowohl bei Francine als auch bei Marjorie wird deutlich, dass Gesines visuelles Gedächtnis ihr bekannte Personen anhand von Einzelheiten, insbesondere Details ihrer Gesichter genau zu bezeichnen vermag, wodurch sie in die Lage versetzt wird, diese Menschen schließlich durch einen ihr vertrauten Blick zu erkennen. Gesine erkennt »Francines Blick an der Wiederholung«. (344) Es ist somit anzunehmen, dass Gesine mit den »Umrisse[n], Namen voll Zeit« (125) auch deren Gesichter in allen Einzelheiten miterinnert, zumindest aber diese namentlich bezeichnen könnte. Doch sie reduziert die einzelnen Merkmale auf kaum mehr als Silhouetten, auf scharfe Umrisse nämlich, auf Schatten, und weiter noch, auf deren bloße Abbilder.

»Unverlierbar gewußt«: Wie verlierbar oder verloren unbewusst sind ihr die Gesichter mit all ihren auffindbaren Merkmalen? Durch das Rezente, die unmittelbare Wahrnehmung dieses Morgens latent vorhanden ist die gegenwärtige Wirklichkeit einer Person. Diese, kaum im fotografischen Bild erfasst, verschwindet zum wiederholten Mal in einem Rest aus Begrifflichkeit, einem weitergeführten, dynamischen Interpretanten, nämlich der »Zeit«.

Die Spur führt vom Gesicht weg zur Zeit hin. Genauer gesagt, auf ein Verlangen nach jener Zeit, nach dem verlorenen Gesicht jener Gegenwart – dem geliebten Gesicht. Im Februar 1953 ging sie mit Jakob im abgelassenen, mit Schnee bedeckten Schwimmbecken auf und ab, »[...] bis alle Bahnen ausgefüllt waren mit den Spuren unserer Füße. Von Jakobs Gesicht an diesem Tage bekomme ich kein Bild;« (490)

Wie könnte sie auch? Jene Augenblicke des Glücks, als Jakob ihr folgte, haben zumindest in der Erinnerung alle nur erdenklichen Anzeichen künftigen Unglücks: Das Schwimmbecken als ein Schacht in der Erde, ein gekacheltes Grab. Der Leser erkennt das Schwimmbad des New Yorker Hotels ebenso darin wie den Fahrstuhlschacht, den Schnee, der sich wie ein weißes Laken auf die Toten legt. Und erst hinter all den Zeichen und Spuren verborgen ist das Gesicht Jakobs. Ihrem Verlangen nach ihm, gleich dem Verlangen nach der gelebten Zeit mit ihm, muss Einhalt geboten werden:

> [...] versieht mein Gedächtnis den freundlichen Anblick und Augenblick und Moment mit einem scharfen Rand von Gefahr und Unglück.
> So der dick bedeckte Tag aus Dunst über dem jenseitigen Flußufer, über den austrocknenden Laubfarben vor dem verwischten Wasser, verspricht einen Morgen in Wendisch Burg, das Segelwetter zum Morgen vor vierzehn Jahren, erzeugt Verlangen nach einem Tag, der so nicht war, fertigt mir eine Vergangenheit, die ich nicht gelebt habe, macht mich zu einem falschen Menschen, der von sich getrennt ist durch die Tricks der Erinnerung.
> (JT 125, 28. September)

So sehr ein aktuelles, rezentes Wahrnehmen ein solches Verlangen nach dem latenten Bild hervorruft, so sehr wird dieses auf eine bloße Repräsentation reduziert. Diese kann wahr oder falsch sein, und im Zweifelsfall, wie der Fortgang des Textes vom Gang ins Büro zeigt, ist diese auch falsch, weil sie nämlich »einen falschen Menschen« macht. Über Jakobs angeblichen Brief aus Olmütz wird Gesine mit Marie am 13. August in der U-Bahn-Station Rockaway Park sprechen, die zwei Tage später in Flammen aufgegangen sein wird. (1845) Ganz ähnlich wie beim Betreten der Lobby wird auch hier durch eine nachgelieferte Zeitungsmeldung ein spannungsgeladener Ort entworfen. Die mitgeteilte Erzählung erhält hier ein weiteres Vorzeichen von Gefahr und Unglück: D. E. ist kurz vor der Abreise nach Prag bereits verunglückt und Marie soll durch den Ausflug nicht davon erfahren.

3.3 Wiederholung und Ekel – und Verlangen

Das Bild des Eintritts in die Arbeitswelt am 28. September 1967, das Gesine im Begriff ist zu verlieren,[28] wird ergriffen im Versuch, es zu fixieren. Es wird verbalisiert und einem semiotischen Prozess, man könnte auch sagen, einem fotografischen Entwicklungsprozess unterworfen. Eine bisher noch nicht bewusst erkannte Wahrnehmung wird in Begriffe gefasst, das fertige Bild einer psychischen Kategorie, dem Gedächtnis, zugeordnet, und in dieser Objektivierung und Gegenüberstellung mit dem konkurrierenden Neonbild schließlich durch »Gefahr und Unglück« final bezeichnet. Worin aber jene Gefahr liegt, wodurch sie hervorgerufen wird, ist Gegenstand des folgenden Absatzes.

Bedrohlich für beide, für Gesine und ihren Vater Heinrich, ist das Verlangen nach einem Referenten, nach einer ersehnten Realität hinter dem Bild, die nicht mit der Wirklichkeit einer vergangenen Situation übereinstimmt. Weder das stark herausgelöste Gesicht Gesine Redebrechts noch das von Jakob darf vermisst werden.

Der Blick aus dem Bürofenster im unmittelbaren Anschluss an jenen ersten Absatz im Eintrag vom 28. September »erzeugt Verlangen« nach einem zeitlich weit zurückliegenden Tag, genauer einem bestimmten »Morgen vor vierzehn Jahren«. Doch soll der Beobachter jener Bilder nicht annehmen, es handle sich um tatsächlich gültige innere Bilder, die im Prozess eines sprachlichen Ausdeutens zum Vorschein träten. 14 Jahre vor 1967, im Jahre 1953 also, fand Gesine zu Jakob, entschied sich aber dennoch zur Ausreise aus der DDR und begegnete im Westberliner Auffanglager D. E. Auf gar keinen Fall konnte sie im Herbst in Wendisch Burg gewesen sein. Doch sind erinnerte Bilder kaum mit einer derart präzisen Zeitangabe zu versehen – keine Sehnsucht reicht auf einen zeitlich exakt zu beziffernden Punkt zurück: Eine Wirklichkeit zu verlangen, etwas nach einem gefundenen Bild zu begehren, ist zunächst keine Form der Erinnerung, sondern bestenfalls ihr Ergebnis.

Die Kombination von Verlangen und dem Gedanken an Segelwetter führt nahezu zwangsläufig auf jenes erste, trunkene erotische Sehnen zurück, das Johnson bereits in *Ingrid Babendererde* verarbeitete: Jürgen erinnert sich an den Anblick seiner Freunde Ingrid und Klaus: »Dies Bild in dich aufzunehmen war wahrhaftig eine Gelegenheit, bei der du alt und weise werden mochtest vor Herzeleid und Freundschaft.«[29] Offenbar besteht auch für die Erzählerin an dieser Stelle der *Jahrestage* die Gefahr, dass das gerade Erblickte in der aktuellen Interpretation für tatsächlich Vergangenes,

---

28   Vgl. auch den letzten Satz des Eintrages vom 7. September (JT 61); siehe dazu Kap 7.3.
29   IB 47.

für schmerzhafte Erinnerung, für immer noch gegenwärtiges Verlangen gehalten wird.

Wollte man mit Freud das Objekt dieser Abwehr versuchsweise mit dem
Begriff »Trieb« übersetzen, so beträten wir neben dem unvermutet Fri-
schen, dem Rezenten, einen zweiten Weg, der latente Bilder sichtbar macht.
Bilder einer frühen Liebe entstammen nicht nur dem Trauma erlebter
Schutzlosigkeit, die sie zugleich mit der Liebe ihrer Mutter erfuhr. Die
Zwangsläufigkeit, mit der die Regentonne erinnert und verdrängt bleibt,
geht vielleicht in umgekehrter Funktion auf die Liebe Jakobs und zu Jakob
über:[30] Die Schutzlosigkeit, mit der sie der Liebe der Mutter ausgeliefert
war, wird kontrastiert mit dem Schutz Jakobs, dem sie in ihrer Liebe zu ihm
ausgeliefert sein wollte. Dies aber war im Frühjahr 1953 nicht mehr möglich. Gesines »Verlangen nach einem Tag« kann, ebenso wie das Verlangen
ihres Vaters nach dem Bild Gesine Redebrechts, sowohl als ein lebendiges,
beständiges Begehren nach dem »inneren« Bild eines geliebten Menschen,
wie auch nach ihm selbst angesehen werden.

3.4 Das Bild des Verlangens

Wenn Gesine demnach über ein latentes Bild Cresspahls Aussagen trifft,
dann offenbart dies sicherlich mehr über das Wirken eines solchen Bildes in
ihr als letztlich über ihren Vater. Bekanntlich war Jakobs letztes Geschenk
im Jahr 1953 eine Fahrkarte nach Berlin – und damit der Ausblick aus dem
Zugfenster auf die Gegend am Morgen: »Sonnenlicht tanzt in den Wäldern,
die Seen blinken bei Krakow und Plau [...]« (1845) Es handelte sich dabei
um eine Rückfahrkarte, nicht nur um sicherer, weil unverdächtig über Berlin aus der DDR zu reisen, vielleicht auch, um doch noch zurückzukehren,
jenen »Morgen vor vierzehn Jahren« tatsächlich vermissen zu können.[31]
Das Verlangen nach einer solchen Möglichkeit kann Gesine nur zu einem
»falschen«, weil immerzu unzeitigen Menschen machen. Gesine ist sich
dessen bewusst, dass, mag sie sich auch noch so sehr danach sehnen, »keine
Wiederholung des Gewesenen« (63) möglich ist und es auch keinen Sinn
hat, sich einer fotografischen Vergegenwärtigung hinzugeben. Wenn das latente Bild einer Person den Herzschlag anzieht »nur bei ihrem Anblick«, so
ist das in den Augen der Erzählerin nicht hinnehmbar. Gesine äußert einer

---

30   Der Psychoanalytiker Mitscherlich der *Jahrestage* argumentiert gegenteilig: »[...] sie irrt
sich, wenn sie da an Jakob denkt, [...].« (JT 1856)
31   Der fiktive Ort Wendisch Burg kann durchaus als auf dieser Bahnstrecke liegend angesehen werden, wenn er nicht gar Güstrow darstellt.

solchen Hingabe gegenüber deutliche Vorbehalte, als sie berichtet, wie ihr Vater Cresspahl ihre Mutter kennen lernt:

Cresspahl muß sich geekelt haben vor der Wiederholung. Mit sechzehn Jahren ja, da konnte die Welt noch zugestellt werden von der Nähe, dem Atem, dem Blick, [...] eines Mädchens; mit sechzehn Jahren, ja, da mögen ihm einmal die Absicht und der Plan und die Zukunft verhängt worden sein vom geduldigen, zuversichtlichen Verlangen nach einer Fünfzehnjährigen, die so sehr Ziel wurde, daß er in ihr nicht mehr die Enkelin des Meisters wahrnam, nur noch die unausweichliche Notwendigkeit, das Vertrauen auf einen abgeblendeten Entwurf für das kommende Leben.
(JT 85 f., 14. September)

Gesine scheint ihrem Vater eine späte Liebe nach einem frühen, inneren Bild verwehren zu wollen. Für Heinrich Cresspahl selbst gab es sicherlich keinen Ekel vor einer Wiederholung – für ihn war das Verlangen nach Lisbeth vordergründig ebenso unkompliziert wie deutlich. In seinem Seelenleben existiert das in ihm vorhandene Bild unproblematisch *neben* der Existenz seiner Frau. Die psychoanalytischen Begriffe der »Wiederholung« und des »Ekels« sind für eine Charakterisierung Cresspahls daher wenig hilfreich. Wenn Freud mit dem Begriff »Ekel« eine seelische Macht bezeichnet, die den Sexualtrieb hemmt,[32] so trifft dies sicherlich weniger auf Cresspahls reiche Erfahrungen mit Frauen zu. Dieser hat nie an seinem Gefühl oder dem Recht gezweifelt, mit Lisbeth neu zu beginnen. Von seinen unmittelbaren Empfindungen erfährt der Leser nur an einer Stelle, nämlich am Vortag des Todes seiner Frau. Cresspahl weint, als er seine Jugendliebe Gesine unvermutet wiedersieht, beschrieben mit den wenigen markanten Gesichtsmerkmalen seines frühen Bildes von ihr:

Das üppige blonde Haar war dünn geworden, mehr sandfarben, auch zu kurz für Zöpfe. [...] Ihre Augenwinkel waren ganz zerfältelt von vielen verschreckten Blicken.
(JT 727, 15. Februar)

Gesine indessen und ihr Co-Autor, der Genosse Schriftsteller, sind darum bemüht, jene trunkene Nüchternheit unbedingt aufrecht zu erhalten. Eine Geschichte, die wie die ihrer Eltern mit der Wiederholung eines Verlangens beginnt, muss schon im Anfang scheitern – und das tut sie auch: »Erblindung durch Wiederholung« (521). Die nüchterne, politisch motivierte Utopie dagegen, nach der Gesine z. B. mit dem Aufbruch nach Prag strebt, ist eine, die nicht in Verbindung zu bringen ist mit einem auf das bloße Dasein bezogenen, man könnte auch sagen, triebhaften Leben. Die Faszination eines immer wieder hervorscheinenden Bildes stellt sie keineswegs in Abrede, die Trunkenheit, die Verliebtheit mag nur allzu verständlich sein. Doch,

---

32 Z. B. Freud, Sigmund: Studienausgabe V, Frankfurt a. M. 1969, 85. Hierzu auch Elben 195, Anm. 45.

so die implizite Argumentation der Autoren, Wirklichkeit, also gültige Interpretation einer Realität, funktioniert so nicht: Um die volle Gegenwart,
also auch um Vergangenes zu erkennen, sind wir angewiesen auf jene persönlichen wie politischen Indizes, auf Spuren, Splitter und Scherben, die,
wiewohl gefährlich, dazu auffordern, nach einer Parole oder gültigen Sprache zu suchen. Was nicht heißt, die Bilder dahinter gäbe es nicht mehr – das
Verlangen wirkt beständig, und so auch die Rolle seines Bildes, wie folgende Fotografie illustrieren kann:

Freud hatte in seiner Analyse des Romans *Gradiva* (1907) wenig Schwierigkeiten, die Motive des Archäologen und Protagonisten Norbert Hanold
sowie des Autors Wilhelm Jensen auf der Suche nach der schreitenden Römerin aufzudecken. Er legte in den verschütteten Schichten des antiken
Pompeji Zeichen einer verdrängten Liebessehnsucht beider frei.[33] Aus-

33   Ebd.: Der Wahn und die Träume in W. Jensens *Gradiva*. In: Ebd.: Studienausgabe Bd. X,
Frankfurt a. M. 1969, 13–85.

gangspunkt des Archäologen war das Relief einer schreitenden Römerin. Diese erregte unter all den antiken Kunstwerken ebensoviel Aufmerksamkeit, wie diesem Foto aus einer Serie von aufgenommenen Passanten an einem Bauzaun in Sevilla 1990 zuteil wurde. Sicher wurde es gewählt, weil ihr junges Gesicht so hell beleuchtet ist. Was die Fotografie darüber hinaus zeigen könnte, ist nicht allein dieser Moment, sondern die damals beständige Anwesenheit jenes Verlangens – nach dem vorenthaltenen Gesicht.

Der Blick aus Gesines Wohnung in den angrenzenden Park am Riverside Drive wird, wie im nächsten Kapitel ausgeführt, für die fotografische Erinnerung eine wichtige Rolle spielen. Eingeleitet wird dieses Motiv mit einem umgekehrten Blick, nämlich vom Park hinauf zum Wohnungsfenster: Im Eintrag vom 2. September stellt sich Gesine Maries Blick vor: »Wenn sie sich halb umwendet, kann sie zwischen den Blättern das Fenster mit dem blauen Vorhang sehen, hinter dem D. E. seinen Wein ausschläft, nackt über das ganze Bett gebreitet [...] flach atmend mit böse vorgeschobenen Lippen, allein in der Wohnung«. (45)
    Mehr erfährt der Leser von Gesines intimem Leben mit D. E. nicht. Auch als Gesine auf seinen Heiratsantrag antwortet (863 ff.), fühlt man sich eher in einen ästhetischen Diskurs denn in die Gefühle zweier Liebender verstrickt. Sind D. E. und Gesine einander etwa feind wie die beiden Supermächte USA und Sowjetunion, die Bewegungen des Anderen nur durch optische Frühwarnsysteme ertragen, ihre seelische Verhärtung nur still und zeitweise aufgeben – z. B. im Rausch, sei es nun vom Wein oder der Liebe? Solch ein Vergleich, so extrem verschieden auch persönliche und politische Sphären sein mögen, trifft dennoch zu: D. E. arbeitet für ein Radarsystem namens *Distant Early Warning*, im Akronym DEW, was im Englischen »Tau« und im übertragenen Sinn auch Frische bedeutet. Gesine verweigert in ihrem Brief geradezu eine Trennung von D. E.s kriegstechnologischer Arbeitswelt und seiner Liebesbeziehung zu ihr: »Ich weiß, daß du die Nähe der Person zu den Kriegsmaschinen für nur psychologisch bedeutsam hältst, ich kenne auch meinen Platz in diesem System; dennoch ist mir eine Distanz lieber, und sei sie eben optisch«. (866)
    So ist der Diskurs über die Bedeutung des Gesichts dem Wunsch, ja sogar der Notwendigkeit der Distanz geschuldet, und zwar – das wäre im Sinne dieser Untersuchung – der *visuellen*, *fotografischen* Distanz zur Liebe und dem Verlangen nach ihr. Das fotografische Schreiben fungiert als ein literarisches Mittel, das den Protagonisten zugleich vor dem Dargestellten warnt, ihm jedoch den Rückzug auf das Gegenwärtige jederzeit ermöglicht – wenn er letzteren nur fände.
    In dem Austausch der Briefe zwischen D. E. und Gesine geht es zunächst um das Ertragen des fremden Gesichts, nicht um ein ganz offensichtliches

Verlangen nach dessen Träger. Das wahrhafte, intuitive Beobachten und Erkennen eines Gesichtsausdrucks zeichnet Johnson beinahe so intensiv erschreckend, wie es Rilkes Malte beim Anblick verlassener Menschen in den Straßen und Garküchen von Paris empfand. So hofft Gesine am 17. Oktober, dass niemand den Imbissbudenbesitzer Sam jemals ohne Brille sehen wird, sollte er während eines räuberischen Überfalls einmal niedergeschossen werden: »Hoffentlich verliert er beim Fallen nicht die Brille, so daß das dahinter versteckte Gesicht uns erspart bleibt«. (187)

In manchen Blicken auf ein Gesicht liegt ein schmerzhaftes Verlangen nach einer Person, nach ihren darin angenommenen, sinnlich wahrgenommenen, nie ganz erkennbaren Möglichkeiten.[34] Die Sehnsucht ist auf jene nicht bewussten Erfahrungen gerichtet. Sie wiederholt diese und wird im Erreichen immer so kreativ sein wie neu, ungewohnt und unerfahren, dadurch aber kaum bloß repetitiv.

Ein Gesicht zu erkennen, heißt es *wieder* zu erkennen: In der noch rechtzeitigen Wiederholung eines zurückliegenden Moments, sei er selbst erfahren oder Teil eines im Einzelnen verankerten Programms, wird das Begehren, jener trieb- wie traumhafte Zug des Menschen, zum Movens seiner Handlung. Es entsteht Zukunft durch Wiederholbares, erneut Vergängliches. Das latente Bild entwickelt sich rasch aus dem abrupt Rezenten. Möglich ist dies, weil im Verlangen des Menschen Ursprung, zurückliegende Ursache, wie auch seine fortschreitende Wirkung unerkannt bleiben darf, weil das »Hier und Jetzt« als einzigartig und höchstens darin wiederholbar anerkannt werden muss.

Gesine jedoch, bzw. ihr allzu scharfes Freudsches »Vorbewusstsein«, fürchtet sich vor jeder Wiederholung – sie, und nicht allein Dietrich Erichson bedarf eines Frühwarnsystems. Gesine selbst, und keineswegs ihr Vater empfindet Ekel vor der Wiederholung, der Entwicklung eines latenten Bildes – und gibt sich beidem in zerstörerischer Weise dennoch hin, mit dem ihr eigenen Schrecken und Witz. So beschließt sie ihre daher zustimmende Antwort auf D. E.s Heiratsantrag mit dem Hinweis auf: »Hein Fink, der war so eigen, der wollte nicht an den Galgen.« (865)

Gesines Abwehr gegenüber sinnlichen, ikonisch fassbaren Zeichen, ihr »Ikonoklasmus«[35] oder ihre Präferenz von Wegspuren, ist wohl einer so schmerzlichen wie sehnsuchtsvollen Wirklichkeit des bildlich Dargestellten geschuldet. Die Sprache, der Erzählfortgang der *Jahrestage*, ist vom Ver-

---

34   JT 864: »[...] Nachrichten von Urgroßeltern, Reste von deren Möglichkeiten.«
35   Angeregt durch Barthes wird hier die von ihm zitierte Diskussion von Goux, Jean-Joseph, Les Iconoclastes, Paris 1978, insbesondere Goux' Kommentar zu Freuds Schriften »Der Mann Moses und die monotheistische Religion« sowie »Der Moses des Michelangelo« (1914) verfolgt.

stummen und von der Einsamkeit bedroht, die sich insbesondere angesichts einer Fotografie einstellt.[36]

Ein *dynamisches Objekt* des Romans kann nicht genug in den Begebenheiten des Jahres 1953 und allen dazu gehörigen Bedingungen gesucht werden. Das große Erzählwerk der *Jahrestage* erfindet keine Geschichte, um Wirklichkeit – zumindest dem Versuch nach – zu verändern, um eine neue Geschichte erstmals niederzuschreiben. Und es verhilft weder den handelnden Personen noch den Lesern zu einer größeren Freiheit – alles Hinweise, die im übrigen gegen die Konzeption eines realistischen Romans sprechen.[37]

Alle Geschichten sind selbst in eingestandener Erfindung ängstlich auf eine zu suchende Wahrheit und deren latentes Bild gerichtet. Dieser zeitlich einzigartigen, und in ihrem Bezug zur erlebten Gegenwart unbedingten Wahrheit, gilt es nahezukommen. Man vergleiche nur, was dies betrifft, die Erzählkonstruktion der *Jahrestage* z. B. mit *Adventures of Huckleberry Finn* (1884) von Mark Twain. Alles ist dort auf die Wirksamkeit / Nichtwirksamkeit von ganz und gar erfundenen, fabulierten Geschichten ausgerichtet. Die persönliche und politische Wahrheit, nämlich der grausame Vater Hucks und die Sklavenhaltergesellschaft des amerikanischen Südens muss nicht rekonstruiert werden. Erfindungen sind bei Mark Twain Ausgeburten einer erzählerischen Phantasie *par exellence*. Hucks Gabe, eine Realität in allen Einzelheiten *ad hoc* zu erfinden, rettet Leben: seines und das des Sklaven Jim. Tom Sawyers Erfindungen hingegen, im wesentlichen die Imitation von Gefangenschaften der Weltliteratur, dienen einem humoristischen, aber letztlich eher harmlosen Abenteuer. Beider Erzählgespinste formen die Gegenwart aktiv, ohne dass Bilder dabei entstünden, die nur im Stillen, durch Stillstand wirken, oder solche, die lange betrachtet und allmählich erkannt sein wollen.

Umgekehrt so in den *Jahrestagen*: Erfindungen, berichtete Hypothesen von Gegenwart und Vergangenheit, erscheinen nie als eine erstrebenswerte Utopie, sondern als ein immer bedrohliches Bild. Mit der unaufhörlichen Entstehung latenter Bilder, ihrer bemerkbaren, aber nur selten vollzogenen Entwicklung, mit den im Rezenten sichtbaren fotografischen Erinnerungen wächst die Geschichte der *Jahrestage* an – und dies nicht erst mit dem Bild der Regentonne und seinem misslungenen Aufschub einer Entwicklung.

Mit Freuds *Mann Moses* lässt sich argumentieren:[38] Die höhere, geistigere Form der Erzählung nimmt das Verbot, sich »ein Bildnis zu machen«, ernst, indem nicht (ikonisch genau) *gezeichnet*, sondern (indexikalisch ver-

---

36 Vgl. treffend von Barthes beschrieben: 77 oder 108.
37 Vgl. Geppert 52 ff.
38 Freud (1950) 222 f.

borgen) *fotografiert* wird. Fotografie könnte in diesem literarischen Sinne gefasst werden als die Abkehr vom Bildnis eines Eigentlichen, dem befolgtem Verbot jeder hingebungsvollen Verehrung eines Höheren. Fotografien, wie auch die fotografisch latente Erinnerung, sind nicht betroffen vom biblischen Bildnisverbot, von der Enthaltsamkeit einem Ikonischen gegenüber, denn sie weisen eher auf die in ihnen enthaltene Zeit, denn ihren emotional skizzierten Gestalt. Dargestellten Personen wird nicht offensichtlich um ihrer selbst willen, sondern als Spuren eines Größeren, einer gegenwärtig verborgenen Zeit, still gedacht.

Das Foto darf als eine nahezu willkürliche Wegspur, als rezentes Abbild eines latenten, nur in der Zeit anwesenden Erlebens begriffen werden. Es ersetzt nicht wie eine ikonische Abbildung die sinnliche Wahrnehmung einer allmächtigen Gegenwart. So bildet es auch nicht das Wesen einer geliebten Person selbst ab, ist nicht ihre *Präsenz*, sondern entwickelt eine Zeit, die mit ihr verbracht sein *könnte*. Die Person eines erzählten Fotos bleibt nahe und verborgen zugleich. Der mit seinem zeitlichen Abbild verbundene Schmerz, die nach wie vor vorhandene sinnliche Lust sind verstummt; doch bleiben sie aufgehoben in etwas merkwürdig Konkretem und Abstraktem zugleich, das nur die Fotografie darzustellen vermag.

Was vom Schmerz, dem Verlangen nach einem Gesicht bleibt, ist nicht die detaillierte Vorstellung eines Gesichts, vielmehr die beständige Anwesenheit einst erlebter, geliebter Menschen, ihrer »Namen voll Zeit«. Es ist dies keine je erzählbare Zeit – diese würde einen vorgezeichneten Erzählraum durchmessen – sondern eine still gedachte. Es handelt sich um eine nur im Gedenken an die Vielen und den Einzigen verbliebene Zeit, die mit dem *beinahe erkannten* Gesicht gesehene Grenze zu dieser jetzt vergegenwärtigten, endgültig vergangenen Zeit.

Gesines Bild von Jakob ist daher der Versuch, ihn nicht als beschriebenes Abbild, sondern über die fotografische Erinnerung immer wieder zu vergegenwärtigen. Die indexikalische Verwendung einer fotografischen Erinnerung führt zu einer höheren Wertigkeit des Schriftlichen: Nur mit der Schrift ist eine allgegenwärtige Präsenz als verborgene Spur erreicht und hält zugleich vom deutlich bezeichneten Bildlichen fern. Hier mag gelten, was Doris Kolesch über Marguerite Duras' *Der Liebhaber* (1984) schreibt: »Das durch den Roman immer wieder neu entworfene, ständig nuancierte Bild ist absolut, weil es – vermittels eines schreibend freigesetzten Imaginären – ein absolutes Begehren inszeniert.«[39] Jakob wird durch die Niederschrift eines damit beauftragten Schriftstellers nur in letzter Konsequenz so lebendig, wie er Gesine erschien, weil er jedem Leser erinnerlich ist. Er

---

39   Ebd. 194. Gemeint ist die nie aufgenommene Fotografie auf der Fähre, als sich die Erzählerin und der Chinese kennenlernen.

bleibt, wenn der Leser diesen Erzählvertrag akzeptiert, fotografisch fixiert in den latenten, nicht in den direkt aufgezeichneten Erinnerungen.

Jakobs Gesicht ist es, das direkt hinter den Bildern von Gefahr und Unglück steht. Gerade noch der Umriss einer wohl erfundenen Situation im Herbst 1953 ist tragbar. Das lebendige Gesicht jedoch ist, im Bilde des bewaffneten Überfalls, so gefährdet wie das von Sam. Jakob verbleibt als Spur in Gesines Gedächtnis, das mit dem Lesen der Erzählung zum Erinnerungsraum des impliziten Lesers werden soll.

4. Zum literarischen Motiv des »Blicks aus dem Fenster«

Der fotografische Blick auf den Erzähler

Lange vor Daguerres' Präsentation im Jahr 1839, gemeinhin als das »Geburtsjahr der Fotografie« bezeichnet, experimentierten in Europa und Übersee zahlreiche, von der Idee eines lichtgezeichneten, reproduzierbaren Bildes besessene Zeitgenossen, die sogenannten *proto-photographers*. Batchen postuliert in seiner bedenkenswerten Arbeit einen lange vor der »Erfindung« der Fotografie immanenten, immer drängender werdenden Wunsch nach einer neuen Sehweise. Jene »Sehnsucht« fand ihren Niederschlag auch in der Literatur jener prä-fotografischen Zeit. Exemplarisch seien hier die Verse des 1785 erschienenen Gedichts *The Task* von William Cowper genannt: *To arrest the fleeting images that fill / The mirror of the mind, and hold them fast, / and force them sit, till he has pencilled off / A faithful likeness of the forms he views.*[1]

Unter denen wiederum, die mit Hilfe von Silbernitrat und Glasplatten das flüchtige Abbild der Dinge bannen wollten, war der Student James Wattles, der 1828 aus seinem Zimmer heraus ein zeitgenaues Abbild eines steinernen Forts im Schulgarten lieferte.[2] Im Jahr 1833 stellte der brasilianische Künstler Hercules Florence fotografische Versuche mit Blicken und Per-

---

1 Siehe Batchen 64 ff.; 1817 gebraucht Coleridge ein der Fotografie verwandtes Bild, wenn er über sein poetisches Ideal folgendes wissen läßt: »[...] creation rather than painting, or if painting, yet such, and with such copresence of the whole picture flash'd once upon the eye, as the sun paints in a camera obscura.« (Coleridge, as quoted in Jack David, ed., Discussions of William Wordsworth, Boston 1964, 7) Unter die literarischen Vorläufer ist auch das der englischen Romantik wegbereitende Gedicht *The Daffodils* (1807) von William Wordsworth zu zählen: durch seine literarisch bewahrte Unmittelbarkeit, Momenthaftigkeit des Eindrucks; in der Prosa insbesondere die Romane von Charles Dickens mit ihrer Abbildung sozialer Wirklichkeit.

2 Batchen 42.

spektiven aus seinem Fenster an – was selbstverständlich auch der langen Belichtungszeit geschuldet war, die den Aufbau im Raum notwendig machte. Der Blick aus dem Fenster als Motiv – und mit ihm vielleicht die Hinwendung auf eine neue, veränderte Wahrnehmungsweise – ist jedoch nicht erst seit Nicéphore Niépce oder Henry Talbot eng mit dem Medium der Fotografie verbunden.

Als literarisches Motiv interessiert es für diese Arbeit insofern, als es eine fotografische Sehweise, bzw. eine fotografische Qualität des Blicks anzudeuten oder in sich zu bergen vermag, wofür die Arbeiten von Fahlke/Zetzsche, Krauss sowie von Berger/Mohr erste wichtige Hinweise gaben. Mit diesen Überlegungen konnte mit Hilfe der Peirceschen Zeichentheorie an einer weiteren Definitions-Grundlage fotografischer Qualität gearbeitet werden, um die noch vagen Umrisse eines fotografischen Zeichens präziser zu fassen.

Krauss widmete sich in seiner Arbeit anhand des literarischen Topos' »Blick aus dem Fenster« einem literarischen Nachweis einer durch die optische Technik veränderten Sehweise. Die Überwindung der Camera Obscura,[3] die Entwicklung von Guckkasten, Panorama, Diorama sowie der Fotografie, so seine These, brächten unterschiedliche Betrachtungsweisen, bzw. literarische Beschreibungen hervor, indem die jeweilige Technik im Text ihren genuinen Ausdruck fände. Zur Identifizierung wahrnehmungsgeschichtlicher Betrachtungsweisen führt er drei Autoren an: Karl Friedrich Kretschmann, E. T. A. Hoffmann und Wilhelm Raabe.[4] Während Kretschmanns 1798/99 veröffentlichter Text *Scarron am Fenster* mit seinen sukzessive entstehenden Typen-Porträts vom Prinzip des Guckkastens beeinflusst scheint, sei es wiederum in E. T. A. Hofmanns *Der Vetter am Eckfenster* aus dem Jahr 1822 die häufig auf Jahrmärkten eingesetzte Neuerung des Panoramas, bzw. Zimmerpanoramas, welches Blick und Perspektivik der »malerische(n) Zimmerreise« mit Genrebildchen bürgerlichen Lebens auf dem Platz prägt.[5]

Bei der 1857 erschienenen *Chronik der Sperlingsgasse* von Wilhelm Raabe sind für diese Arbeit hochinteressante Aspekte erstmals angedeutet,

3   Vgl. Crary 48 ff.: Er verweist auf deren Funktion als Metapher, »[…] um die Beziehungen zwischen Betrachter und Welt zu definieren und abzustecken.« Für Crary ist seit Ende des 16. Jh. die Camera Obscura weniger ein technisches, vielmehr ein denkbares Prinzip der menschlichen Positionsbestimmung in einer im wesentlichen visuell wahrnehmbaren Welt.
4   Krauss 38 geht es weder um eine Neuinterpretation der Texte, noch wie mir darum, »[…] den literarischen Topos des Blicks aus dem Fenster auch nur für den Beobachtungszeitraum erschöpfend darstellen zu wollen.«
5   W. Benjamin nannte in »Aufklärung für Kinder«, hg. von Rolf Tiedemann, Frankfurt am Main, 1985, 29 wiederum diese Erzählung exemplarisch für das »physiognomische Sehen«, die, vgl. Fahlke/Zetzsche 74: »[…] Fähigkeit, das Beobachtete in einem Augenblick zu erfassen und im entscheidenden Punkt sprachlich kennzeichnen zu können.« Als »Anseher« im Benjaminschen Sinne des Wortes bezeichnet auch Zetzsche 281 Uwe Johnson.

die einer klischeehaften Vorstellung von fotografischer Sehweise als primär detailgenau, nüchtern und von größtmöglicher Objektivität in geradezu eklatanter Weise widersprechen. Der Fokus wechselt nun vom Betrachter (Scarron) über die Öffnung zur Außenwelt (Vetter) zum Betrachteten selbst, mit narratologisch weitreichenden, nicht allein zeitlichen und schon gar nicht explizit technisch orientierten Implikationen: Die Betrachtung der Sperlingsgasse von seinem Fenster aus gibt dem Raabeschen Protagonisten Wacholder den Wunsch ein, eine Chronik zu verfassen, das Vorbild für sein Vorhaben seien »die gewaltigen Blätter des Buches Welt und Leben«.[6] Wacholders Begriff der Chronik wird jedoch um transzendentes Wissen erweitert, da diese »in bunter Folge die Begebenheiten aus Vergangenheit, Gegenwart und Zukunft«[7] erzählen soll. Seine Vorgehensweise und nicht zuletzt die (paradoxe) Erzählintention wird folgendermaßen gefasst: »Ich weile in der Minute und springe über Jahre fort; ich male Bilder und bringe keine Handlung; ich breche ab, ohne den alten Ton ausklingen zu lassen: ich will nicht lehren, sondern ich will *vergessen*, ich – schreibe keinen Roman.«[8] [Hervorh. F. M.]

Das Fenster selbst, vor allem die »Schliere im Fenster« spielt in dem »Fenster- und Gassenstudium« natürlich eine herausragende Rolle, ob nun hinaus- oder hineingesehen wird, darunter findet sich auch eine Art Schnappschuss, ein durch die Unmittelbarkeit der Gestik bestimmtes Bild. Die Gassen-Exkursionen, deren erste den Leichenzug der jungen Marie darstellt (später kommen Verbrecher, »Geschöpfe der Nacht« oder eine arme Frau hinzu) weisen eine ungewöhnliche Distanz zum Erzählten, eine »zugeknöpfte Abstandshaltung« auf.[9]

Weiter betont Krauss eine unerwartete Tatsache, die er ebenfalls auf den Einfluss der Fotografie zurückführt:[10] »Erstmals stehen bei Raabe Bilder der sichtbaren Realität gleichberechtigt neben Bildern, die sich aus der Erinnerung speisen«.[11] Wacholder bezeichnet demnach sein Buch auch als ein

---

6   Raabe 124.

7   Ebd. 15.

8   Ebd. 76.

9   Klotz, V.: Stadtflucht nach innen. Wilhelm Raabes »Die Chronik der Sperlingsgasse«. In: Klotz, V.: Die erzählte Stadt, ein Sujet als Herausforderung des Romans von Lesage bis Döblin. Reinbek 1987, 189.

10   Krauss 56 sieht auch das Medium dieses Blicks, die lichtsammelnde Linse der Kamera, in verschlüsselter Weise im Text verankert. Beim Blick in das Fenster der Angebeteten verwirft der junge Wacholder nämlich sowohl Brille, Fernglas als auch den Operngucker, denn: »Alles liegt ins Unendliche auseinander. Da fiel mein Blick auf eines jener Bläschen, die sich oft in den Glasscheiben finden. Zufällig schaute ich hindurch […], und – ich begriff, daß das Universum sich in einem Punkt konzentrieren könne.« (Raabe 18)

11   Krauss 57.

»Traum- und Bilderbuch« der Sperlingsgasse.[12] Der Chronist steht einge-standenermaßen »mit einem Fuß in der Gegenwart und Wirklichkeit, mit dem anderen in Traum und Vergangenheit!«[13]

Nach und nach wird das Ambiente der Erinnerung, die Bilder der Land-schaft sowie die Stadt der Kindheit Wacholders evoziert, um schließlich mit den Worten »So tauche denn auf aus dem Dunkel« die geliebte Elise he-raufzubeschwören.[14] Ausgangspunkt solcher Träumereien ist stets der (ver-schwimmende) Blick aus dem Fenster: »Ich sitze, den Kopf auf die Hand gestützt, am Fenster und lasse mich allmählich immer mehr einlullen von der monotonen Musik des Regens draußen, bis ich endlich der Gegenwart vollständig entrückt bin«.[15]

Wir dürfen anhand der von Krauss jedoch nicht weiter verfolgten Ergeb-nisse zunächst festhalten, was eine zeichenhaft-fotografische Qualität des Blicks ausmachen *kann* – im Gegensatz zur gerne postulierten »Objekti-tät« oder »Starrheit« der Fotografie: die gleichzeitige Existenz verschiede-ner Zeitebenen, eine gewisse Distanz, gekoppelt mit zutiefst subjektiver Gleichzeitigkeit von Gegenwart und Erinnerung, das legitime Nebeneinan-der der Ebenen von Wachen und Traum, sowie eine Intention, die dem Vorhaben scheinbar entgegengesetzt ist: Wer eine Chronik erzählt, möchte in aller Regel erinnern, nicht vergessen. Hinzu kommt der Aspekt, aus dem Genre der Chronik, die meist einen kollektiven Erzählraum aufzuspannen versucht, zum einen die persönliche Geschichte nebst ihrer Protagonisten zu destillieren wie sie andererseits eben darin zu bergen. Dies geschieht auch durch die poetische Technik, beide Erzählstränge miteinander in lebendige Wechselwirkung zu bringen.

Gesines Wahrnehmung und die daraus resultierende Erinnerungstätigkeit sind durchaus verwandt strukturiert. Im Interview mit Horst Bienek bezog sich Uwe Johnson selbst auf Arno Schmidt, welcher die Notwendigkeit betonte, zu »immer wieder vorkommenden Bewusstseinsvorgängen oder Erlebnisweisen die genau entsprechenden [neuen, F. M.] Prosaformen zu entwickeln«.[16]

Ausgangspunkt für die Berechnung […] war die Besinnung auf den Prozess des Sich-Erinnerns: man erinnere sich eines beliebigen kleineren Erlebniskomplexes, sei es »Volksschule«, »alte Sommerreise« – immer erscheinen zunächst zeitrafferisch, ein-zelne sehr helle Bilder (meine Kurzbezeichnung: »Fotos«), um die herum sich dann im weiteren Verlauf der »Erinnerung« ergänzend erläuternde Kleinbruchstücke

---

12 Raabe 18.
13 Ebd. 57.
14 Ebd. 56.
15 Ebd. 18 f.
16 Bienek 200.

(»Texte«) stellen: ein solches Gemisch von »Foto-Texteinheiten« ist schließlich das Endergebnis jedes bewußten Erinnerungsversuchs.[17]

Das spezifisch traumhafte Element eines Verschwimmens der Bild- und Zeitebenen lässt zudem (auch für Wacholder) folgenden Schluss zu: »Die Nähe des im Tagtraum aufbewahrten Erinnerungsbildes zum photographischen Augenblick könnte ein Indiz dafür sein, dass Gesine Cresspahl Kontexte abhanden gekommen sind, die durch das Erzählen [...] wiederzugewinnen wären«.[18]

Dass sich Uwe Johnson mit Raabe intensiv befasst hat, ist hinlänglich bekannt. Er selbst spricht von nichts weniger als einer Raabeschen »Optik des Erzählers«, an der man »technisch« durchaus partizipieren könne.[19] In thematischer wie narratologischer Hinsicht sieht auch Scheuermann anhand einer Reihe von Motiven, Kategorien und Aspekten deutliche Verbindungslinien zwischen beiden Schriftstellern: »Durch Raabes Themen und Motive und deren spezifische Bearbeitung konnte Johnson sich angesprochen fühlen; auf dieser Ebene scheinen insbesondere die *Jahrestage* auf Wilhelm Raabes Werk zu replizieren.«[20] Insbesondere sind dabei folgende Berührungspunkte zu nennen, insoweit sie auch auf Johnsons Hauptwerk zutreffen können:

– das Verständnis des Schreibaktes als eines Erinnerungsprojektes auf der Suche nach Identität und die Strukturierung der narrativen Ordnung durch den Dialog zwischen erinnerter Vergangenheit und Gegenwart [...]
– kritische Erzählkommentare und Erzählerreflexionen als poetische Gedankenexperimente und die Einbeziehung von Toten [...]
– das Motiv der Wiederholung und des Kreislaufs [...]
– das Verständnis des eigenen schriftstellerischen Tuns als eines Handwerks und die Funktion von Notizbüchern als »Vorratskammern«, Ideenmagazin oder Steinbruch.[21]

Mit diesen vorbereitenden Erkenntnissen kann nun dieser literarische Topos in den *Jahrestagen*, insbesondere Gesines Blick aus den Fenstern New Yorks sowie die Geste des Blicks unter dem Aspekt fotografischer Zeichen ausführlich untersucht werden.

---

17   Schmidt, Arno: Berechnungen I. In: Rosen und Porree. Frankfurt a. M. 1984 (Reprint nach der von Arno Schmidt autorisierten Ausgabe von 1959.) 284 f.
18   Fahlke/Zetzsche 68.
19   Siehe Anm. 47 des ersten Kap. d. vorl. Arbeit.
20   Scheuermann 329.
21   Ebd. 327 f.

4.1 Das literarische Bildobjekt

Gesines zahllose Blicke, natürlich auch die aus den Zugfenstern der Subways oder Vorortbahnen, bilden verbundene Fotosequenzen,[22] mit denen ein lebendiges, wenngleich nicht zuverlässiges Gedächtnis strukturiert wird. Unmittelbare, gegenwärtig gezeigte Blicke geben also Hinweise auf erlebte Vergangenheit. Das individuell Vergangene bleibt in fotografisch aufgefassten Bildern gegenwärtig, und gleicht in dieser Betrachtung der Unsicherheit und Offenheit des Lebens.

In den *Jahrestagen* wachsen diese singulären visuellen Wahrnehmungen, die raumzeitlich begrenzten Blicke samt ihrer dazu zugehörigen bildhaften Vorstellungen, zu einer auffällig wiederkehrenden Verhaltensgewohnheit, einer bedeutsamen Geste also – die wiederum ihrerseits Gegenstand der Erzählung wird:

So beobachtet Gesine Maries Blicke beim Verfassen eines Schulaufsatzes mit der Überschrift »Der Blick aus dem Fenster«. Heinrich Cresspahl wiederum betrachtet besorgt das unverwandte Starren seiner Frau auf das lodernde Herdfeuer. Oder Gesine befasst sich nachdenklich mit ihrem eigenen, damaligen Blick, während sie auf das Lichtbild vor einem Bäckereifenster in Fischland sieht.

Vilém Flusser stellt sich in seinem Essay »Die Geste des Fotografierens« vor, wie die Fotografie eines Rauchers in einem Salon entsteht.[23] Ein Mensch mit einem Fotoapparat oszilliert um sein Modell auf der Suche nach dem geeigneten Aufnahmestandort. Dabei manipuliert er sowohl seine Kamera als auch sein unmittelbares Objekt durch verschiedene technische Einstellungen und szenische Anweisungen. Der Fotograf wird seinerseits beeinflusst: z. B. durch Befangenheit oder Exhibitionismus des Portraitierten. All diese, während der Suche nach dem geeigneten Standpunkt entstehenden, deutlich voneinander abweichenden, abrupten Bereiche des Sehens setzt der Fotograf selbstkritisch in Bezug auf das gewünschte, je distinkte Bildergebnis. Mit dem Moment des Auslösens beendet der Fotograf schließlich seine Reflexion über den gesamten, von ihm initiierten Prozess seines fotografischen Handelns.[24]

---

22   Zum Begriff der »Fotosequenz« im Unterschied zur Erzähltechnik des Fotojournalismus und des Fotoromans vgl: Baetens, J.: Bibliographie Sélective (et aussi petite histoire) de la Photographie Narrative, in: Le Roman-Photo. Atlanta, GA 1996, 206–226.

23   Vgl. Flusser, Vilém: Gesten. Versuch einer Phänomenologie, Düsseldorf und Bensheim 1991, 127 ff.

24   Barthes 18 f. befasst sich mit dem fotografierten Objekt und dem Posieren und postuliert, man transformiere sich bereits *aktiv* in ein Bild, noch bevor man vor die Kamera trete. Der Blick des Fotografen als das *Ergebnis* des Bildes hingegen ist Barthes als Subjekt des Blicks (stets er

Ein Foto als besprechbares Abbild hat sich zu einem selbstverständlichen fotografischen Zeichen entwickelt. Auch im Werk Johnsons wurde dieser Prozess bereits ausführlich untersucht.[25] Die dieses Zeichen *bedingende* fotografische Geste jedoch, das Hin- und Herbewegen eines körperlich anwesenden Fotografen, wird dabei nur allzuleicht vernachlässigt. Beachten wir eine solche Geste, das bewegte Zusammenspiel von Blick und jeweils vermuteten Bild in einer Nacherzählung der hier wiedergegebenen Fotografie.

Links, ein leerer Beifahrersitz: Rechts zentral im Bild eine Frau in einem Kleinwagen, Schneeregen. Er steigt aus, inmitten eines leeren, riesigen

---

selbst) weitaus weniger Gegenstand der Betrachtung. Dubois' These (vgl. ebd. 9) wiederum besagt, kein Foto dürfe nur als Bild betrachtet werden, sondern auch und vor allem als Resultat eines Aktes.

25 Vor allem Zetzsche, Martynkewicz, Horend.

Parkplatzes des Supermarktes *desko*: Es ist Ostern in Lodz. Steigt er aus, um sie zu fotografieren, ein Bild von ihr zu machen? Alexandra beobachtet das Hantieren des Fotografen, sein über den Sucher gebeugtes Gesicht, seine Hand am Fokussierring des 80 mm Objektivs. Mit seinem Oberkörper schützt er nun die Lichtschachtkamera vor dem kalten Niederschlag. Er trifft die Schärfe nicht wie gewohnt auf der Ebene des Auges, sondern ein wenig davor – so bilden die fließenden Tropfen, die Schneeflocken am Dichtungsgummi ein separates Schärfezentrum. Alexandra denkt: Ich kannte ihn schon früh im Umgang mit seinen ganzen Aufnahmegeräten; heute reagiere ich kaum noch darauf, beinahe starr bleibe ich ihm neu zugewandt. Er findet ein weiteres Bild von mir, nimmt mich anblickend wahr – mich, angeschnallt hinter der Autoscheibe. Früher herrschte mehr Nervosität und Unruhe zwischen uns. –

Der fotografische Blick einer Erzählung, das möchte dieses Beispiel bestätigen, ist ein zunächst *immobilisierendes* Schauen.[26] Der Erzähler bannt die visuelle Wahrnehmung einer dargestellten Figur in Richtung und Deutung. »Genau in diesem Augenblick kann die ›Erzählform der Photographie‹ zur Sprache gebracht, kann das stillgestellte Konzentrat der Vergangenheit in eine Gegenwart vermittels eines erinnernden, erfahrenden Bewusstseins hinübergerettet werden.«[27] Aus dem Anhalten der üblicherweise ununterbrochenen Bewegung des gesamten optischen Wahrnehmungsapparates entsteht so auch das fotografische Zeichen.

In den *Jahrestagen* wird eine kontinuierliche Sehbewegung unter anderem mittels eines Fensterrahmens gestoppt und damit in seinem Fragmentcharakter definiert.[28] Die horizontale wie vertikale Neigung des Kopfes, das Hin- und Herbewegen der Pupillen sowie die ansonsten niemals still stehende Akkomodation der Augenlinse auf unterschiedliche Entfernungen erscheinen nun festgestellt oder zumindest auf eine kleine Bildoberfläche hin beschränkt. Eine solch umfassende Arretierung der Wahrnehmung zeigt nicht nur einen augenblicklich deutlichen Gegenstand auf oder hinter einer Glasscheibe und leitet die damit verbundene Erinnerung ein. Vor allem stellt sie eine Verbindung zwischen Wahrnehmungs- und Erzählmechanismus her.

Vermutete Wahrnehmungsobjekte und der Blick darauf bilden die Elemente eines fotografischen Zeichenprozesses. Der Erzähler berichtet von Blicken auf fotografisch übermittelte Bildobjekte. Der beobachtete und beschriebe-

---

26 Vgl. Krauss 59 ff.
27 Fahlke/Zetzsche 84.
28 Vgl. Schulz 33.

ne Blick eines Protagonisten lässt sich darstellen als der materielle Aspekt der fotografischen Geste, das vom Erzähler erzeugte Bild meint den dazugehörigen direkten Objektbezug. Auf welchen partiellen Bereich eines direkten Bildgegenstandes sich der Blick einer Romanfigur richtet, ist nur durch bedachte Fortführung der ausgelösten unmittelbaren Interpretation herauszufinden – wie es Peirce anschaulich schildert:

Gegen Ende eines heißen Nachmittags sind drei junge Männer noch immer zusammen. Einer von ihnen sitzt in einem Sessel, der andere hat sich auf einem Sofa ausgestreckt, der dritte steht vor einem offenen Flügelfenster mit Blick aus dem siebten Stockwerk auf die Piazza di Spagna, und er scheint mit halber Aufmerksamkeit in die Zeitung zu schauen, […] Nach wenigen Augenblicken durchbricht er die Stille mit den Worten, »Wahrhaft, das ist ein schreckliches Feuer«. Was meint er? […] Der im Sessel glaubt, daß der Sprecher in die Zeitung blickt, […] und schließt daraus, daß es eine Feuersbrunst in Teheran, in Sydney […] gegeben hat. […] Der Mann auf dem Sofa dagegen glaubt, daß der Sprecher aus dem Fenster blickte, und daß es unten auf dem Corso oder in dieser Richtung ein Feuer geben muß.
(Peirce (1993) 246)

Auch eine Fotografie sagt seltsamerweise wenig darüber aus, *was* der Fotograf zum Zeitpunkt der Aufnahme tatsächlich in den Blick nahm – sondern lediglich, *dass* er einen Apparat mit einem lichtempfindlichen Film auslöste. Der Fotograf hielt ein für ihn stets zugleich unbekanntes singuläres Ereignis fest, überlieferte es in Bewegungslosigkeit. Daher kann selbst ein Blinder einen Fotoapparat in Richtung eines akustischen Ereignisses halten und den Auslöser betätigen: Die Fotografie bezeugt in diesem Fall, dass er seine Aufmerksamkeit auf ein räumlich begrenzbares Geschehen wandte, also fotografischer Beobachter war.[29]

Das literarische Bildobjekt ist analog dazu mehr als die vorgestellte Wiedergabe dessen, was von einer handelnden Figur in den Blick genommen ist. Aus einem detailreich erzählten Lichtbild kann noch keineswegs geschlossen werden, dass eine (mit einer virtuellen Kamera bewehrte) Erzählstimme diese Details auch ganz bewusst in den Blick genommen hatte. Mehr noch: Ein fotografisch übermitteltes Bildobjekt beglaubigt im Extremfall nicht einmal, dass der in der Erzählung als Beobachter Ausgewiesene die dargestellten Dinge jemals gesehen hat, sondern zunächst einzig und allein seine aufzeichnende Anwesenheit. Erst der Interpretant, mithin der bedeutungsvermittelnde Aspekt von Blick und Fotografie vervollständigen das hier gemeinte fotografische Zeichen zum bedeutsamen Teil einer Erzählung. Wenden wir uns nun aber dem Ort zu, von dem aus die Protago-

---

29 Ganz so weit geht Barthes 89 nicht: »Daher sollte man eher sagen, dass das Unnachahmliche der PHOTOGRAPHIE (ihr Noema) darin besteht daß jemand den Referenten *leibhaftig* oder gar *in persona* gesehen hat […].«

nistin der *Jahrestage*, Gesine Cresspahl aus ihrem Leben erzählt: New York City.

Diese Fotografie bezeugt einen nach unten gerichteten Blick vom Bug der South Ferry: Er ist auf die Meeresoberfläche der Oberen Bucht gerichtet, im Vordergrund befindet sich das Scherengitter, das nach dem Ablegen aufgezogen wird.[30] Seit Gesine Cresspahl vor sechs Jahren mit ihrer Tochter Marie von Düsseldorf nach New York zog, sind Fahrten auf jener Fähre fester Bestandteil ihrer beider Wochenendgestaltung. Immer wenn Marie einen Samstag zum »Tag der South Ferry« ausruft, fahren sie mit der U-Bahn von der Oberen Westseite zur Südspitze Manhattans und nehmen von dort die Fähre nach Staten Island (Richmond).

---

30   JT 91; vgl. auch die Scherengitter in JT 301.

Die allein erziehende Gesine Cresspahl lebt in der Erzählgegenwart 1967/1968 mit ihrer zehnjährigen Tochter Marie am Riverside Drive zwischen der 96ten und der 97ten Strasse in einer im zehnten Stock gelegenen Wohnung mit Blick auf den gegenüberliegenden Park.[31] Im Winter geben die lichten Platanen die Sicht frei auf den Hudson. Gesine arbeitet für eine Bank in Midtown Manhattan, wo sie als einfache Angestellte ein Büro im zehnten Stock – später als Assistentin im 15. Stock – mit Blick auf den East River beziehen konnte. Blicke aus dem Fenster sind als tagtäglich wiederholte bedeutsam – gerade weil die Stadtlandschaft vor dem Fenster zu allen Jahreszeiten erlebt wird, gestaltet sich das unmittelbar jetzt Aufscheinende zur jeweils besonderen Gegenwart.[32]

Gesine kann ihr Gedächtnis nicht willentlich zur Erinnerung auffordern, doch vermag sie das wechselnde New Yorker Licht im unbedingten Bezug auf einst Gesehenes zu verwenden.[33] Sie erkennt im momentan Anwesenden versteckte Zeichen ihrer Vergangenheit wieder: Die 97te Straße, heißt es, »[…] ist uns dicht an dicht besetzt mit Vergangenheit, mit Anwesenheit«. (173) So gesehen ist das Leben der Gesine Cresspahl, ihre selbst erlebte, wie auch die chronologisch erzählte Geschichte seit dem Kapp-Putsch 1920 bis hin zum Aufstand in der DDR 1953,[34] ein gewaltiges *dynamisches Interpretans*, das durch die Wirkung vergangener und gegenwärtiger Blicke entsteht. Finaler Interpretant dieser Zeichen wäre vergangene, immer wieder verlierbare Gegenwart, ihre einst vollkommene Lebendigkeit. Die fotografischen Zeichen der *Jahrestage* münden schließlich in eine endgültige Vergegenwärtigung von Gesines einstigem Sein.

31　Der Erzähler versucht auch in diesem Detail genau zu sein, nennt das Stockwerk jedoch immer nur indirekt. Der häufige Versuch einer genauen Lokalisierung der Stockwerkshöhe sowohl am Riverside Drive (JT 118, 133, 276, 1593) als auch am Arbeitsplatz, z. B. JT 55 f. gibt der messbaren Höhe eines – perspektivischen – Blicks Bedeutung.

32　Vgl. Butzer 139, wo ebenfalls auf das Iterative der Wahrnehmung, jedoch das gleichzeitig Singuläre und Individuelle der Erinnerung verwiesen wird.

33　Mit Geppert 138 ff. lässt sich im Spiel zwischen designativen und reagierenden indexikalischen Bezügen eine »realistische Zeigekunst« festhalten: Gesines Denken kennt sicherlich einen Zusammenhang zwischen gegenwärtigen Zeichen und vergangenen, darin versteckten Objekten. Aufgabe des Erzählens mag die Klärung von Kontexten sein, die eine deutlicher vermittelbare Verbindung zwischen Zeichen und Objekt darstellt.

34　Vgl. die hilfreiche »Inhaltsübersicht der *Jahrestage*« in: Auerochs (1994) 261 ff. Die Zeit nach dem 17.6.1953 ist m. E. allerdings nicht Teil der chronologischen Erzählung. Hier ist der Leser auf Informationen aus dem ersten veröffentlichten Werk Johnsons, *Mutmassungen über Jakob* angewiesen. Johnson selbst bezeichnete allerdings – z. B. im Interview mit Osterle – die in den *Jahrestagen* verfolgte Vergangenheit mit dem Zeitraum von 1920 bis 1961, was als grobe Annäherung stimmen mag.

Das erste fotografische Zeichen besteht aus genau jenem Moment, in dem das »Geheimnis gemacht und zerstört worden« (7) ist.[35] Wie bereits angedeutet, mag hier, zu Beginn des Romans, der fotografisch erfassbare Moment der Kindheit und Jugend sein. Augenblicke mithin, die bis hin zum letzten Satz des Romans: »[…] das Kind, das ich war.« weiterwirken. (1891)

Immer wenn Gesine auf den Hudson blickt, streift ihr Blick die Platanen des Parks davor. Gegen Ende des Romans wird sie diese im Traum in Walnussbäume verwandeln. (1644)[36] Ein Walnussbaum nämlich war es, aus dem sie als Mädchen sehnsüchtig nach Jakob sah.[37] Die *Jahrestage* berichten uns von Gesines Blicken aus dem Fenstern ihrer Wohnung auf den Hudson sowie den von der Glasfassade ihres Arbeitsplatzes auf den East River:

Der Park vor den Fenstern ist jetzt ganz beleuchtet von der Oktobersonne, die allen Farben einen Stich ins Unglaubliche zufügt, den gelben Laubsprenkeln im Gras, der Elefantenhaut der kahlen Platanen, dem bunten Astgewirr der Dornbüsche auf der oberen Promenade, dem kalten Hudson, dem verwischten Walddunst auf dem jenseitigen Ufer, dem stählernen Himmel. Das Sonntägliche ist auf einen Sonntag gefallen. Es ist ein nahezu unschuldiges Bild, in dem Kinder und Spaziergänger leben wie harmlos. Es ist eine Täuschung, und fühlt sich an wie Heimat.
(JT 134, 1. Oktober)

Die Sonne, die durch die ungeschützten Fenster schlägt, holt sie noch einmal zurück. In dem weiträumigen Büro aus Technik und Wohnmöbeln sitzt heiße, halbhohe, östliche Sonne, die den Dunst über den niedrigen Siedlungen von Long Island City anheizt bis zur Farbe eines Meeres vor siebzehn Jahren. Da war sie einmal, hielt einen Sextanten gegen die Sonne. Das war sie einmal.
(JT 1037, 23. April)

Mit und in beiden Texten entsteht zunächst Unmittelbarkeit und Gegenwart: In einem von Erinnerung und Geschichte dominierten Roman finden sich mit diesen zu Bildern fixierten Blicken eindrückliche Belege von Gesines Leben in New York. Johnsons eigene Aussicht aus dem Bürofenster eines

---

35 JT 7; für Fahlke/Zetzsche 67 wiederum wäre der erste fotografisch »erfasste« Augenblick der *Jahrestage* der Moment zwischen Aufprall und Stolpern beim Hackenniedertreten (ebd.); Gerlach 193 interpretiert den kursiv gesetzten Vers zum Kinderspiel als erstes, dem Leser noch unkenntliches Indiz für Gesines außergewöhnliche Fähigkeit, die Atmosphäre ihrer Kindheit zu reproduzieren. Aber das gelingt ja gerade nicht. Siehe auch Auerochs (1997) 435 und Zschachlitz, R.: Zur privaten und politischen Erinnerung in Uwe Johnsons Roman *Jahrestage* – Ein Vergleich mit Marcel Proust. In: Internationales Uwe-Johnson-Forum: Frankfurt a. M. 1989, 139–159.

36 Vgl. dazu auch Riordan (1995) 165, der noch die Funktion der Bäume als Versteck erwähnt.

37 JT 1081: Die Erinnerung an Jakob ist eingeleitet mit einem Blick auf den Hudson.

Verlagshauses trug dazu bei, dass in ihm 1966 der Plan zu den *Jahrestagen* zu reifen begann.[38]

Gemeinsam sind den zahlreichen »Blicken aus dem Fenster« zwei entscheidende Merkmale, durch die dieses literarische Motiv zu einem fotografischen Zeichen wird: Sich rasch verändernde Licht- und Wetterverhältnisse fassen die entstehenden Bilder zeitlich,[39] zugleich jedoch auch räumlich durch die durch das Fenster vorgegebene Blickrichtung.[40] Man darf Beatrice Schulz zustimmen: »Als Symbol der Rezeptivität begleitet das Fenster den Leser durchs Werk und definiert jeweils den Ausschnitt um den es geht, und der in seinem Fragmentcharakter gesehen werden will.«[41] Der fotografische Blick steht unmittelbar für lebendige Gegenwart[42] – ohne dabei notwendigerweise den Anlass zu *konkreter* Erinnerung und deren Erzählung geben zu müssen.

Beim *Repräsentamen*, dem materiellen Aspekt eines fotografischen Zeichens, handelt es sich um den gerichteten Blick, nicht jedoch um eine detailgenau konstruierbare fotografische Vorlage: Denn das, was Gesine hier »Bild« (134) nennt, ist untrennbar mit seinem interpretierenden, wertenden Attribut »unschuldig« verbunden, darf demnach mit Peirce als *immediate interpretant* bezeichnet werden. Der dynamische Interpretant dieses Zeichens schließlich liegt außerhalb dieses unmittelbaren Darstellungsfeldes des »unschuldigen Bildes«[43] – die aktuale Wirkung beruht konträr zur zeichenmittelbaren auf einer »Täuschung«.

Anfang und Endpunkt der mit den Blicken aus dem Fenster verknüpften Szenen ist diesmal nicht, wie im Bild des Gartencafés, eine papierene Trägerschicht. Der »Walddunst auf dem jenseitigen Ufer« und der »Dunst über den niedrigen Siedlungen« wirkt vielmehr als ungenaues, erstes Bild, als unmittelbarer Eindruck eines Blicks, somit als farbige, noch unscharfe Pro-

---

38   Vgl. Neumann, Bernd: Uwe Johnson. Hamburg 1994, 589.

39   Ein Beispiel für den fotografisch-zeitlichen Aspekt: JT 1106: »[...] der Sonnenregen von gestern abend, der den Fahrdamm seitlich beleuchtete und schwarz machte [...]. Minuten später verschwand die Sonne hinter einem dicken, bläulichen Vorhang.«

40   Vgl. Stiegler 271 ff. zur Bedeutung der räumlichen Begrenzung in der Fotografie: Bereits mit dem bis auf eine kleine Öffnung verdunkelten Zimmer, der Camera Obscura, wurde seit der Renaissance die Projektion der Außenwelt in einen abgeschlossenen Innenraum, die perspektivisch genaue Betrachtung eines *bestimmten Ausschnittes* [Hervorhebung F. M.] der Welt ermöglicht. Die ersten Fotografien wurden von Zeitgenossen daher als ein »künstliches Ebenbild der Welt« gesehen.

41   Schulz 33.

42   Vgl. Bazin 62 f.: Die Fotografie befriedigt unsere Sehnsucht »[...] nach dem Objekt selbst, ohne dessen zeitliche Begrenzung«. Für die literarische Produktion eines Objekts »Augenblicklichkeit« ließe sich Bazins Aussage wie folgt erweitern: Die literarische Fotografie befriedigt unsere Sehnsucht nach lebendiger Gegenwart – ohne deren zeitliche Begrenzung.

43   Vgl. Peirce (1990) 280.

jektionen auf einer künstlichen Mattscheibe oder menschlichen Netzhaut. Farben, Lichtsprenkel und Astgewirr zusammengenommen lösen auf der Retina des Betrachters eine erste, unmittelbare Empfindung aus.[44] Der mit der Mattscheibe angesprochene materielle Aspekt des Zeichens, das Repräsentamen und sein vordergründig ikonischer Objektbezug,[45] erinnert für sich genommen an Peirces erste universale Kategorie, an das *First*.[46]

Zwischen wiederkehrenden Blicken und den sie auslösenden Bildern tun sich für die Erzählerin riskante, für die Kontinuität einer Erzählung unsichere, weil emotional deutlichere, und damit wesentlichere als die bloß mitgeteilten Erinnerungen auf.[47] Inmitten beobachteter Gegenwart reißt ein Raum zwischen Denken und Gedenken,[48] zwischen genau konstruierter Erinnerung und erlittener Erfahrung auf. Spätestens, wenn der Blick den Horizont über dem Hudson oder dem East River erreicht, trennt sich die nach außen gerichtete Wahrnehmung von der inneren: Der »stählerne Himmel«, der »Dunst über den niedrigen Siedlungen« steht metonymisch für Gesines vereinfachte, erste Erinnerungen: Das in der New Yorker Gegenwart deutlich entstehende Bild mag natürlich als Metapher auf einen bestimmten Erinnerungsgehalt verweisen. Doch für die Textkonstruktion als Ganzes wesentlich sind einander angrenzende, persönliche wie politische Erfahrungsebenen, ist auch die Parallelität eines allerersten vergessenen Eindrucks, und seiner beinahe endgültig hingenommenen Entstehungsbedingung. Vermittels der Bilder aus den Fenstern New Yorks gerät die gesamte Geste des fotografischen Blicks in den Vordergrund,[49] und als dynamisches Objekt die

---

44 Einiges deutet darauf hin, dass dieser Eindruck bereits die Erinnerung an das Leben mit Jakob in Düsseldorf vorformt: In JT 1869 ff., 17. August ist die Rede von der Farbe Gelb, einem verfitzten Baum und einem in der Sonne fröstelndem Haus; im Kontext siehe auch Storz-Stahl 144, die die Spuren nicht weiterverfolgt, vielmehr feststellt: »Das Licht- und Farbenspiel [des Riverside Parks, F. M.] wird zur Extrapolation von Gesines Innenwelt.« Auch Riordan, Colin.: Die Unentbehrlichkeit der Landschaft. Natur und Repräsentation in Johnsons *Jahrestagen*. In: Johnson-Jahrbuch 12 (2005), 67–79, der Raabe und Johnson hinsichtlich der Probleme der Repräsentation der Natur vergleicht, geht nicht weiter auf diesen Aspekt ein.

45 Ikonisch vor allem deshalb, weil das Bild in Abwesenheit seines dynamischen Objekts, hier der Täuschung, untersucht wird: vgl. Peirce (1990) 114.

46 Peirce CP 2.274: »A *Sign*, or a *Representamen*, is a First which stands in such a genuine triadic relation to a Second, called its *Object*, as capable of determining a Third, called its *Interpretant* […].«

47 Innerhalb der chronologischen Erzählung erfährt man nichts Genaueres über diese Segelerfahrung; diese Wirklichkeit liegt zwischen Blick und Abbild.

48 Vgl. Elben 41.

49 Vgl. Stiegler 279 f.: Schon im 19. Jh. beobachtete der Fotografietheoretiker Peter Henry Emerson, dass ein Foto weniger eine Mimesis der Natur als vielmehr die eines menschlichen Blickes sei und forderte: »[…] die Photographie habe nicht den gewählten Gegenstand abzubilden, sondern den Blick auf ihn.« Analog dazu hätte das fotografische Zeichen die Aufgabe, Art und Weise eines Blicks auf einen gewählten Gegenstand abzubilden.

real wirksamen Bedingungen für diesen lebendigen Blick – wie zum Beispiel Gesines prekäre seelische Verfassung. So betont Auerochs, ein Zeichen für Gesines Melancholie läge gerade in ihrer Skepsis der Unmittelbarkeit.[50] Im Begriff des fotografischen Zeichens lässt sich dieser Gedanke weiter belegen: Kein anderes Zeichen umgreift so leicht die Extreme (aufzunehmende) Unmittelbarkeit und nie zu beendende Weitervermittlung eines entstandenen Fotos. Der Mensch, der sich diese Extreme zu eigen macht, wird beinahe zwangsläufig schwermütig.

4.2 Der Objektbezug des Blicks

Gesines Blicke aus und zum Fenster ihrer Arbeitsstelle, sind durchaus mit konkreten Erinnerungen an Mecklenburg verknüpft. Der Stadtteil Queens und das Licht über dem East River, wie sie es z. B. am 19. und 23. April 1968 wahrnimmt, ähnelt ihrem Bild Wendisch Burgs aus dem Frühjahr 1951 und dortigen Segelerlebnissen (1008, 1036). Ein Sommergewitter im Juni 1968 stellt ebenfalls eine Abbildungsbeziehung qua Ähnlichkeit zum Sommer 1946 her – hier ist der fotografisch-momenthafte Charakter durch die Blitze besonders deutlich: »Wenn Helligkeit aufriß, schienen die sausenden Tropfen verstärkt«. (1276) Auch das kippende Bild der Glastür zum Bürohochhaus (124) ist mit Mecklenburg durch die Assoziation von Seelicht und Booten ebenso verbunden wie das »dörfliche Licht« (22) oberhalb ihres Arbeitsraumes im August 1967.[51]

Davon deutlich zu unterscheiden sind Gesines Blicke hinunter zum Riverside Drive: Zu welcher Erinnerung diese Bilder Anlass geben, welche Details darin besondere Aufmerksamkeit finden, bleibt sowohl dem Leser als auch dem erzählten Bewusstsein Gesines verborgen. Mit dem ersten Blick auf den Park vor der Wohnungsbesichtigung wird ein Set von abgebildeten Objekten angelegt, das sich im Jahreslauf, zumindest für das nächste halbe Jahr, wandelnd wiederholen wird: Wiesenhänge, Schatten, Familienrunden, Blattwolken und ein »blaues Bild« davon. (27 f.) Daraus entstehen im Herbst Laubsprenkel, kahle Platanen, buntes Astgewirr, verwischter Walddunst und ein »unschuldiges Bild«. (134) Gesine sieht bei Nacht, wie »[…] das Licht der Laternen zwischen den vernarbten Platanenstämmen […] in schmierigen Höfen aufgehalten« war (163), wie am 1. Dezember der Schneesturm »[…] die Bäume zu weiß funkelnden Fremdlingen verkleidet« hat. (392) Im April des folgenden Jahres fällt es ihr schwer, das »tägliche

---

50 Auerochs (1994) 224 f.
51 Ebd. 439 spricht von der »[…] gleichsam schwankenden Präsenz der Vergangenheit«.

Bild« zu erkennen, denn »[…] die Aprilfarben scheinen nicht richtig«. Gesine zählt die Fragmente der Farben auf, »[…] der von Wolken verdüsterte Fluß, die harten Platanenstämme, im schwächlichen Parkgrün«. (1008)

Solche Bilder vom Blick durch die Platanen auf den Hudson wirken auf den Leser der *Jahrestage*, aber wohl auch auf Gesine selbst – unabhängig davon, ob sie in Richtung konkreter Erinnerung interpretiert werden oder nicht.[52] Entscheidend für diese Erzähleinheiten ist allein die fotografische Geste, die das eigentliche dynamische Objekt unsicher umkreist: Der genaue Beitrag des Bildinventars zur Gesamterzählung bleibt vorläufig unbestimmt; ja, er verbirgt sich geradezu, und das trotz der Vielzahl auf den Bildoberflächen deutlich gezeigter Gegenstände oder Zeiten.

So funktioniert diese Geste primär als Zeichen der New Yorker Gegenwart, nämlich als Ausweis fotografischer Unmittelbarkeit, von Singularität. Erst mit dem Fortgang der bereits berichteten Ereignisse aus Mecklenburg und London gewinnen die Blicke auf und durch die Platanen, also die wiederholten, miteinander verbundenen Abbilder, an weitreichender Bedeutung. Wohlgemerkt, der Objektbezug des Blicks, nicht das ikonisch gefaßte Bild gewinnt an dynamischer Bedeutung. Im Rekurs auf die gesamte Geschichte wandelt sich der einzelne Blick zu einem Zeichenverbund, der sich sowohl in Richtung gesetzmäßiger, als auch in Richtung singulärer Repräsentation ausdehnt.

4.3 Die Gewohnheit erster Durchblicke

Zu Beginn der *Jahrestage* wird der Leser Zeuge von Gesines' Rückfahrt am frühen Montagmorgen aus einem New Yorker Naherholungsgebiet. Gesine nimmt im Vorortzug zur Central Station Platz und sieht während der Fahrt zu ihrer Arbeitsstelle aus dem Fenster. Zum ersten Mal im Roman wird dabei der Name ihres verunglückten Geliebten genannt:

Jakob hätte so verwahrloste Wagen nicht vom Abstellgleis gelassen. Die verstriemten Fenster rahmen Bilder, weißgetünchte Holzhäuser in grauem Licht, Privathäfen in Lagunen, halbwache Frühstücksterrassen unter schweren Laubschatten, Flußmündungen, letzte Durchblicke zum Meer hinter den Molen, die Ansichten vergangener Ferien. Waren es Ferien? Im Sommer 1942 setzte Cresspahl sie in Gneez in einen Zug nach Ribnitz und erklärte ihr, wie sie vom Bahnhof zum Hafen gehen sollte. (JT 9)

---

52   Vgl Peirce (1990) 113: »Ein Index ist ein Repräsentamen, dessen besondere darstellende Wirkung davon abhängt, dass es tatsächlich mit seinem dargestellten Objekt verbunden ist, unabhängig davon, ob es als Darstellung interpretiert wird oder nicht.«

Die Erzählerin scheint sich von Assoziationen treiben zu lassen, vom Blick auf Molen zur Schiffsfahrt nach Seeland, von verschiedenen Reisen in die Ferien, um mit der Ankunft in New York bei dem Fazit anzugelangen: »Ferien waren es kaum.« (10) Der Begriff »Ferien«, unterdessen mit Bedeutung aufgeladen, beantwortet mehr als nur die Frage nach der richtigen Legende eines Bildes. Im fortgeschrittenen Verlauf der *Jahrestage* erfährt der Leser von jenen Ferien in Fischland und muss geradezu zum gegenteiligen Schluss kommen: Wenn es für Gesine je im Leben etwas wie Ferien gab, dann tatsächlich ihre Aufenthalte in Fischland.[53]

Gesines Blicke aus dem Zugfenster und die dazugehörigen Bilder sind in einer der Fotografie vergleichbaren Weise aufeinander bezogen. Die impliziten einzelnen »Fotos« haben zwar ganz offensichtlich mit Erinnerung und deren Erzählung zu tun, doch sind sie keineswegs Bestandteile eines sorgfältig angelegten Familienalbums: Sie eröffnen keinen wie auch immer gearteten schnellen, detailgenauen Zugriff auf vergangene Erfahrung. Die Sequenz der Schwarz-Weiß-Fotografien ist durch das graue Licht in geringem Kontrast gehalten und entspricht damit der Undeutlichkeit, mit der die einzelnen Bilder Gesines Erfahrungen bezeichnen.

Selbst dort, wo die Bilder Anlass zu unmittelbarer und konkreter Erinnerung geben, wird diese keineswegs *wach*gerufen, ihrem Bewusstsein nicht nüchtern übergeben: Das graue Licht bietet keinen festen Grund, mit der Erzählung sicher zu beginnen. Das Bild einer Terrasse am frühen Morgen ist daher konsequent programmatisch mit »halbwach« unterschrieben: Die Tönung von Gesines' Blicken korrespondiert mit ihrer vorherrschenden Erzählhaltung.[54] Obwohl ihr Blick zumeist klar und gegenwärtig scheint, ist sie dennoch nicht in der Lage, das darin Wahrgenommene ebenso wach und entschieden aufzunehmen, es für ihre Geschichte zeitgleich zu fassen und anzunehmen. Und das, obwohl die Bilder gerade dieser Fotosequenz wesentliche Momente ihrer gesamten nun folgenden Lebensgeschichte enthalten: Im Laubschatten wird Cresspahls Tischplatz in jenem Gartencafé an der Mündung der Trave angedeutet, in den »Durchblicken« jene sehr frühen »Walddurchblicke«, die Gesine am Ende des Romans ihrem ehemaligen Lehrer Kliefoth mitteilen wird. (1890) Was verhindert eine wache, gegenwärtige Erinnerung der Protagonistin? Auf inhaltlicher Ebene dürften dies

---

53   Vgl. JT 1495: »Das Fischland ist das schönste Land in der Welt«, aber auch als Ferien-Gegenbild über den Blick aus der Wohnung des Riverside Drives: »[…] grüne, graue, blaue Farben gemischt mit denen des Parks, eine Ansicht von Ferien, und so vergiftet ist der Fluß von der Industrie, Menschen dürfen da nicht einmal baden.« (JT 1190)

54   Vgl. Peirce (1990) 367. Für Peirce ist eine z. B. durch Melancholie hervorgerufene »Tönung« unlösbarer Bestandteil eines Objekts, wie es zu einem bestimmten, unteilbaren Augenblick repräsentiert wird.

Gesines traumatische Erfahrungen sein, die beständig auf ihren Blick und das darin erhaltene Bild ihrer Vergangenheit wirken.

Die etwa sechs Bilder der Sequenz werden vom Erzähler kommentiert als »Ansichten«. Da Gesine von ihrer Tochter erst kürzlich »Ansichtskarten« aus dem Ferienlager erhielt (7), kann die offensichtlich mitgedachte Bildmaterialität dieser Ausblicke zur abschließenden Frage »Ansichts*karten* vergangener Ferien?« präzisiert, d. h. unmittelbar interpretiert werden. Die einzelnen Bilder – man stelle sich einen Fotografen im amerikanischen Großraumwaggon vor – sind nicht ohne die zerkratzten Zugfensterscheiben aufzunehmen. Schon mit der Erwähnung dieser matten Scheiben also bezweifelt die Erzählung das auf im Ferienmonat August verschickten Ansichtskarten üblicherweise Dargestellte, nämlich so etwas wie sommerliche Unbeschwertheit: Wie auch immer die Beschädigung der Fenster entstanden sein mag – »verstriemt« deutet auf eine gewaltsam zugeführte Verletzung hin und nimmt zugleich das Wellen-Eingangsbild »schon weißlich gestriemt« wieder auf –, sei es nun also, weil Unbekannte keinen Respekt für das Eigentum einer Gesellschaft zeigten und verantwortliche Eigentümer dennoch auf verkäuflichen Fahrweg brachten, was besser auf dem Abstellgleis verblieben wäre. Unschwer ist mit diesen – in Johnsonscher Diktion gruppierten – Stichworten der »politische« Aspekt eines dynamischen Objekts schon auf der Ebene des direkten Bildobjekts genannt.

Die der Bildsequenz des Vorortzuges folgende Skizze der Fahrt nach Fischland ist nicht durch eines der vorangegangenen »gestriemten« Bilder legitimiert. Umgekehrt zeigt sich vielmehr, dass der nun geschilderte, vergangene Wahrnehmungs*mechanismus* die gegenwärtigen Zugausblicke erst ermöglichte:

> Auf der Ausfahrt in den Saaler Bodden hatte sie den ribnitzer Kirchturm im Blick behalten, den von Körkwitz dazugezählt, dann die Düne von Neuhaus auswendig gelernt, die ganze Fahrt bis Althagen rückwärts gewandt, um den Rückweg zur Eisenbahn, nach Jerichow später nicht zu verfehlen.
> (JT 9)

Weil Gesines Vater Heinrich Cresspahl im Sommer 1942 in einer Mission als britischer Agent arbeitete, schickte er sie als Neunjährige ganz allein in die »Ferien«. Gesine, die Halbwaise, prägte sich verwirrt die genaue Abfolge sichtbarer Landmarken ein, um den Rückweg nach Jerichow wieder finden zu können. Diese ursprüngliche Gedächtnisleistung, Gesines spezifische Mnemotechnik, veranlasst den Erzähler ganz zu Beginn der *Jahrestage*, die vorüber ziehende Landschaft nicht als einen Strom von bewegten Bildern, sondern als eine potenziell fest gefügte Abfolge stillstehender, eben »fotografischer« Bilder aufzufassen, und damit erneut Aus- und Durchblicke einzuüben.

Der Begriff »Ferien« steht in der Struktur des Romans zugleich auch für »Verrat« – Cresspahls Verrat am Vaterland, vor allem aber für den Verrat an seiner Tochter. Letzterer ist identisch mit Cresspahls Abwesenheit von Gesines visueller Erfahrung: Nach seiner Verhaftung durch die Sowjets nach dem Krieg – nicht zuletzt seiner Agententätigkeit wegen – war Gesines Vater »[…] jeden Tag weniger zuständig für das Kind, da er nicht sah, was sie sah«. (1449 f.)

Der Begriff »Ferien« wird zwar angezweifelt, aber dennoch nicht durch den des »Verrats« ersetzt: Im Verlauf des Romans wird deutlich, dass Ferien nicht nur Verlassensein und Kriegswirren bedeuten, sondern ohne Abstriche auch jene berührenden, traumhaft erregenden Erfahrungen einer jungen Gesine während der Sommeraufenthalte auf Fischland. Die impliziten Begriffe »Verrat und Ferien« zusammengenommen bilden ein in sich geschlossenes Erfahrungsgebiet, ein argumentativ geordnetes finales Interpretans. Und dieses Zeichen zusammengenommen ist es, was in ihrem Gedächtnis als »Ferien?« ebenso verkapselt bleibt, wie das Gefühl der Annäherung Alexandra Paepckes in Fischland (1494). So verlässt das damit angesprochene dynamische Objekt trotz dieser gravierenden Konnotation nicht die Erfahrung, die bis heute anhaltende Wirkung von »Ferien«.

Im Verlauf der Erzählung erhalten die Ferien durch einen finalen ihren unmittelbaren Interpretanten zurück: Die unmittelbare und zugleich vorläufige Bedeutung wird ersetzt worden sein durch eine, die im Vollzug der gesamten *Jahrestage* erfahren wurde. Gesine, als das stimmig gefasste, aufscheinende und zugleich vorüber ziehende Subjekt des Romans, als Erzählerin im Bunde mit dem Genossen Schriftsteller, weiß schon jetzt um die Wertigkeit des eingeführten Begriffs oder Interpretanten »Ferien«.

Der Autor sieht die Aufgabe dieses um Wahrheit bemühten Erzählens nun nicht darin, einen ikonisch eindeutigeren Bezug zu einem gewählten Gegenstand, etwa dem dynamischen Objekt »Ferien?« zu entwickeln. Auch wenn einzelne Bilder bereits alle Stationen ihres Lebens enthalten, dienten sie doch eher als versteckte Inhaltsangabe – sie reagieren indexikalisch auf das bevorstehende Vorhaben.

Natürlich strebt die reagierende indexikalische Bildfunktion zur ikonisch darstellbaren Auflösung – so wie jedes Zeigen auf etwas beschreibbar Bekanntes deutet. Doch liegt die produktive Potenz der Johnsonschen Bilder, welche die Romanhandlung sichtbar, aber nicht explizit ausgesprochen vorantreiben, gerade in der fortgeführten *Verweigerung* ihrer ikonischen Auflösung: Gesines geneigte Blicke leiten gerade keine durchführbare, komplettierbare Subjektivität ein.[55]

---

55 Vgl. Geppert 63 ff. und 143 ff.: Die Wirklichkeit eines Einzelsubjekts entsteht nach Peirce durch die Offenheit und Konvergenz aller es konstituierenden Zeichenprozesse. Eine vorwiegend

Die ikonische Entfaltung bildhafter Erinnerung bleibt gehemmt. Und bereits der bezeichnende Blick auf solche Gedächtnisbilder, ein von »Erzähldistanzen« mitgeteiltes Zeigen darauf, ist für die narrative Konstruktion, und insbesondere für Gesine selbst, problematisch und gefährdend zugleich. Wozu auf jene unteilbare Gegenwart deuten, wozu sie Anderen, und wem denn, noch erzählen? Gesines Erinnern ist sicher auch im beständigen unmittelbaren wie aufgezeichneten Dialog mit ihrer Tochter zu begründen. Doch ist Marie nur zu einem geringeren Teil wirkliche Adressatin der *Jahrestage*.[56] Wesentlich bleibt, dass Gesine sich ihrer selbst zu erinnern sucht, eine auch erzählerische Distanz zwischen gegenwärtigem und erinnertem eigenem Wesen zu einer damit offenen Zukunft hin zu überbrücken versucht.

Auch Zetzsche widmet dieser besonderen Situation »Blick aus dem Fenster« die Einleitung seiner Betrachtung zur erzählimmannenten Funktion privater und öffentlicher Bilder – wobei er hier einen Bezug zur fotografischen Kriegsberichterstattung der *New York Times* indirekt herzustellen versucht, bzw. konstruiert.

Zetzsches Interpretation konzentriert sich auf die Assoziation zur amerikanischen Erzählgegenwart des Vietnamkrieges. Die Bezüge, bzw. Motivlinien zur Vergangenheit spielen für ihn daher keine entscheidende Rolle, vielmehr die »verunsichernden Ambivalenzen«, in die Gesines genaues Sehen, bzw. Sehen-Wollen »hinsichtlich ihres politischen und sozialen Engagements« gerät[57] – und die damit verbundenen Konsequenzen, etwa Maries Anpassung durch den impliziten Tadel von Schwester Magdalena, bzw. die einstige Strafaufgabe Gesines (1332 f.): die versuchte Schulung eines politisch opportunen *Übersehens*. Meiner Ansicht nach liegt die Ambivalenz der *Jahrestage* jedoch nicht in erster Linie darin begründet, sondern in der genauen Umkehrung von Zetzsches Überzeugung, das grundlegende bipolare oder kontrapunktische Prinzip des Romans sei »erinnerte Vergangenheit und erlebte Gegenwart«.[58] Gesine muss sich vielmehr der *Gegenwart* durch Erinnerung mühsam versichern, wie es bereits am ersten datierten Tag des Romans (11) ausdrücklich heißt: »Die Sohle der Lexington Avenue ist noch verschattet. Sie *erinnert* [Hervorhebung F. M.] sich an die Taxis, die einander am Morgen auf dem Damm drängen […]«. Die Vergangenheit hingegen ist in jeder sinnlichen Wahrnehmung präsent

---

ikonische Deutung eines subjektiv vorgefundenen Zeichens beschränkt – zumindest für das Verständnis eines literarischen Realismus' – seine Entwicklungs- oder Erzählmöglichkeit.

56   Zur Funktion Maries überzeugend: Schulz, Beatrice: Versuch über Marie. Erste Schritte zu einem poetischen Prinzip der Jahrestage. In: Internationales Johnson-Symposium. (Hg. Carsten Gansel und Nicolai Riedel), Berlin, New York 1995, 217–232.

57   Zetzsche 230.

58   Ebd. 231.

und sprachlich konturiert. Damit ist sie es, die (wieder) erlebt ist. Was Gesine nicht gelingen will, gelingt dem Leser absolut: noch einmal darin zu sein.

Wenn Gesine aus dem Fenster blickt, so sieht der Adressat der Erzählung mit ihr auf ein fotografieähnliches unmittelbares Bildobjekt. Die Erzähler, die angesprochenen Leser sowie gestalteten Charaktere sind voneinander abhängig Beteiligte durch die fotografische Geste eines »Blicks aus dem Fenster« sowie dessen Bild davon. Das fotografische Zeichen ist in diesem Sinne eine Aufnahme ihrer Bewegungen zueinander und kein bloßes »Einfrieren von Zeit«.

In den *Jahrestagen* beobachtet Gesine unter dem Eintrag des 15. Oktober 1967 ihre Tochter Marie beim Verfassen eines Aufsatzes zum Thema: »Ich sehe aus dem Fenster«. Diese Konstellation darf als modellhaft für Gesines Beobachtung durch den Erzähler bezeichnet werden. Er setzt hier einen Referenzpunkt für die bedeutungserzeugende Wirkung der aus dem Fenster geneigten Blicke, samt der dabei wirksamen zeitlichen wie räumlichen Begrenzung, der Fokussierung auf eine Bildebene, sowie damit allgemein der Distanz zwischen Beobachter und Beobachtetem.

Im Nachdenken, wenn ihr die Hände auf die Knie rutschen, wird ihr der Rücken immer krummer, und seitlich gelegten Kopfes sieht sie so streng in den Riverside Park, daß sie einen Blick nicht fühlt, einen Schritt nicht hört. Vielleicht versucht sie sich an dem Spielplatz, der mittlerweile in deutlichen Umrissen zwischen den kahlen Platanen hervortritt. Der Spielplatz gegenüber unserem Haus, außen umstanden und innen bewacht von den alten hochkronigen Bäumen, ist eine weitläufige Anlage in mehreren Ebenen. [...]
Sie könnte beschreiben: daß eine dralle Aufseherin, die mit dem rotbäckigen, bäuerlichen Gesicht, hier seit Wochen nicht mehr Dienst tut und jetzt anderswo mit ihren geschickten Kurzfingern, mit eben dem selben singenden Irisch, Kindernasen putzt und Verbände anlegt.
(JT 161 f., 15. Oktober)

Gesine versucht aus dem Nachvollzug der Blicke ihrer Tochter die Durchführung des Aufsatzes zu konstruieren: Sie vermutet fälschlich, wie der Leser bald feststellt, dass ihre Tochter sich beim Verfassen des Aufsatzes strikt auf das gerade gegenwärtig Sichtbare und davon unmittelbar Ableitbare beschränkt – so wie sie selbst als Schülerin im Jahr 1947 im gleichnamigen Aufsatz vorging (1332 f.): Der Spielplatz am Riverside Drive in New York ist für Gesine hier ebenso gegenwärtig und konkret wie damals der amerikanische Lastwagen vor der sowjetischen Kommandantur in Jerichow. Gesines damaliger Blick »durchs« Fenster war damals bestimmt von einer überaus großen Bereitwilligkeit, dem schulisch Geforderten wörtlich genau nachzukommen.

Die Aufgabe der Schülerin Gesine bestand – semiotisch formuliert – darin, möglichst *keine* über einen direkten Interpretanten hinausgehenden Zeichen zu generieren. Dass eine solche Beschränkung nicht allein mit der Begrenzung auf ein aktuell Sichtbares möglich ist, dass also durch aktuelle Interpretanten ideologisch oder final bestimmte Zeichen nicht automatisch ausgegrenzt werden können, hatte sie damals durch strafweise Wiederholung nach dem Unterricht einzuüben: Vor einer sowjetischen Kommandantur *darf* in einem stark auf ein finales, in diesem Fall kommunistisch geordnetes Zeichensystem, kein kapitalistischer Lastwagen stehen – daher darf ein daraufhin gerichteter Zeichenprozess auch gar nicht erst angestoßen werden. Eine naive Beschränkung auf das aktuell Sichtbare musste ihr versperrt werden, weil die ideologisch korrekte Einstellung nur über das Bewusstsein zu ereichen ist – nicht aber durch eine kalkulierbare gedankliche Beschränkung.

4.4 Maries Fensterschau –
Evozierung vergangener Erinnerungsräume

Der gegenwärtige Blick der Tochter nun ist in einem von Gesine vermuteten Bild also keineswegs erfasst, Maries Aufsatz entwirft vielmehr ein davon vollkommen verschiedenes Bild:

»Ich sehe aus dem Fenster. Das Fenster ist die große Scheibe des Guten Eß Geschäfts an der 96. Straße und Broadway nach Süden. Die Zeit ist ein Abend im späten Mai des vorigen Jahres. Das Haus gegenüber brennt. […] Der Rauch war nicht in Klumpen, sondern kam aus den leeren Fenstern wie Atem oder Nebel, so weiß. […] Denen vor dem Fenster konnte ich über die Schulter sehen. Sie murmelten lauter, wenn die Wasserstrahlen im ersten Stock Flammen ans Licht holten. Das Feuer versteckte sich im Fußboden, bis es sich wieder mit Qualm verriet. Die Wasserfinger, dick wie ein Mannesarm, wurden vom Pumpwagen ganz unten hochgehoben, […] Meine Mutter sagte, so ist es im Krieg.«
(JT 178 f., 15. Oktober)

Maries Fensterschau beschreibt nun gerade keinen gegenwärtigen, offenen Blick ins Freie, sondern den Hausbrand in der Nachbarschaft Ende Mai 1966, dessen sie erst Tags zuvor vom Ladeninhaber erinnert wurde.[59] Gesines auf Marie gehefteter Blick ist mit einer Zeitungsmeldung über einen Verantwortlichen am Mord von 800 Juden im späten Juni des Jahres 1941

---

59   Paefgen 244 interpretiert die Szene als »Zerstörung der Idylle«, wobei sie weitere Dimensionen und aufeinander verweisende Erinnerungsbezüge dieses Dyptichons völlig außer acht lässt: »Das Kind zeigt sich unbeeindruckt von dem friedlichen, heimischen Fensterpanorama und wählte ein ganz anderes Fenster aus dem es blickt, und eine Katastrophe, die es erwähnenswert findet.«

eingeleitet. Eingesperrt in der brennenden Großen Synagoge im polnischen Bialystok blickten die Opfer aus den Fenstern auf deutsches Militär, das ihnen den Fluchtweg mit Schusswaffen versperrte.

Marie blickt distanziert und nüchtern auf Details, findet auf der Suche nach treffenden Formulierungen sogar poetische Metaphern wie den »Wasserfinger« für den Löschwasserstrahl. Das Wissen um die Synagogenbrände, aufs engste verknüpft mit den Umständen von Lisbeths Selbstmord, verwehrt Gesine eine so raffinierte Sprache. Hier kann man Schulz nur zustimmen: »Das Dyptichon des Fensterblicks und die Besprechung durch seine Autorinnen konvergieren in der Tiefenstruktur durch thematische Reminiszenzen auf die Sphäre um den Tod von Lisbeth«.[60]

Gesines und Maries jeweils unterschiedlich gefasste Sicht nimmt hier frühzeitig zwei für den Roman entscheidende Motive auf: Mit dem »elementaren und spezifischen« Motiv des Feuers wird die Schuld an den Verbrechen des Dritten Reiches erinnert,[61] mit dem Park und den darunter liegenden Gleisanlagen Gesines Aufwachsen und Lebens mit Jakob bis zu seinem Tod gedacht.[62] Von der literarischen Miniatur einer irischen Kindergärtnerin allerdings bis zur damit gebundenen Erinnerung, vor allem der Beobachtung Jakobs vom Walnussbaum in Jerichow aus, liegt für Erzähler wie Leser ein noch langer Weg.[63] Diese Spanne, vom direkten Interpretanten eines eben gegenwärtigen Bildobjekts bis hin zum wohl intendierten, ist immens. Bereits dichter am erreichbaren, bewussten Erzählhorizont ist an dieser Textstelle der durch Marie angestoßene Themenkomplex »Feuer und Schuld« – ebenfalls ein Nukleus des Romans, der in immer neuen Wahrnehmungen und Kontexten das Echo jener traumatischen Überblendung evoziert.

Im interpretierenden Bewusstsein, in der fortfolgenden Bearbeitung eines Begriffs von »Feuer«, in der Kenntlichmachung eines (erzählerischen) Standpunktes, in der Verdeutlichung einer darauf einnehmbaren Perspektive entstehen – mit Peirce – zwei Möglichkeiten des Objektbezuges: Dementsprechend werden zwei gegenläufige semiotische Prozesse in Gang gesetzt.

Hängt die repräsentierende Wirkung des fotografischen Zeichens eher vom Repräsentamen einer fotoähnlichen Bildvorlage ab, und ist dieser Ob-

---

60   Schulz 49.

61   Ebd. 37.

62   Vgl. den Beobachtungsort der *Mutmassungen über Jakob* 7: »[...] unterhalb des hohen grossglasäugigen Stellwerkturms kam eine Gestalt quer über das trübe dunstige Gleisfeld gegangen [...]« mit der *Jahrestage*: »[...] lautlos, bis sechs Uhr morgens, wenn die ersten zur Arbeit fahren und die hohen Pfiffe der Eisenbahn unter den Parkwülsten in den dünneren Schlaf dringen, morgen früh. Hier wohnen wir.« (JT 50)

63   Ca. 900 Seiten später, nämlich JT 1084.

jektbezug vorwiegend ikonisch, so wachsen die Zeichen in Richtung einer immanenten, vielfältig deutbaren Bildwelt, die zwar immer detailreicher und genauer wird, aber an den darin vorfindbaren Bezügen und ihrer Erinnerbarkeit auch verlorener, eindimensionaler und letztlich einfacher bleibt.

Hängt die darstellende Wirkung des fotografischen Zeichens vom bezeichneten, damals wirklichen Objekt ab, ist der Objektbezug also indexikalisch, so setzt der Interpretant einen Zeichenprozess in Richtung der Bedingung dieser Objektdarstellung in Gang.

Wie am Beispiel eines blinden Fotografen gezeigt, sind hierbei als Repräsentamen nicht die konkreten Gegenstände der Aufnahme auf einem Lichtbild gemeint, sondern die Bedingung, unter der ein instrumentell bewehrter Beobachter eine singuläre Situation in den spezifisch geneigten Blick nehmen konnte.

Marie war, aus dem Schaufenster des wahrscheinlich jüdischen Lebensmittelladens »Schustek« blickend, Augenzeugin eines Feuers. Der Leser dürfte sich an dieses Bild gut erinnern, wenn die *Jahrestage* alsbald von der Reichsprogromnacht berichten werden: Gesines Mutter Lisbeth nämlich war am 8. November 1938 Zeugin, als die Synagoge in Gneez niedergebrannt wurde. Noch in derselben Nacht nahm sie sich das Leben, indem sie das Werkstatthaus in Jerichow anzündete und sich darin in eine Kammer einsperrte.

Die Verbrechen des Dritten Reiches, untrennbar verbunden mit dem Freitod von Gesines Mutter Lisbeth, gehören zum Zentrum der ersten beiden Bände der *Jahrestage*. Durch ihre Tochter beginnt Gesine die Rekonstruktion der Vergangenheit mit zunächst historischen Ereignissen, die mit ihrer Familiengeschichte zwar eng verbunden, aber eben doch nicht selbst erlebt sind.

Marie präzisiert in paradox-proleptischer Funktion mit optischen Details eine Vergangenheit, die für Gesine erst zur Erinnerung an eigene Geschichte werden muss. Ohne darum zu wissen, projiziert Marie vereinzelte visuelle Bruchstücke einer traumatischen Vergangenheit und bereitet deutlichere »Erinnerungen« Gesines vor. Ihre detailgenaue Beschreibung eines Hausbrandes unweit des schäbigen Kinos »Riviera« zeigt, wie hinter dem gemeinsam wahrgenommenen Fensterrahmen deutlich getrennte Interpretationslinien im wahrgenommenen und erinnerten Bild zueinander finden. (175)[64]

---

[64] Im selben Kino besprechen auch Marie und Gesine, dass eine für die bevorstehende Fahrt nach Prag von der Bank verliehene Silbermedaille zum Verlobungsring für D. E. eingeschmolzen werden soll. (JT 1566) Paefgen, E.: Kinobesuche. Uwe Johnsons Romane und ihre Beziehung zur Filmkunst. Entwurf eines Projekts, Johnson-Jahrbuch 10 (2003), 159–173 unternimmt den insge-

Wie die übrigen Zuschauer des Spektakels erwartet auch Marie lodernde Flammen und findet diese versteckt hinter weißem Rauch, sichtbar gemacht durch Löschwasser. Die im Schulaufsatz vermittelte, aber sehr klare Vergegenwärtigung von verborgenem Feuer, der präzise suchende Blick auf versteckte Flammen wirbeln fotografische Fragmente aus Sedimenten von längst Vergangenem auf, und erweitern diese augenblicklich zu einem exemplarisch detailreichen, ikonisch erweiterbaren, literarisch komplettierbaren Bildraum. Der zeichenunmittelbare Begriff »Feuer« steht zunächst leicht erkennbar für geschehenes, in der Erzählung kommendes Unglück. Doch präziser noch: Der als Geste wahrgenommene, starr auf das Feuer gerichtete Blick signalisiert, dass Lisbeth einst sich nicht mehr hat lösen können von ihren religiös-wahnhaften Verstrickungen, ihrem unendlich weit ausgedeuteten Bild von Schuld und ihrer »Passionsbereitschaft«.[65] Ihre mit »undeutlich« begründete Ablehnung eines modernen Gasherdes lässt weiterhin annehmen, dass das Feuer und vor allem der Blick darauf an bild- und sinngerichteter Deutlichkeit erst noch gewinnen wird, das dieses ikonische Zeichen bedrohlich »anwächst«.

> Sie [Lisbeth, F. M.] konnte ihr Gesicht so verschließen, es sah wütend aus, und war nicht erreichbar. Und sie hatte sich angewöhnt, vor dem Herd zu stehen und für Minuten in die Flammen zu starren. [...] es war, daß sie offenbar nicht wußte, warum sie das tat, nicht einmal wenn und daß sie es tat. Wenn er in die Küche kam, bewegte sie sich wie eine Aufwachende.
> (JT 375, 6. Dezember)

Die Herdflammen, der Hausbrand in der 96. Straße, der Brand der Synagogen in Gneez und Bialystok sowie schließlich der Brand von Cresspahls Werkstatt mögen als »überblendete« Fotografien von Feuersbrünsten einander durchaus ähnlich sein. Es ist aber nicht allein diese visualisierbare qualitative Ähnlichkeit von Flammen innerhalb verschiedener Zeiten und politischer Umstände, die als fotografische Zeichenobjekte ein wiederkehrendes Bildmotiv begründen. Diese fotografischen Bilder verweisen zudem auf die Art, sie aufzunehmen: »Schräg zu blicken« ist, wie bereits eingehend betrachtet, ein den Roman als Ganzes kennzeichnendes Motiv: Dabei bilden sowohl die zahlreichen nach unten geneigten Blicke Gesines aus dem Fenster eine Parallele zu der aufs Herdfeuer blickenden Lisbeth, als auch die beobachtend nach oben blickende Marie eine deutliche Analogie zur entsetzten Lisbeth in der Reichspogromnacht. Zur spezifischen Kopfhaltung Maries tritt zudem der immer krummer werdende Rücken des Mäd-

---

samt wenig überzeugenden Versuch, einer »subtile(n) Verwandtschaft zur Filmkunst«, bzw. »Kinospuren« bei Johnson nachzugehen.
65   Hierzu Bormuth 178.

chens und erlaubt so die Annahme der Anwesenheit der »Katze Erinnerung«, die in ihrer Vielschichtigkeit weniger als ein Symbol sondern eher als »Symptom der Präsenz von Vergangenheitsgeschichte« bezeichnet werden darf.[66]

Im Jahr 1938 waren Kinofilme für Lisbeth Cresspahl eine willkommene Abwechslung während der Vorbereitungen auf den bevorstehenden Krieg gewesen. (684 f.)[67] Cresspahl hatte von Lisbeth eine lange Liste von Vorratseinkäufen verlangt, die sie in meist bedrückter, manchmal in jäh überschwenglicher Stimmung besorgte. Selbst wenn das Leben in der Vorkriegszeit äußerlich normal verlief, so schienen doch die Zeit und alle Tätigkeiten darin stillzustehen – so auch für Lisbeth, bei der sich diese seelische Bürde in Form von Kopfschmerzen äußerte. Erst in dem Moment, da die »Bilder zu laufen anfingen« wurde die seelische Belastung der – fotografisch – erstarrten Vorkriegszeit so weit gedämpft, dass sie sich erholen und ihre Schuld für kurze Zeit vergessen konnte. Eine solche Wirkung erhoffte sie sich wohl auch am 8. November, als sie höchstwahrscheinlich den Film »Verwehte Spuren« ein zweites Mal im Gneezer Capitol sieht. Noch ganz benommen verlässt sie das Kino in der kalten Novembernacht in Richtung Bahnhof. (721 f.) Den Brand der Synagoge, die Plünderer und die bereitgestellte Feuerwehr sieht sie daher mit anderen Augen als die übrigen Gaffer, die eine »stille, dunkle Gruppe« bilden. Lisbeth wird von dem beobachteten Geschehen gefangengenommen – sie blickt einesteils wie noch wie im Kinosessel bewegungslos, anderenteils aber bildet sie von den umstehenden Personen ungehindert jene bewegte Kamera, mit der ein solches Geschehen filmisch in Szene aufgezeichnet worden wäre. Lisbeth, die gerade noch die »Eingefrorenheit« aller Gegenwart auf Cresspahls Starrsinn, auf »seinen Krieg« bezogen hatte, erkennt die Brutalität zunächst wie benommen als eine Art Film, aber gerade dadurch umso heftiger. Als sich diese Trunkenheit vor dem bewegten und projizierten Bild auflöst, als nicht Feuer, sondern Wasser im Mittelpunkt der Angriffe auf die Juden steht, und als in Jerichow nur wenig später das ihr bekannte jüdische Mädchen Marie Tannenbaum erschossen wird, da handelt sie.

Nimmt Gesine all dies in den Blick, als sie Marie beobachtet und deren Aufsatz durchsieht? Vielleicht ist es Gesine, sicher aber ist es der – Gesine ebenso wie Marie – beobachtende Erzähler oder die Erzählerin dieses Jahrestages. Sie alle nehmen in beständiger Rückschau zu berichtende Ereig-

---

66   Schulz 33 und 110.
67   Gesine und Lisbeth finden in einem der »Totengespräche« JT 686 auch über die Zerstreuung durch Filme zu einem Gespräch, bzw. zu einer Annäherung JT 695, vgl. Gerlach 175 f.

nisse als gegenwärtige Fotografie wahr. Die Geschichte der Romanfigur Gesine ist dabei keine der kontinuierlichen Entfaltung oder vielfachen Fokussierung auf ikonisch vorgestellten, familienhistorischen Bildern. Die *Jahrestage* organisieren vielmehr eine aufschiebende Wirkung fotografischer Gesten, von Blicken, die schockartig, zerstörerisch – und damit im Sinne der *secondness* mit »indexikalisch« zu präzisieren sind. Den Zusammenhang von Erwachen und die Erregung der Aufmerksamkeit durch einen Schock stellt Peirce in folgendem Beispiel klar dar:

Manchmal passiert es, daß ein Reisender in einem großen, von einer Kerze spärlich erleuchteten Zimmer übermüdet zu Bett geht, [...]. Nach langem Schlaf öffnet er die Augen im hellen Tageslicht und starrt mit absoluter Passivität und Leere auf die Abbildungen auf seiner Retina, sieht zuerst die Dinge zwar, aber nimmt sie kaum wahr. [...] Schließlich erfährt er, als sein Blut in sein Gehirn zurückkehrt, ein leichtes Schockgefühl oder allgemeine Verwirrung, proportional mit dem Bruch seiner unbewußten Erwartung. Und auf diesen Schock reagiert er, indem er durch eine Anstrengung seiner Aufmerksamkeit aufnimmt, was er sieht.
(Peirce (1993) 313)

So deutlich die vorweggenommenen Bezüge einer erwachenden Gesine sind, so wenig ist sichergestellt, dass diese in einer Erzählung ausgesprochen und mit deren Deutung das (durch eben diese Bilder) Ausgeschlossene eingeholt wird. Was in Erfahrung gebracht werden kann, ist ein Aussehen, das angedeutet beschrieben, aber in seiner Existenz nicht wirklich erreicht werden darf. Das erzählerische Bewusstsein verbleibt von da her frühwach und nüchtern inmitten der New Yorker Gegenwart. Ein Bewusstsein vom Ganzen der Geschichte, solchermaßen entwickelte Zeichen, so nüchtern sie erscheinen mögen, sind jedoch nicht mehr als ein neuer einfacher Anfang, ein erster Sinneseindruck im Erwachen – kurz vor dem einsetzenden sekundären Schock des darin Gesehen.

All die aufweisbaren, reagierenden Indizes können freilich ein fassbares Subjekt oder einen bestimmbaren Erzähllautor konstruieren – und tun dies auch. Doch ist das wache Bewusstsein seiner selbst als finaler Gegenstand der Erzählung oder seiner darin handelnden Personen für den Zeichenprozess zweitrangig. Für Johnson wie für Peirce geht es nicht um ein Mehr an *individueller* Selbsterkenntnis, sondern um verallgemeinerbare Erkenntnisrelationen, hier mithin um eine Form der Erinnerung, die Vergangenes in einen dauerhaften Bezug zu Wahrheit setzt.[68]

---

68 Peirce LWdt 150: »Sollen wir sagen, dass ein Zeichen ein Second, sein Objekt in eine *Erkenntnisrelation* mit einem Third bringt? [...] Wenn wir auf *Bewußtsein* bestehen, müssen wir sagen, daß wir Empfindung meinen? Sollen wir sagen, daß wir Assoziation oder Gewohnheit meinen? Dies sind auf den ersten Blick psychologische Unterscheidungen, die ich besonders vermeiden möchte.«

Ein neues Zeichen ist immer wieder nur ein Erstes, ein *First* zu dem ihm nachfolgenden Objekt.[69] Der fortgeführte Weg der Zeichen führt nicht zu einem Mehr an individuell gerichtetem Bewusstsein, nicht zu einem konkreter werdenden Autor als Förderer eines geistigen Prozesses. Es gibt von Anfang an ein klares Argument schon im Detail: Ein aktueller Interpretant *bleibt* identisch mit dem finalen. Und dieser letztere birgt in sich doch wieder und fortwährend eine Einübung der gekannten Gewohnheit, der weitergegebenen Geste, der einfachen Wahrnehmung eines Augenblicks.

Eine weitere – für die *Jahrestage* späte – Wendung bekommt das Motiv »Blick aus dem Fenster« als fotografisches Zeichen in Bezug auf selbst erlebte, tatsächlich erinnerte Wahrnehmung. Im Laufe des Romans werden Gesines zahlreiche, vereinzelte Augenblicke von unterhalb der Baumkronen am Riverside Drive in ein großes Gesamtbild aufgehen. Der Blick auf sehr persönliche Erfahrungen ist schon bei der Beobachtung Maries anwesend, wenn auch ohne Hinweise darauf im beschriebenen Bildobjekt. Im Gegensatz zur Erfahrung von Feuer und Schuld, die einer Vermittlung durch Marie bedurfte, ist die Assoziation des nach unten gerichteten Blicks mit dem sehnsüchtigen Blick nach Maries Vater Jakob der Protagonistin selbst vielleicht unverborgen präsent, aber für die Mitteilung zu kostbar. Diese zeitgleiche Vergegenwärtigung geschieht nun nicht als ein frühes, vorsichtiges Erwachen, sondern als geträumtes Erwachtsein:

Aufgewacht von der Stille, die war geräumig, sie enthielt Vogelgesang. Der Schlaf hat die Nacht hindurch gewußt, dem Wecker ist das Maul gestopft, und bestimmt die Zeit als jene, da ist der Aufmarsch der Autos auf dem Riverside Drive passiert, da werden die ersten Kinder in den Park geleitet. Der Traum führte eine Walddrossel vor, zeigte eine Wanderdrossel, verstieg sich zu einer Prachtmeise; alle verworfen. […] Ein fröhlicher König auf den Gittern des Parks jenseits der heißen stillen Fahrbahn, im angewärmten Schatten der stattlichen hickories … der Walnußbäume, im Traum anwesend wie ein Öldruck in Pagenkopfs Flur. Freiwillig aufgewacht. (JT 1644 f., 27. Juli)

Die Platanen am Riverside Drive wandeln sich in Gesines Traum, mitsamt ihren deutlich fotografischen Fragmenten zu Walnussbäumen: zu jenen Bäumen also, die sie vor den Fenstern in Jerichow seit ihrer Kindheit begleitet hatten, und in denen sie als zwölfjähriges Mädchen saß (1082) – und auf ein Zeichen von Jakob wartete.[70] Es ist der Blick einer lebendigen, kei-

---

69 Peirce LWdt 150: »[…] oder wir werden die Bedeutung von Zeichen so erweitern, daß sein Interpretant eine reine Empfindungsqualität ist.«

70 Von dem Gesine aber auch – der politisch-historische Aspekt ist nie weit vom persönlichen – beobachtet, wie ein Kastenwagen mit Leichen entladen wird (JT 1117); siehe dazu auch das Kapitel 6.5.

neswegs mühsam erarbeiteten Erinnerung, nichtsdestoweniger begleitet von Wehmut und Trauer. Dieser Blick bleibt bestehen, er soll (und wird) unwillkürlich und allmählich auf den Leser übergehen.[71] Subjektivität entsteht von dieser anderen Seite her als Erinnerung an Erlebtes, tatsächlich Gesehenes. Damit beginnt eine sukzessive Verlagerung des entstehenden, immer nur andeutungsweise skizzierten Gedächtnisraumes Gesines in den des impliziten Lesers.

---

71   Stiegler 290 f. schlägt sogar vor, »[…] bei der Analyse der Perspektive auf die Instanz des Erzählers zu verzichten«, und vielmehr vom Blick des Lesers zu sprechen, weil sich hinter dem Erzähler »mehr oder weniger unverhohlen der Autor« verberge. Johnsons *Jahrestage* allerdings zeigen, dass es so einfach wohl nicht ist: Der finale Blick des Lesers schneidet sich erst im Unendlichen mit dem Blick der vom Erzähler konzipierten Protagonistin. Des Lesers, wie auch Gesines Blick, bedarf der beständigen Konstruktion eines Erzählers.

5. »Dick bedeckter Tag aus Dunst«

Gegenwärtiger Endpunkt einer zweifachen Erinnerung

Der Erzählverlauf ermöglicht Gesine und damit dem Leser eine so kostbare wie beiläufig geäußerte Erinnerung – die an jenen Herbst 1956, als Jakob in Westdeutschland mit Gesine zusammen war.[1] Erst drei Tage vor dem Ende der *Jahrestage*, nach gut 1600 Seiten Aufzeichnung, erzählt Gesine ihrer Tochter vom Abbruch eines Mietshauses in Düsseldorf, in dem Maries »Geschichte«, ihr Leben nämlich, beginnt:

Fast bis zum Ende ist der geschmiedete Zaun heil, bis er zertrümmert und weggefegt wird in einem einzigen Schaufelschlag. Dabei verfitzt sich ein junger Baum, der kriegt eins gegen die Wurzel; weg ist er. Die frei gelegten Wände des angrenzenden Hauses sehen so ungeschützt aus mit ihren drei zugestellten Türdurchbrüchen, es scheint in der Sonne zu frösteln. Oben in der flimmernden Luft habe ich mit Jakob gelebt.
(JT 1869, 17. August)

Nirgendwo sonst in Johnsons Werk, weder in den *Mutmassungen* noch in den *Jahrestagen* – und selbst an dieser Textstelle keineswegs explizit – erfährt der Leser konkret von einer intimen Begegnung von Jakob und Gesine.

Das eigentlich wirkende Objekt dieses Bildes bezeichnet vielmehr einen immensen Schrecken im Angesicht einer gewaltsam entblößten Wand. Einer Wand, wie sie auch in Rilkes *Aufzeichnungen des Malte Laurids Brigge* die Spuren einstigen Lebens preisgibt, sei dies nun elend oder glücklich gewesen.[2] Auch das Parkgitter am Riverside Drive mag dem geschmiedeten Zaun vor dem Mietshaus in Düsseldorf ähneln, jedoch erhielt der Leser bis-

---

1   MJ 277.
2   Rilke, Werke 6, 749 f.

lang keinen deutlichen Hinweis darauf. Beide Bilder sind im Text zu weit voneinander entfernt, als dass der Blick auf das Gitter vor dem Fenster der New Yorker Wohnung – wie am Beispiel des Feuers nachgewiesen – ikonisch auf jene kurze, mit Jakob gelebte Zeitspanne zurückverweisen könnte.

Dabei handelt es sich weniger um eine Ähnlichkeit der Form oder eines Details jenes Gitters, sondern um die unvermittelte Gegenwart eines ähnlichen oder gleichen hierbei beschriebenen »flimmernden Lichts«. Erst dieses ermöglicht Gesine die mitteilbare Erinnerung. Durch das vergleichsweise undeutlichere, auf kein Ereignis sicher verweisende weiße Licht und dessen diffuse erste Qualität wird Vergangenes gegenwärtig. Auch deshalb, weil diese Lichtqualität keinen unmittelbar benennbaren zeitlichen Bezug außerhalb ihrer selbst zu besitzen scheint.

5.1 Lichtqualiät und Farblichkeit als Zeichen –
Der unbestimmte Blick

Wie nun könnte man sich ein solches weißliches Licht überhaupt vorstellen? Hierzu mag in einem Exkurs die Fotografie aus dem türkischen Artvin dienen, die nicht von den besonderen Umständen ihres Entstehens zu trennen ist:

Links der wassergraue Rand des Vorhangs, dahinter Artvin im Spätsommer 1991. Er glaubte zu *beginnen*, nämlich wie Rilkes Malte anzufangen zu sehen. Und wurde dabei auffällig, weil er einen Tag länger blieb, in diesem Zimmer neben dem Bethaus. Wusch die zu kleinen Trauben, las in dem einzigen Prosawerk des Dichters – was ihm bis zu diesem Frühjahr unbekannt gewesen war.

Allmählich blind gegen das Draußen, gerieten die Häuser zu hellen Flecken. Auch die Briefe nach Deutschland halfen nicht mehr, viele blieben so ungelesen wie das Licht. Noch am dritten Tag waren Ausgangspunkt und Ziel der Reise ungewiss; eine nahe Grenze wurde nicht überschritten. Zu viele Grenzen waren es bereits gewesen auf dem europäischen Landweg, durch einen gerade zerbrechenden Staat. Das europäische Jahrhundert ging dort zu Ende, wie es nicht weit von hier begann – mit Nationalismus und Völkermord. War es vielleicht das, was Rilke wahrnahm, als er von der furchtbaren Stille sprach, die dem schrecklichen Schlag vorausgeht, als sich im Feuer die hohe Wand lautlos neigt?[3] Für die meisten sah diese Reise nach etwas Harmlosem aus bis zur Rückkehr.

Es war eine Überraschung, dass erst der weite, bis zum Horizont blaue Himmel in der Ruinenstadt Ani einige Tage später die ersehnte Offenheit und zugleich deren Ende brachte. Man hätte es sich denken können. Das helle, graue Licht dieses kleinen Ortes in den östlichen Bergen und die gestuften Felder darin, sprechen davon noch heute.

Unscharf und zurückgenommen ist auch am 25. August 1967 das sonst oft so klare, scharfgestellte Sehen, Gesines auf vereinzelte Gegenstände fixierter Blick. Schulz spricht in diesem Zusammenhang von »produktiver Unschärfe, für die gelte: »[…] je unklarer das Visuelle, desto stärker das Visionäre«.[4] Umso intensiver jedoch nimmt die Protagonistin nun die Qualität des Lichts wahr und ist ihr unvermittelt ausgesetzt. Regen dämpft das »[…] Trampeln der Wagen auf der Schnellstraße am Hudson zu flachem Rauschen«. (21 f.) Gesine erwacht im Glauben, die Brandung eines Meeres zu hören und blickt später am Tag durch die verregneten Fensterscheiben des Büros nach unten auf »geringes dörfliches Licht«.

In den *Jahrestagen* steht – noch vor der Visualisierung einer durch Einzelheiten präzisen Erinnerung – der »unbestimmte« Blick für eine andere, vielleicht überzeitliche Art von Sicht: Von einem Herrn, der Gesine und Marie »durch das Fenster der Cafeteria zunickt«, der mit seiner bis zur Brust hochgezogenen Hose Gesines Lehrer Kliefoth am Schluss des Buches ähnelt[5], heißt es: »Sein Blick über die erhobene Tasse weg ist ganz leer gewesen, von einer anderen Ansicht erfüllt«. (176) Dieser Boten- bzw. Psychopompos-Figur zwischen den Welten begegnet der Leser auch im Prolog zur »Skizze eines Verunglückten« (SV 7), wo sich der Erzähler Joachim de Catt alias Joe Hinterhand selbst beschreibt. Unmittelbar nach dieser Begegnung werden Marie und Gesine an den Hausbrand im Jahre 1966 und an dessen kleinste Einzelheiten gemahnt.

Ebenfalls finden wir in den *Jahrestagen* diesen unbestimmten Blick aus dem Fenster abseits tatsächlich vorhandener, genau beschreibbarer Objekte. Die Pupillen oder ein Kameraobjektiv sind dann fokussiert auf die Ebene einer – zuweilen verregneten – Fensterscheibe oder auf die geringe Farblichkeit eines vom Horizont projizierten Lichts. Wachheit, kühle Aufmerksamkeit, die ruhige Kamerahaltung sowie eine hohe Schärfentiefe, die not-

---

3   Rilke, Werke 6, 710.
4   Schulz 23.
5   Vgl. Helbig, Holger: Last and Final: Über das Ende der Jahrestage. Johnson-Jahrbuch, Bd. 3, Göttingen 1996, 95–122.

wendig wären, um Details einzelner Objektebenen deutlich aufzufassen, fehlen aber auch in diesem, auf die bloße Nähe gerichteten Sinn nicht ganz.

Gesine konnte als vierzehnjähriges Mädchen »nicht mit Kleinigkeiten« (1477) zu Jakob kommen, so sehr sie auch seine Nähe als Freund suchte. Der Tagebucheintrag »Rips« aus dem Jahr 1947 belegt, wie schmerzhaft Gesines »Umgang mit Jakob war« (1475), wie sehr sie sich sorgte, ihm zu gefallen. Sie entschied sich daher, ihm wenigstens eine unpersönliche, nämlich eine politische Frage zu stellen. So bittet sie ihn auf den Scheunenstufen in Jerichow, ihr das Wort »Antifaschismus« zu erläutern. Dadurch war ihr möglich, in seiner Nähe zu sein und zugleich ein klares, analytisches Sprechen zu üben: »[...] mit Blick auf die vernagelte Ortskommandantur; beide sahen wenig von dem marschierenden Posten, dem Bildnis Stalins im Triumphbogen. Wie Cresspahl konnte Jakob die Augen auf Fernsicht stellen«. (1478) Beider Blick ist konzentriert in die Ferne gerichtet, wodurch zumindest Jakobs Denken die für den Begriff notwendige Schärfe erreicht. Doch ist, wie der Kontext ihrer Frage zeigt, ein solcher Blick keineswegs frei von einer trunkenen, in jedem Fall emotional stark getönten Auffassung. Gerade die extreme Ferne ihrer Blicke enthält jene so sehnlich gesuchte, jene ausschließliche Nähe zu Jakob.

Unmittelbar gegenwärtig sind Gesines traumatisierende Erlebnisse, der Sturz in die Wassertonne oder Jakobs Tod kaum je, aber – im Sinne des Peirceschen *dynamischen Objekts* – jederzeit real wirksam. Der einfache, materielle Aspekt eines entsetzlichen Verlusts ist indes immer wieder wahrnehm- und visualisierbar, z. B. an der bloßen Lichtqualität jenes schrecklichen Moments.

Als Kind blickte Gesine oft mit dem »Kopf im Nacken« auf die Katze hinter dem Küchenfenster (617). Dort sah sie, für den Betrachter nachvollziehbar, aus diesem Blickwinkel zugleich den Himmel Mecklenburgs.[6] Dort, in Jerichow »[...] sind die meisten trüben Tage im Land«. (34) So reflektierte die Fensterscheibe an jenem Septembertag wahrscheinlich ein weißliches, blaugraues Licht, ähnlich dem dunstigen Himmel von New York an dem Tag, als sie in Gustafssons Fischstube James Shuldiner – freilich nur bruchstückhaft – diese Erfahrung andeutet. Am dreißigsten Jahrestag von Gesines Sturz in die Tonne ist das Leben in New York wie unter einer Dunstglocke: »Die Luft steht still. [...] sie kann seit gestern nicht mehr in die Kälte steigen [...] die dumpfgetönten Lumpen aus Dunst, mit denen der Hudson verhängt ist.« (65)[7]

---

6   Diese Eigenbeobachtung findet sich nicht im Text.
7   Vgl. ebenso die chemische Zusammensetzung des Smogs in New York (JT 65) mit dem des Regentonnenwassers (JT 615 f.): Stickstoff, salpetersaures Amoniak/Stickstoffoxyd, Kohlensäure/Kohlenmonoxyd und Kohlenwasserstoff, usw.

Die glatte, dunkle Oberfläche trüben Wassers in einer schwarzen Tonne unter einem Walmvordach sieht für eine Vierjährige dem Spiegelbild einer Fensterscheibe zum Verwechseln ähnlich – das Bild nur etwas dunkler und etwas geringer der wiedergegebene Himmelsauschnitt. Von schwarz-grünlichen Konturen begrenzt war das Bild des grauen Himmels durch den mitgespiegelten Baum.[8] Insbesondere muss das Licht durch das Moos im gesammelten Regenwasser grünlich-verschleiert gewesen sein, als für Gesine »[…] in dem runden Tonnenschacht nur der Himmel zu sehen war«. (617) Dieses Bild, blaugrau und an den scharfen Rändern schwarz-grünlich getönt, nahm das Kind demnach wahr, als es in die Tonne stürzte – und nicht mehr das Bild der Mutter, wie diese unbeweglich zusah. Gesine sah auch nicht, wie eigentlich beabsichtigt, das Bild der Katze aus einer anderen Perspektive als von schräg unten,[9] nämlich in Augenhöhe mit dem geheimnisvollen Tier und zugleich ihr eigenes Spiegelbild davor.

Zur Farbe »graugrün« ist folgendes zu bemerken: Die Katzen in Johnsons Werk werden häufig als graugrün beschrieben, wenn auch nicht unbedingt diejenige, die Gesine im Alter von vier Jahren zum Verhängnis wurde. Cresspahls Katze besitzt in den *Mutmassungen* ein »graugrünes Fell«.[10] Ebenso beschreiben die *Jahrestage* eine Katze, deren Besitzer nicht genannt ist: »Methfessel fand die Katze im Gebüsch des Vorgartens. Es war eine ganz gewöhnliche grau und grüne Katze, […].« (358) Mit Peirce kann man hierbei nur feststellen, dass ein Satz wie »Es gibt keine Säugetiere mit grasgrünen Haaren« weniger über die Existenz von Säugetieren aussagt, sondern nur zum Ausdruck bringen soll, dass Säugetiere (so wie wir sie zu definieren gewohnt sind) nie grün sein können.[11]

Und so bestimmt Johnson mit dem Bild einer »grünen« Katze »[…] etwas Wirkliches, das von seinem Wesen her eine *Darstellung* ist;«[12] und zwar eine »*Interpretanten*-Darstellung«.[13] Johnsons Tier ist ein allmächtiges

---

8   Die Küche (JT 540) befindet sich wie auch ein Baum – nicht der Walnussbaum – auf der Rückseite des Hauses: »Hinter dem Haus stand ein schwarzer Baum voll Amseln.« (JT 274)

9   Zetzsche 227 löst dieses für den traumatischen Fixpunkt der Jahrestage »Tief von unten gesehen wie mit Kinderaugen« aus dem Kontext der gegenwärtigen wie vergangenen Situation und setzt es in Bezug zur Fotografien (»Lieferanten von Vorstellungsbildern«) ausschneidenden Marie, was ziemlich konstruiert wirkt.

10   MJ 167.

11   Peirce (1990) 112.

12   Ebd. 112. [Hervorh. F. M.] An der Sache völlig vorbei argumentiert Paefgen in ihrer Untersuchung der Farbgebung in MJ: »Dass diesem Tier, das nicht in die Konflikte verwickelt ist, eine frohe Farbigkeit erlaubt wird, ist bezeichnend für die ansonsten in gedeckten Farben gehaltene Geschichte.« Paefgen, Elisabeth, K.: Graue Augen, grauer Wind und graue Straßenzüge. Farben in Uwe Johnsons frühen Romanen. In: Johnson-Jahrbuch, Göttingen 2001, 81.

13   Peirce (1990) 112.

Wesen, das erst durch die Bezeichnung »grün« zum Gegenstand von Forderung wie unmöglicher Erfüllung wird: Alles ähnlich Grüne in einer gelungenen Erzählung nämlich zu einer Motivlinie zu verketten. Die Farbe Grün als Leitmotiv für den Fortgang einer Erzählung zu verwenden, wie es sich in Kellers *Der grüne Heinrich* findet, ist in den *Jahrestagen* nicht zu leisten. In Kellers Roman verweist die grüne Farbe beständig auf Heinrichs Krise und nimmt das Kommende vorweg. Eine in sich ruhende Erzählstimme entwickelt aus dem Zeichen Grün diesen Roman. Johnsons Stimme hingegen kennt diesen ruhenden Pol nicht: Sein Grün ist ein wesentliches Merkmal, aber nicht das alleinig Konstituierende für jene geheimnisvolle Katze (Erinnerung), die kommt und verschwindet.[14]

Marie blickt am 4. November von der South Ferry auf »flackrige Regenschauer«: »Sie ist ganz sicher, dass hinter dem Vorhang aus Dunst das Rathaus von Richmond hervortreten wird, […]« (258) Zumindest behauptet dies die Erzählerin Gesine von ihrer Tochter. Man darf jedoch – wie bereits beim Blick aus dem Fenster während des Aufsatzes gezeigt[15] – an dieser Stelle eher ihre *eigene* Weise (zurück)zublicken vermuten. Die Funktion des Regens als einen Farbe und Detail reduzierenden Schleier, als eine Mattscheibe, welche der Aktualisierung einer bestimmten Lichtqualität dient, findet sich denn auch häufig im Motiv vom »Dunst am Horizont« wieder.

Wie jener Dunst, so bewirkt auch ein Regentag eine Reduktion auf reine Lichtqualität. Es entsteht eine nahe, zugleich ferne Ebene, auf der ein *Qualizeichen* »abgebildet« wird. Bei einem Qualizeichen, zu bezeichnen als ein auf die Qualität reduziertes Zeichen noch vor aller gewussten Wahrnehmung, lässt sich natürlich nur insofern von einer »Abbildung« sprechen, als sie vor einem ein Wieder-Erinnern und Vorstellen längst verschlossener Gedenkzeichen liegt.

---

14 Elben 39 f. benennt die vielfältigen Bemühungen der Johnson-Forschung, die »Katze Erinnerung« als verschiedenartigste Trope zu identifizieren und zu interpretieren: Zum einen als Symbol für die immerwiederkehrende, diskontinierliche Erinnerung (z. B. Storz-Stahl 125), als Metapher für die Ambivalenz der Erinnerung (Mecklenburg, Norbert: Die Erzählkunst Uwe Johnsons, Frankfurt a. M. 1997, 229) und damit »eine metaphorische Gesellin, der alle Schwierigkeiten im Umgang mit und bei der Wiedergabe von Vergangenem ins Fell geschrieben wurde« (Fahlke 7); als Allegorie als Bild eines Wunsches nach Nähe (Zschachlitz, Ralf: »Ali Babas Parole« Uwe Johnsons *Jahrestage* – ein auratischer Roman? In: Carsten Gansel/Nicolai Ridel (Hg.), Uwe Johnson. Zwischen Vormoderne und Postmoderne. Berlin 1995. 169–188, hier: 179) sowie als Allegorie der Erinnerung (Butzer 152 Anm. 57). Elben betont 42 zu Recht, dass die Katze vor allen Dingen jedoch im Zentrum von Gesines Trauma stünde, selbst »Teil des Unfassbaren« sei: »Die zur Erhöhung der Anschaulichkeit hergestellte Analogie erweist sich vielmehr als eine metonymische Verschiebung. Sie stellt einen bereits bestehenden Zusammenhang zwischen den Phänomenen, die im Vergleich erst in ein Analogieverhältnis gesetzt würden, zwischen der ›Gedächtnisfunktion Erinnerung‹ und einer entsetzlichen Erinnerung synechdochisch, *totum pro parte*.«

15 Siehe Kap. 4.

Im Blick aus dem Fenster – im Auffassen nicht eindeutiger, *primaner* Qualizeichen – entsteht die »[…] Idee des gegenwärtigen Augenblicks, der, ob er existiert oder nicht, natürlich als Zeitpunkt gedacht wird, in dem weder das Denken Raum hat, noch irgendein Detail unterschieden werden kann […]«.[16] Diese Idee, welche Peirce als »Erstheit«, als *First* bezeichnet, begründet zugleich ein echtes, ursprüngliches ikonisches Bild. Nur sie erfüllt das Kriterium eines Ikons vollständig: nämlich sich »aufgrund seiner eigenen Primanität« auf das Objekt zu beziehen. Das Qualizeichen des reinen Lichts steht *qua* fotografischer, nahezu unendlich kurzer Zeit seiner Aufnahme mit nichts anderem in Bezug außer mit dem konkreten, physikalischen Licht, wie es auf die Netzhaut fällt. Das literarisch fotografische Zeichen ist vorläufig nur Gesines erste Wahrnehmung des Lichts, als sie aus dem Fenster blickt. Es sagt zunächst nichts anderes aus.

Am 25. September blickt Gesine aus dem Flugzeugfenster und bemerkt diese abstrakte Qualität ihrer Wahrnehmung: »Nur die Uhr wußte den Nachmittag, der weiße Glast unter der blauen Sphäre wiederholt lediglich ›Licht‹, ›Licht‹«. (177) Weil solch ein erstes Bild das Abbild eines zeitlosen Augenblicks ist, könnte der weiße Glast genauso verallgemeinert bedeuten: ›Zeit‹, ›Zeit‹. Bereits im ersten Eintrag, im nicht auf den Tag genau datierten ersten Kapitel, zeigen sich alle zusammengehörigen elementaren Bestandteile als zeitlos oder zeitlich ungenau vorgestellt hinter müden Augenlidern: »Der Himmel ist lange hell gewesen, blau und weißwolkig, die Horizontlinie dunstig.« (8)

Die fotografischen Farbzeichen Johnsons sind auch in Hinsicht auf den gesamten Roman nicht anders als *reduziert* zu bezeichnen. In verschiedenen Abstufungen von (sand)grau erscheinen die Farben Blau und Grün. Der Kontrastumfang schwankt zwischen dem Zwielicht am frühen Morgen und dem gleißenden Weiß des Mittags, mitsamt dem zugleich entstehenden tiefen Schwarz der Schatten.

Ein »weißlicher Vormittag« des 26. August 1967 in New York erinnert zum Beispiel an Italien 1957. Gesines Erwachen am Morgen des 4. Mai 1968 ist mit visuellen Eindrücken der letzten Tage vermischt: »[…] der Sonnenregen von gestern abend, der den Fahrdamm seitlich beleuchtete und schwarz machte […] verschwand die Sonne hinter einem dicken bläulichem Vorhang […]«. (1106) Gesine, von ihrem Vater allein in »Ferien« nach Fischland geschickt, beschreibt das Dorf Altenhagen: »Der Dorfweg war schattig. Wenn Licht durch Hofeinfahrten schlug, war es weiß.« (880) Als

---

16   »Das Qualizeichen ist nicht eindeutig.« Peirce (1990), 276. Peirce am 7.7.1905: »In seiner Beziehung zum dynamischen Objekt ist es [das Zeichen, F. M.] ein Ikon, wenn es sich auf das Objekt aufgrund seiner eigenen Primanität bezieht.« Peirce (1990) 275.

Gesine mit Marie zu Beginn des dritten Buches schwimmen geht, lässt ihre Empfehlung ein ganz bestimmtes Licht herstellen, vielleicht nicht von ungefähr eine Reminiszenz an das Versinken in der Regentonne: »Laß dich zwei Fuß sinken unter die stillstehende Fläche, und du hast das Licht verloren an grünliche Schwärze.« (1017)

Das schwärzliche, graue bis gleißend-helle Licht wird erst in Verbindung mit den zugleich wahrgenommenen, aber noch ununterscheidbaren Farben ein echtes Qualizeichen. Bläulich und grünlich getönt muss dasjenige graue Licht sein, um die Uneindeutigkeit einer reinen, ersten Farbwahrnehmung zu behaupten: unverwechselbar mit einem gereiften *Legi*-Zeichen einer zum Begriff gefassten Farbe.[17] Wie aus den Haarfarben der Personenportraits zu ersehen, wählt der Autor die Bezeichnung »sandfarben«, bzw. »weiß« nicht allein als Ergebnis einer erreichten Aufhebung aller Farben, wie z. B. in Analogie einer subtraktiven Farbmischung. Vor allem geht es dabei um eine fotografisch genaue *Un*sicherheit der tatsächlichen Farbe, eine Wirklichkeit gewährleistende Erstheit des Eindrucks. Farben sollen in diesem Werk eben nicht auf gängige Weise symbolisieren, deren Bedeutung in einer dynamischen Interpretation nicht bildprogrammatisch zuzuordnen sein.

Johnsons Farbgebung ist nicht Farbfotografien entlehnt, zumindest nicht solchen, wie sie in den 1960er Jahren üblich waren. Bezeichnend dafür ist die Aussage von Sam, dem Inhaber des Schnellrestaurants nahe Gesines Arbeitsstelle. Er nämlich bezeichnet die Magazinfotos eines blutenden amerikanischen Soldaten als Fälschung, da Farbfotografien keine »Farben wie in der Natur« (699) wiedergäben. Selten dominieren in den *Jahrestagen* außer blau und grün andere Farben, vor allem dann nicht, wenn ein singulär fotografischer Moment der Vergangenheit erscheinen soll. Gelb z. B. als die kennzeichnende Farbe New Yorks gewinnt einen – vielleicht symbolischen – Eigenwert über das gerade Gesehene/Erinnerte hinaus. Ein Essay über diese Farbe findet sich im Eintrag von Anfang August 1968 (1691 ff.), als Gesine sich von dieser Stadt bereits verabschieden muss.

Auffällig ist ferner die relative Abwesenheit der Farbe Rot. Seit Gesine in dem Aufsatz die untergehende Sonne mit der roten Armee verglich (1333), ist ein kräftiges Rot offenbar nur noch in Verbindung mit der rothaarigen Menschenrechtlerin Anita Ganslik eine tragbare Bezeichnung. Als naheliegendes Zeichen für »Heimat in Jerichow« wird diese Farbe trotz der

17 Für das oben genannte Beispiel: würde der Glast »Licht« sagen, anstatt »Licht« mehrfach oder unendlich oft zu wiederholen, wäre es ein klassisches Legizeichen. Und wie würde ein Sinzeichen textlich umgesetzt? Mein Vorschlag wäre: »Unter der tiefblauen Sphäre, ein Gleißen: Licht.«

roten Klinker ihres dortigen Hauses und auch Cresspahls Scheune nicht. Selbst das rötlich-braune Fell von Jakobs Pferd, einem Fuchs, wird als solches nie bezeichnet.

Die Abwesenheit bunter, eindeutiger Farben liegt wohl auch in ihrer Wirkung begründet, *ikonisches* Bild einer Krise zu sein. Erinnert sei an Lisbeths Entscheidung, von London nach Jerichow zurückzugehen, ein Entschluss, der auf solche, letztlich wenig verlässlichen Zeichen gegründet war: »Mir waren die Farben zu viel. [...] Ja. Das Rot. Das Blau. An den Schiffen, den Briefkästen, den Uniformen. Die Farben von diesem Maler, Con... John Constable.« (252) Lisbeth blickte auf die Stadt Richmond, auf ihre gesellschaftliche und religiöse Stellung dort, so unbeteiligt und wenig beheimatet wie auf die kalten Farben einer gemalten Landschaft.[18] Die ikonischen Farbzeichen bedeuten eine leere Möglichkeit, sie sind Bestandteile eines ihr fremden Abbilds ihrer nunmehr zu erfüllenden Pflicht – einen Bezug zu ihrer Existenz kann und will sie darin nicht sehen.

Auch Gesine hatte sich in New York erst nach etwa drei Jahren so weit eingewöhnt, dass sie sich dort nicht mehr länger als Gast und Tourist sah. Ein Jahr zuvor noch wollte sie zurück nach Deutschland (25), Marie hielt sie davon ab und unternimmt seit dem 30sten Geburtstag ihrer Mutter die Fahrten mit der South Ferry. (814) Seit 1964 aber fühlt Gesine sich nahezu beheimatet in New York, obwohl »[...] doch die schweren, roten Wagen der Feuerwehr unterwegs waren zu einer Gefahr« (1882); in diesem Jahr zog sie in das Bürogebäude mit der Glasfassade (12), unternahm einen Ausflug nach Schleswig Holstein (1246), – und vernahm nach eigenem Bekunden zum ersten Mal die Stimmen der Toten (1539). Vermutlich werden seit dieser Zeit die visuellen und akustischen Wahrnehmungen nicht mehr aufgenommen als vereinzelte Ereignisse eines neuen, oberflächlichen und zufälligen Stadtbildes, sondern als wirklicher Teil ihres Seins. In dem Maße erst, wie sich Gesine zunehmend selbstverständlich in der Großstadt bewegt, können reale Ereignisse zu indexikalischen Zeichen ihrer täglich wechselnden Befindlichkeit werden.

Auch diese Zeichen deuten auf krisenhafte Erfahrungen. Im Unterschied zu Lisbeth jedoch weniger in einem proleptischen als in tatsächlichem Sinn: Alles, was mit Gesine in New York geschieht, ist als lebendiger Verbund der Zeiten, ihrer Vergangenheit, Gegenwart und Zukunft zu sehen, und nicht, wie bei Lisbeth, vollkommen dem Ort ihres kurzen Aufenthaltes entfremdet. Die fotografischen Bildzeichen präfigurieren kein künftiges, implizit angekündigtes Unglück, sondern zeigen im indexikalischen Sinne dessen Fortdauer und volle Gegenwärtigkeit. Jedes Zeigen ist auf Deutlich-

---

18 Vgl. JT 147 f., auch hier ist Richmond ein (Gemälde-)Objekt, dass für Gesine nur durch mühsame, kunstgeschichtliche wie touristische Beschäftigung gewinnt.

keit und Konkretion gerichtet, und damit auf die ihr gestellte Aufgabe, jenes Unglück bewusst zu machen, sie erinnert zu benennen. Am Beginn des Zeigens steht, und daran ist dieser Gestus erst ersichtlich, der visuell verdunkelte Raum, ein nur leicht bewusstes Ertasten dessen, was erst an klaren Zeichen kommen wird. So stellen sich Gesine die Eindrücke Manhattans an einem Augustmorgens 1967 dar wie auf einer weißen Mattscheibe: als vereinfacht, gedämmt und undeutlich wie »mit Nebel verhängt«.

Seit gestern abend fiel Regen in der Stadt, dämpfte das Trampeln der Wagen auf der Schnellstraße am Hudson zu flachem Rauschen. Morgens ist sie aufgewacht vom Schlürfen der Autoreifen auf dem triefenden Damm unterm Fenster. (JT 21 f., 25. August)

Dieser Eindruck bleibt auch bestehen, wenn sich ihr Blick umkehrt, Gesine sozusagen im filmischen »Gegenschuss« von der Straße aus durch den Regen auf die Bürofenster ihrer Arbeitsstelle sieht. Sie macht im weiteren Verlauf des Eintrags »untergehende Schiffe« aus: Dieser klare, bildliche Begriff lässt die ersten Wahrnehmungen des Tages deutlich bedrohlicher erscheinen, entfernt sich aber von dem Zauber der »ursprünglichen« Qualität, dem *First* ihrer morgendlichen, rein akustischen Wahrnehmung und jener darin scheinbar innewohnenden Geborgenheit. Der Erzählung vorweggenommen ist in diesem Beispiel der Eintrag vom 3. Juni, als sich Gesine, ebenfalls durch starken Regen an die Bürofenster an die ungewöhnlich heftigen Regenfälle bei der Ernte im Klützer Winkel 1946 erinnert, und damit an das Gefühl, für Jakob bald erwachsen zu sein werden, »[…] nur nicht zur rechten Zeit, nämlich zu spät«. (1276)

Genau recherchierte Zeitberichte, mündliche oder schriftliche Überlieferungen einer Familiengeschichte allein formen noch keine glaubwürdige, originäre Erinnerung der literarischen Figur Gesine. Selbst schmerzliche genaue Bruchstücke von Bildern oder Gedanken blieben bloß mögliche Teile aus ihrem Leben, die ebenso gut Wahrnehmungen fremder oder erfundener Menschen sein könnten, denen der Genosse Schriftsteller einmal über die Schulter sah – mit eben jener Unzuverlässigkeit, die einem Gedächtnis gemeinhin attestiert wird.

Nicht allein ein genaues Bild einer Zeit also, sondern die Art, wie Gesine darauf reagiert, und zwar noch *bevor* es als Abbild durch den Text sichtbar wird, läßt im Leser erst jene so wirkliche Erinnerung daran entstehen. So wird er wie Marie zunächst vage auf »löchrigen Nebel« über den Hudson hingewiesen, eine nicht recht nachvollziehbare Ähnlichkeit des Lichts wird behauptet, doch die darin enthaltene Geschichte aber verweigert.

So soll dein Mecklenburg sein?! fragt Marie. Sie ist eigens aufgestanden von ihren Schularbeiten, stellt sich hinter den Stuhl der Mutter, bringt sogar ihre Wange in ihre

Nähe, um wenigstens einen parallelen Blick zu haben.
Es war nichts. Über dem Fluß treibt löchriger Nebel. Eine Lücke in dem immer noch
erstaunlichen Laubgrün scheint einen verhangenen Binnensee zu öffnen, und hinter
ihm sieht die Erinnerung wieder und gern bläulichen Kiefernwald auf den Pallisaden
des anderen Ufers, die durch Baumkulissen wieder und wieder durchschaubare und
verstellte Gegend von damals.
Na: sagt Marie, beruhigt, und beruhigend, wie zu einem scheuenden Pferd.
(JT 1039 f., 23. April)

Dieses Bild vor dem Fenster wirkt auf Gesine weniger aufgrund vereinzelter, genau abgebildeter Details, sondern wiederum durch deren Reduktion
auf eine besondere Lichtqualität. Eine solche Vereinfachung – nicht zu
verwechseln mit einer planmäßigen Abstraktion – ist nach Peirce kennzeichnend für ikonische Bilder, zu denen auch solche der Erinnerung gehören. Peirce betont, »[…] daß die Erinnerung die erinnerte Wahrnehmung
›verallgemeinert‹, indem sie diese ohne die vielen unbedeutenden Details
darstellt, die tatsächlich zu ihr gehörten«. Obwohl gerade die Fotografie
durch die Vielzahl detailgenauer Indizes auffällt, bekräftigt Peirce hier die
ikonische Funktion gerade dieses Mediums.[19]

Die zuweilen offensichtliche Funktion eines »Blicks aus dem Fenster«,
die Skizzierung einer lebendigen New Yorker Gegenwart nämlich, wird
hier zu einem umfassenden, von der Gegenwart abrupt gelösten Blick auf
das Licht der Kindheit. Für Marie wie für den Leser, die auf ein ikonisch
ähnliches Licht hingewiesen werden, entwickeln sich diese Farben schnell
zu bereits bekannten Hinweisen auf Mecklenburg, in ihrer wenig auf konkrete Ereignisse bezogenen Wiederholung sogar zu Legi-Zeichen einer von
Erinnerung beherrschten Geschichte.

Anders jedoch verhält es sich für Gesine: Die wahrgenommenen Farben
vermischen sich für Gesine zu vereinfachten, ersten, und vor allem wenig
kontrollierbaren Eindrücken und bilden ein unerwartetes Qualizeichen,
denn Gesine reagiert schockiert auf diese unvermittelte Erscheinung aus der
Vergangenheit. Wird aus einem nur ähnlichen Licht ein *sin-Zeichen*, ein
identisches Fragment aus ihrer Vergangenheit, wird für sie die Erscheinung
zum individuellen Ereignis: Wie ein scheuendes Pferd muss sie von ihrer
Tochter beruhigt werden. Riordan führt dies neben der schmerzlichen Erinnerung an Jakob selbst auch auf die Charakterisierung der Bedeutung dieser
»Geschichte […] wie die von Kleinkindern, die in eine Wassertonne fallen«
(1843) zurück und bringt zudem das Pferd als Emblem des Verrats damit in
Verbindung.[20] Darüber hinaus gilt das Pferd auch als ein Sinnbild des Todes.

---

19   »Sogar ein Foto tut dies.« Peirce (1993) 206.
20   Riordan (1995) 163.

Durch diese heftige Reaktion auf das Licht vor dem Fenster ist nämlich klar rekonstruierbar, woran Gesine sich im Einzelnen erinnert. Erst vor einer Woche, am 16. April, erzählte Gesine von der ersten Begegnung mit Jakob im Mai 1945, als sie von seinem Pferd, einem »Fuchs [...] ein junges lustiges Tier«, (997) zu Fall gebracht wurde. Für Gesine – an diesem Mittwoch war sie mit der Wirtschaft der CSSR beschäftigt – verdichten sich ganz allmählich die Anzeichen auf einen Abschied von New York. Als Anfang Mai 1953 Jakobs Fuchs, alt und nicht mehr zu unterhalten, in ihrem Beisein getötet wurde – das Pferd folgte ohne zu scheuen dem Schlachter – war der damals 20jährigen Gesine endgültig klar, dass sie die DDR, und damit auch Jakobs Nähe verlassen müsse. Vor ihrer Ausreise war sie mit ihm am Stadtsee von Gneez. Davon erzählte sie Marie vor drei Tagen, zu Beginn des 3. Bandes: »Ende Mai 1953, und Jakob nahm mir den zerstochenen Fuß hoch wie einem jungen Pferd, und die Bewegung lief mir durch den Leib nach oben ohne einen Schmerz«. (1018)[21] Die dazugehörigen Zeitumstände wiederum wird Gesine Marie während eines Fluges nach San Francisco, also kurz vor der Abreise nach Prag erzählen – im Licht über Salt Lake City (1844).

Gesine erwacht immer wieder schockartig durch die indexikalische Wirkung vergangenen Lichts – eines hellen, grauen Lichts, das alltäglich erwartbarer Wahrnehmung zuwiderläuft. Mit Peirce wäre dies vergleichbar einem unvermuteten Pfeifen eines Dampfkessels während einer langen, stillen Luftfahrt mit einem Ballon. Oder der plötzlichen Stille beim Begräbnis Lisbeths, an der auch Gesine teilnahm: »[...] das Läuten hörte so unverhofft auf, daß die Stille wehtat«. (763)
Es handelt sich in beiden Fällen um recht unterschiedliche, jedoch aneinander grenzende Wahrnehmungszustände. Der schmerzhafte augenblickliche Wechsel bewirkt die äußerste Aufmerksamkeit auf das Veränderte hin. Unvermittelt entsteht aus dem Strom von Qualizeichen ein noch kaum fassbares vereinzeltes Ereignis, ein Sinzeichen. Genauer: eine Sin-Qualität, die das Qualizeichen in Kürze zu einem Sinzeichen, einem beinahen surrealen Detaileindruck formen wird.[22]
Dieser Vorgang nun gleicht jenem Aufwachen Gesines in ihre Vergangenheit – die dann die Form eigentlicher Gegenwart angenommen haben wird. Das am Horizont wahrgenommene Licht besitzt wesentlichere Anzeichen für Leben, Momentum und Augenblick, als die wirklichen Farben New Yorks dies vermögen.

21   Vgl. nahezu gleichlautend: JT 1891.
22   Von Peirce so nicht formuliert, taucht aber in seinem »populärwissenschaftlichen« Beispiel auf (Peirce (1993) 313 f.), einem Text allerdings, der sich im Vergleich zu anderen Schriften wesentlich intensiver mit der Frage der Wahrnehmung auseinandersetzt.

Die Sonne geht gerade auf, als Gesine im August 1967 New York beinahe erreicht hat. Bevor der Zug den Hudson unterquert,[23] »schwankt« er in die Palisaden (10), jene westliche Uferbefestigung New Jerseys, die sie von ihrem Fenster am Riverside Drive am Horizont von nun an täglich wahrnimmt. Jene Pfahlbefestigung wird dort zur »blaue[n] Treppe des Steilufers von New Jersey« (178), zum »Morgenblau der Pallisaden«. (1008) Wenn die Palisaden auch nicht nur blau sondern auch braun sind (992), so hat das Licht jenseits des Flusses doch meist etwas wenig Konkretes, vielmehr etwas Blitzendes und Flirrendes (992). Gesines Blick wird damit signifikant andere (farbliche) Einzelheiten jenseits des Flusses wahrnehmen als noch zu Beginn der *Jahrestage* beschrieben: Dort nämlich erkennt man »[...] scharf und unleugbar die bräunlichen Kästen [...] moderne Baukunst, die zerstörte Aussicht, [...]« (51 f.)

Gesines Blick auf den Hudson vermengt immer wieder im Dunst am Horizont der Großstadt die Farben Grau, Grün und Blau. Die Farben werden zwar kaum je wieder zu einer solchen Klarheit gelangen wie im Eintrag vom 6. September, als unter vergleichbarem New Yorker Licht Heinrich Cresspahl der jungen Lisbeth 1931 die Ehe antrug: »An einem weißem Tag wie diesem, kühl unter hartem Blau, in sauberer, laufender Luft. [...], gegenüber dem scharfen und finstren Umriß der holsteinschen Küste«. (48)

Doch ist für eine Mehrzahl der Blicke über den Hudson das harte Weiß eines »stählernen Himmel[s]« so typisch wie jener »verwischte Walddunst auf dem jenseitigen Ufer, [...]« (134). Weitere Beispiele bestätigen die Vereinfachung von benennbaren Einzelheiten sowohl durch ungeheuer klares, als auch durch ein »bildträgerhaft« verschwimmendes Licht: Am 11. Oktober war »[...] das Licht der Laternen zwischen den vernarbten Platanenstämmen [...] in schmierigen Höfen aufgehalten, die Luft [...] nicht klar« (163), vom 21. April heißt es: »Morgens hing schwerer Dunst über dem Hudson, [...]« (1029). Und am 27. Dezember wird der Blick aus dem Fenster beschrieben wie folgt: »Der Park ist schwarz, kalt. Vor einem Jahr war das Ufer New Jerseys weiß, hoch aufgepackt hinter eisigem Fluß-hellblau, und brachte einen winterlichen Vormittag am Bodensee wieder, [...]« (519). Allen Blicken und Bildbeschreibungen ist eines gemeinsam: Sie enden am jenseitigen Ufer, genauer – bei den »Pallisaden«.

---

23 Das Unterqueren des Hudson und das damit zu verbindende literarische Motiv wird später in den *Jahrestagen* deutlich: Als Frau Erichson, die Mutter D. E.s Gesine empfängt, ruft sie (anscheinend einer Mecklenburger Geste folgend): »Nein! Nein! Nein!« und der Erzähler nennt eine mögliche Flutung der Bahntunnels als einen Grund, warum Gesines Erscheinen trotz Ankündigung ihres Besuches eine Überraschung darstellt. (JT 268). »Nein! Nein!« (1888) ruft dann im letzten Kapitel auch Kliefoth beim Empfang von Gesine.

Im Licht jener Pfahlbefestigung am jenseitigen Ufer des Hudson mag ein ebenso »raumlose[s] Bild« entstehen, wie im Versuch über die Erinnerung in Gustafssons Fischstube gezeichnet (64). Dort formt in fotografischer Projektion ein um die Wirklichkeit reduziertes Bild eine Blockade, die »[...] Fetzen, Splitter, Scherben, Späne durchsickern« (64) lässt. Der einfache Abdruck von Licht und Farben, der für den Leser wie auch für Marie ein ikonisches Bild von Gesines Leben in Mecklenburg zeigt, zwingt Gesines Aufmerksamkeit indexikalisch gewaltsam, wenn nicht auf dieses Ereignis selbst, so doch auf (als direktes Objekt) den dahinter verborgenen Schutzmechanismus: Also etwa nicht auf Jakob selbst, vielmehr auf Jakobs Pferd. Ein vergleichsweise leicht zu entzifferndes reagierendes Zeichen.

Wird das Licht vor dem Fenster zu einem ersten und zugleich letzten erschreckenden Lichteindruck, durch den Gesine unverkennbar heftig erfasst wird, ist dies vom Leser an ihrer Verstörtheit deutlich wahrzunehmen. Es braucht nun keine erklärenden Details, um deutlich zu machen, was passiert: Sie erinnert nicht, sie sieht – und erkennt.

5.2 Das Ungeheure des 20. Jahrhunderts

Das dynamische Objekt im Werk Johnsons ist keineswegs allein innerhalb der traumatischen Verfasstheit einer individuellen literarischen Person, verursacht durch den Tod Jakobs und den Mordversuch der Mutter Lisbeth, demnach nicht in einer literarisch geformten Einzelpsychologie zu suchen: All die Ereignisse des individuell persönlichen Lebens verweisen in ihrer *politischen Bedingtheit* metonymisch auf das Schreckliche des ganzen Jahrhunderts und grenzen daran mit jedem Moment ihres Berichts und Erlebens. Die handelnden Figuren der *Jahrestage*, wie auch die der übrigen Romane Johnsons, leben in einer historischen Zeit, die den Einzelnen von der psychischen bis hin zur physischen Vernichtung durch Politik und deren Wirkung erbarmungslos terrorisiert. Heute spricht man von jener Zeit als »Totalitarismus«.

Dieses »Schreckliche«, jenes nicht unmittelbar wirksame, nicht nüchtern deutlich Benennbare, ist weder durch Exzerpte aus Zeitungsartikeln noch durch die Korrespondenz mit Psychotherapeuten ersichtlich zu machen. Dennoch übt es sichtlich auf jede der handelnden Personen Gewalt aus. Ungleich mehr noch auf Mrs. Ferwalter, die Überlebende eines Konzentrationslagers, deren Gesicht wie folgt beschrieben wird: »[...] festgehalten in einem starren Ausdruck von Abscheu, den sie nicht ahnt.« (45)

Spätestens mit dem ersten Weltkrieg steht die Politik noch vor der Wirtschaft im Zentrum gesellschaftlicher Macht. Das Ungeheure aller politischen Ideologien liegt in einer totalitären politischen Herrschaft – und keineswegs im Kampf zweier konkurrierender Wirtschaftssysteme. Für einen Dichter vor dem ersten Weltkrieg mag das Erbarmungslose von Politik noch dräuend im gesellschaftlichen Untergrund gelegen haben, der Mittelpunkt des literarischen Diskurses noch bestimmt gewesen sein von der Gefahr einer ökonomischen Vorherrschaft. Gesine beurteilt ein aufs Ökonomische reduziertes Wissen des Vizepräsidenten dementsprechend abschätzig: »Von Politik versteht er, was dem Geld schädlich ist.« (1471)

Uwe Johnson lässt sich nicht von einem rein wirtschafts- bzw. kapitalismuskritischen Diskurs der 50er und 60er Jahre vereinnahmen. Das 20. Jahrhundert auch nur annähernd genau wahrzunehmen, es im Detail zu erzählen und ihm dabei gerecht zu werden versuchen, ist zu einer Aufgabe geworden, die dem Schriftsteller Johnson nur durch jene ungeheuren, sperrigen, nicht zuletzt politisch-gesellschaftlichen Fragmente und Bezüge gelingt, die in jede Erzählgegenwart ragen. Die bei Johnson dennoch immer wieder bemerkbare lyrische Stimme, sein Wille, dennoch jenes einzige Gefühl auszudrücken, die traumhafte Lebendigkeit eines unabhängigen Ersten, kann nur aufgehoben sein im politisch-nüchternen Kosmos – wie auch Gesines Trauma zwingend mit den »neuesten Verstößen gegen das Völkerrecht« (64) zusammenhängt.

Immer wieder verbinden die *Jahrestage* die grausamen Begleitumstände totalitärer Regime in beinahe befremdlicher Weise mit unpolitischen Ereignissen wie der privaten Entscheidung eines verliebten Mannes – nämlich zu heiraten. Im Eintrag vom 3.9.1967 zum Beispiel, jenem vergleichbar selten scharfen, »weißen Tag« in Rande vor 36 Jahren, sprachen Cresspahl und Lisbeth das erste Mal miteinander. Im vergleichbaren Tageslicht, »in sauberer, laufender Luft«, erfährt Gesine aus der *New York Times* von Schwangerschaft und Selbstmord einer Zeitgenossin ihrer Mutter.[24] Ilse Koch heiratete 1937, im Jahr der Regentonnengeschichte, den Leiter des Konzentrationslager Buchenwald nahe Weimar. Koch ließ aus der tätowierten Haut eigens hierzu umgebrachter Häftlinge »Buchhüllen« (50) herstellen.

Wie soll nach dem Holocaust eine lyrische Stimme noch vernehmbar gestaltet werden? Wie kann sie das Trunkene singen und das Ideelle noch als Selbstverständlichkeit fordern? Wie kann, so mag Adornos Diktum präzisiert werden, noch immer ein Hohes Lied auf das Leben geschrieben werden – wie überhaupt vom Lebendigen? Johnson entschied sich für eine deutliche politische Stimme. Diese soll weder durch Ideologie noch Utopie,

---

24 Lisbeth ist am 12.11.1906 geboren, und wäre an diesem Tag wie Ilse Koch 60 Jahre alt. (JT 752). Auerochs (1994) 213 benennt (ebd. Anm. 55) diese »Koinzidenz«, die keine ist, als ein Beispiel für literarische Montage.

eher durch nüchterne Beobachtung eines literarischen Realismus, wie in den *Jahrestagen* anlässlich der Lektüre Fontanes »Schach von Wuthenow« exemplarisch aufgezeigt, eine leise, aber klare Stimme erheben.

Als Gesine am Abend des 3. März durch einen Briefboten den Heiratsantrag von D. E. erhält, blickt sie aus dem Fenster zum Riverside Drive. Sie hatte an diesem Tag in der Zeitung vom Konzentrationslager Auschwitz gelesen: »[...] der Himmel ist fast schwarz«. Dietrich Erichson begründet während eines Nachtflugs seinen Wunsch nach einem gemeinsamen Leben mit ihrer Fähigkeit, durch Erzählen Geschehenes lebendig zu machen. Gesines Versuche einer Erzählung, seien sie auch nur ein fleischloser »Knochenmann« (144), wie sie es selbst empfindet, sind im Vergleich zu einem D. E. offenbar erfolgreich – und vor allem glaubwürdig »als eine Wahrheit«. (817)

Professor Erichsons Umgang mit der Vergangenheit ist demgegenüber beschränkt, er »[...] hat seine Erinnerung [umgesetzt] in Wissen«. (339) Er legt erlebte Zeit in »systemtechnischer« Weise ab und beschränkt sich ganz auf die Machbarkeit der Gegenwart; ein Verfahren, das der pragmatischen Nüchternheit Johnsons sicher in manchen Aspekten ähnelte. D. E.s Erfahrung mit dem Kriegsende, so schrecklich diese auch war, geht in eins mit Berechnungen der Flugbahnen der Abwehrprojektile – und damit dem Beginn seiner Karriere als Physiker und Geheimdienstmitarbeiter.

Während D. E.s Vorleben auf den rein ikonischen Aspekt einer Fotografie beschränkt bleibt, seine Biografie lediglich »tabellarisch« vorliegt[25] – man könnte in Anlehnung an Peirce auch von »diagrammartig« sprechen – gibt es inmitten von Gesines gegenwärtigem Lebens viele Anstöße im Sinne indexikalisch zwingender Bezüge aus der Vergangenheit.

In jedem Fall aber scheinen »wirkliche Sachen«, lebbare Wahrheit, erzählbare Vergangenheit und mithin ein Schreiben nach dem zweiten Weltkrieg nur möglich, wenn nüchterne Beobachtung über einen Bericht dessen, was sichtbar war, hinausgeht. Ein Schreiben, das den Umstand der wahnhaften Verdinglichung des Menschen zu purer Masse ernsthaft aufgreift, beschäftigt sich nicht so sehr mit Phantasie und Erfindung, sondern trifft schockartig, traumatisch auf konkret Ungeheuerliches, auf »wirklich Gewesenes«. Dieses Zusammentreffen von aktiv beginnender Rückbesinnung und einer dem Willen entzogenen passiven Einholung durch die Vergangenheit kann oft genug als »fotografisch« bezeichnet werden. Weil gerade diese Art von Katastrophe, modern und ideologisch zugleich, entweder direkt durch publizierte Fotos oder indirekt durch eine schockartige, »fotografische« Erinne-

---

25 Vgl. aus dem Brief D. E.s: »Eben das Fehlen biographischer Anstöße entsetzt dich; ich verfüge über keine Biographie, es sei denn eine tabellarische.« (JT 816)

rung in die Literatur Eingang findet. Susan Sonntag spricht wie Gesine von dem Status der Fotografie als dem »Schrecklichen«, seit 1945 die Fotos aus den Konzentrationslagern veröffentlicht wurden.[26]

Dies macht auch Johnson nicht zuletzt in der Frankfurter Poetikvorlesung deutlich: Nicht über Erfundenes, sondern über Konkretes will er sprechen.[27] Er beginnt mit dem Jahr seiner Geburt 1934 sowie den häuslichen Fotografien von Hitler und Stalin. Allein die Zeit, in der Johnson aufwuchs, die sichtbaren Exponenten politischer Gewalt samt der zu Kriegsende beobachten Ergebnisse werden von Johnsons als Motiv seiner schriftstellerischen Laufbahn genannt. Er berichtet von seiner heimlichen Beobachtung als Elfjähriger: »[…] da rutscht das Bein einer jungen weiblichen Leiche für einen Augenblick aus der Zeltbahn, bevor der Körper aufschlägt und das schmierige Tuch zurückgezogen wird aus dem Massengrabloch«.[28]

5.3 Exkurs: Das Schreckliche in den Wänden – Indexikalische Verweise bei Rilke

Um die Bedeutung von Johnsons poetischer Programmatik, seiner stark indexikalischen Ausrichtung an der erfolgten Katastrophe zu ermessen, soll seine Vorgehensweise im folgenden Exkurs anhand einer Textstelle aus Rainer Maria Rilkes *Die Aufzeichnungen des Malte Laurids Brigge* verglichen werden. Dies ist für unsere Ausführung insofern legitim, als sich bei Rilke eine in Zügen Johnson durchaus verwandte poetische Ausformung von Fotografien feststellen lässt: nicht nur in diesem Oszillieren der Zeitebenen: *im Blicke noch der Kindheit Angst und Blau* zu Gegenwart und ferner Zukunft, bzw. auch in der betrachtenden Gegenwart noch nicht eingelösten Bestimmung.[29] Darüber hinaus jedoch sind auch in seiner Prosa

---

26   Sontag, Susan: Über Fotografie. Frankfurt a. M. 1980, 25. Sontag wurde ebenfalls im Alter von zwölf Jahren mit den Bildern konfrontiert.

27   BU 23.

28   BU 29.

29   Selbstbildnis aus dem Jahre 1906, ebenso das in den *Neuen Gedichten* unmittelbar daraus folgende »Jugendbildnis meines Vaters«. Calhoon 629 nennt dieses Oszillieren »the intrinsic juxtaposition of tenses«, sein Aufsatz jedoch konzentriert sich hauptsächlich auf die Gedichte und nur in einem Detail auf den Malteroman, nämlich beim Tode des alten Brigge, wo es heißt: »Die Vorhänge wurden zurückgezogen, und das robuste Licht eines Sommernachmittags untersuchte alle die scheuen, erschrockenen Gegenstände und drehte sich ungeschickt um in den aufgerissenen Spiegeln.« Calhoon befasst sich ebenfalls mit einer Art inhärentem (also indexikalischem) Schrecken dieser Beschreibung: »[…] on the intangible, the objects themselves indicating the disconcerting lack that lurks in the heart of the familiar.« Calhoon erkennt im Vergleich mit Textpassagen aus Barthes' »Helle Kammer« so etwas wie ein fotografisches Schreiben bei Rilke. Sein begriffliches Instrumentarium reicht leider nicht objektivierend über das von Barthes benutzte

fotografische Zeichen unübersehbar. Zu deren Nachweis sei Rilkes literarisches Programm in seiner Prosa einer Großstadt versuchsweise mit »indexikalisch« umschrieben:

Denn das ist das Schreckliche, daß ich sie [die Mauer, bzw. die Menschen die in diesem Haus lebten, F. M.] erkannt habe. Ich erkenne das alles hier, und darum geht es so ohne weiteres in mich ein: es ist zu Hause in mir.[30]

Vielleicht, so die Hypothese, bleibt Johnson inmitten einer *indexikalisch* zu nennenden Kontinuität in der Beschreibung eines »Großen« – des eigentlich wirkenden und nur vorläufig so benennbaren dynamischen Objekts, eines »Schrecklichen« – wenn es sich auch entscheidend wandeln musste. Rilkes »Großes« und »Schreckliches« ist in manchen Aspekten von eben jener Objekthaftigkeit: Es wird zwar manchmal ausgesprochen oder vage benannt, erscheint jedoch vor allem in einer indexikalischen Gewaltsamkeit, die in Abwesenheit eines abbildenden Zwischenschritts fragmentarisch kurz und direkt wirkt.

Und wiederum ist es eine auf graues Weiß reduzierte Farbe, welche die Protagonisten zweier Erinnerungs- und Gedächtnisromane des 20. Jahrhunderts schockiert. Um die Bedeutung der Farbreduktion auf ein darauf folgendes indexikalisch agierendes Zeichen hin klar zu erfassen, sei dieser Aspekt an Rilkes erzählerischem Hauptwerk gespiegelt. *Die Aufzeichnungen des Malte Laurids Brigge*, erschienen 1910, sind – wie die *Jahrestage* – ein Großstadtroman, in dessen Mittelpunkt die Erinnerung des Protagonisten und (zeitweiligen) Ich-Erzählers an eine längst vergangene Kindheit steht.

Wie anhand der »Dinggedichte« und des Malteromans bei Kenneth S. Calhoon beschrieben, zeigt Rilke mit dem Charakter ablichtbarer Situationen oder Gegenstände eine andere, dem unmittelbar Sichtbaren angrenzende Welt. Ikonisch ist dieser Zeichenbezug insofern zu nennen, als sich ein interpretierendes Bewusstsein einer Wirklichkeit durch Deutung von Bezügen am materiellen Zeichen bildet. Ikonisch-fotografisch zudem, weil dieses Bewusstsein dabei nicht den Moment des Blicks, die Relation zum Objekt verliert.[31]

---

hinaus. Eine zusammenfassende Bezeichnung, wie die eines »ikonischen« fotografischen Schreibens fehlt bei ihm.

30   Rilke, Werke 6, 751.

31   Und zwar wie im vorangegangenen Kapitel beschrieben, den »Blick« als Repräsentamen, wie auch auch als das direkte Objekt. In Rilkes zeitgleich mit dem Malteroman entstandenen *Neuen Gedichten* ist der wechselseitige Gebrauch eines beobachtenden und beobachteten Blicks häufig anzutreffen, explizit z. B. in der von Calhoon besprochenen *Spanischen Tänzerin* (Rilke, Werke 1, 531 f.): »[…] *beginnt im Kreis / naher Zuschauer hastig, hell und heiß / ihr runder Tanz sich zuckend auszubreiten. / Und plötzlich ist er Flamme ganz und gar. / Mit einem Blick entzündet sie ihr Haar /* […]«.

Ein dynamisches Objekt ist bei Rilke um die Entstehungszeit der Dinggedichte beständig ikonisch gefasst: »[...] *wie auf einem Blatt* [...] *der Widerschein der Dinge aufgemalt*«.[32] Im 12. Kapitel des Malteromans hat »[...] das Nächste schon [...] Töne der Ferne, ist weggenommen und nur gezeigt«.[33] Wie in Gesines Blick aus dem Fenster zum Horizont hin sind es auch in den Aufzeichnungen einfache Farben (»Alles ist vereinfacht«), die zunächst im Mittelpunkt einer Wahrnehmung stehen.[34] Es ist »[...] irgendein Rot, das nicht zu halten ist, oder auch nur ein Plakat an der Feuermauer einer perlgrauen Häusergruppe, die vereinfacht [sind, F. M.] auf einige richtige, helle plans gebracht«.[35]

Gleich dem Peirceschen Gedankendiagramm, welches die Bezüge des Denkens für einen Augenblick lang abbildet, zeigt das Dinggedicht anhand einer meist visuell abbildbaren Situation eingeschriebene Vorgänge der eigentlich bedeutenden, dabei keineswegs transzendent-jenseitigen, sondern stets immanenten sichtbaren Welt. »Sehen« bedeutet demnach bei Rilke keineswegs über das tatsächlich Sichtbare hinweg auf ein unsichtbares Wesen dahinter zu blicken.

Ist das Bewusstsein des Betrachters in das Gedankendiagramm versunken, so wird ihm damit letztlich deutlich gemacht, dass das »Diskursuniversum« der eigentlich bestehenden Wirklichkeit nur indexikalisch dargestellt werden kann, »[...] da erst durch die Wirkung der Wahrnehmung des Diagramms Autor und Interpret auf dieselbe, unabhängig von ihrer Wahrnehmung bestehende Wirklichkeit ausgerichtet werden«.[36]

Nicht anders als die 35jährige Gesine findet der 28jährige Malte in einer von der Heimat weit entfernten Weltstadt ein Fundament, auf dem das Leben zu erzählen wäre.[37] In New York erst konnte Uwe Johnson durch die räumliche Distanz vom geteilten Deutschland, sowie durch die Fiktion einer wirklichen Begegnung mit Gesine am Times Square umfassend über ein gerade ablaufendes Zeitalter berichten. Bei dem jungen Schriftsteller Malte (»ich lerne sehen – ja, ich fange an«[38]) ist »so gut wie nichts geschehen«,

---

32   *Der Blinde* Rilke, Werke 1, 590 f.
33   Rilke, Werke 6, 722.
34   Das folgende 13. Kapitel (Rilke, Werke 6,723) beschreibt einen nach unten geneigten Blick aus dem Fenster: »Unten ist folgende Zusammenstellung: ein kleiner Handwagen [...]«.
35   Rilke, Werke 6, 722 f.
36   Vgl. Pape, Helmut: Einleitung. In: Peirce (1993) 40.
37   Rilke begann den Malte-Roman, als er 28 war, und Johnson beendete das erste Buch der *Jahrestage* im Alter von 35 Jahren; als der Malte-Roman beendet wurde, war Rilke im 35. Lebensjahr. Insofern das Lebensalter Einfluss auf die Art, sich schreibend an die eigene Kindheit zu erinnern hat, könnte man also bei beiden Autoren von vergleichbaren Ausgangsbedingungen sprechen.
38   Rilke, Werke 6, 711.

was seinem eigenen literarischen Anspruch hätte genügen können.[39] Brigges Aufzeichnungen hätten ohne Paris nie stattgefunden: Die Präsenz jener Stadt und ihre stets präsente Projektion in die Schreibstube hinein sind geradezu die Voraussetzung für Erfahrung und Erinnerung.

Gesines Leben in Manhattan hat bei aller Ernsthaftigkeit, mit der sie sich auf Fragen der US-amerikanischen Gegenwart einlässt, z. B. die Rassenproblematik oder den Vietnam-Krieg, doch etwas von einem konstruierten Bildraum, wie er einen historischen Roman kennzeichnet.[40] Ein durch New York gewonnenes Leben samt medialer Erfahrungen sowie politischem Interesse dort, müsste genau genommen Marie erzählen. Gesines Bekanntschaften sind nämlich sämtlich europäischen und nicht originär amerikanischen politischen »Umständen« geschuldet.[41] Dennoch fungieren sowohl New York als auch Paris als ein herausragendes modernes Medium, das lebendige Gegenwärtigkeit sowie vergangenes Schicksal unzähliger Individuen abbildet.

Malte Laurids Brigges künstlerischer Wunsch ist es, durch die Erfahrung visueller Zeichen zu den existenziellen Bedingungen eines Menschen, dem abgelegten Reichtum eigener und mit ihm verbundener fremder Gesichter und deren scharf abgegrenzter Lebenszeiten zu gelangen. Für den auf einem dänischen Gutshof aufgewachsenen jungen Mann zeigen vor allem die ihn abstoßenden Erfahrungen inmitten der Großstadt Paris überdeutlich, dass man sich nur durch großen Mut dem Leben und seinem innewohnenden Schrecken stellen kann. Was immer das dynamische Objekt sein mag, denn sogar: »[…] *das Schöne ist nichts als des Schrecklichen Anfang*«,[42] der sich bereits in einer unspektakulären Farbgebung gewaltsam Bahn bricht:

Am unvergeßlichsten aber waren die Wände selbst. Das zähe Leben dieser Zimmer hatte sich nicht zertreten lassen. Es war noch da, es hielt sich an den Nägeln, die geblieben waren, es stand auf dem handbreiten Rest der Fußböden, es war unter den Ansätzen der Ecken, wo es noch ein klein wenig Innenraum gab, zusammengekrochen. Man konnte sehen, daß es in der Farbe war, die es langsam, Jahr um Jahr, verwandelt hatte: Blau in schimmerliches Grün, Grün in Grau und Gelb in ein altes, abgestandenes Weiß, das fault.[43]

39   Rilke, Werke 6, 723.
40   Vgl. noch einmal den Begriff der »Baumkulisse«: JT 1040.
41   Wenn auch Anfänge einer nur von Marie ausgehenden New Yorker Erzählung feststellbar sind, bleibt der Erzähler wesentlich bei Gesine, geht seine Stimme immer wieder in die ihre über. Wie kommentiert Marie Gesines gescheiterten Versuch, mit amerikanischen Freundinnen zusammenzuleben? »Diese, deine Dialektik hättest du auch in Europa lassen können, Gesine!« (JT 1265)
42   Die erste Duineser Elegie: Rilke, Werke 1, 685.
43   Rilke, Werke 6, 750.

Malte erinnert nur wenige Stunden oder Tage nach seinen ersten Gängen durch Paris die dabei gewonnenen visuellen Eindrücke. Er zeigt sich über seine Fähigkeit einer detaillierten Wiedergabe jener Ruine selbst überrascht.[44] Man könnte meinen, er habe jenes Wandfragment im Vorübergehen fotografiert und diese Fotografie in seiner ärmlichen Unterkunft, im darin erfahrenen Schrecken ausentwickelt, betrachtet und berichte nun erst davon. Dennoch entsteht in diesen Aufzeichnungen keineswegs ein vorgestelltes Abbild der Wand:[45] Das Repräsentamen dieses bildlichen Zeichens *bleibt* die Wand, nicht ein wie ein Foto betrachtetes Bild der Wand. So spielt die Perspektive, von der aus die Wand aufgenommen wurde, keine Rolle. Das unmittelbare Objekt dieser Textpassage besteht aus dem ehemaligen Haus, dem Leben der Bewohner darin, und weiterhin als aktueller Interpretant deren sträflich vernachlässigtes, jedoch kenntliches, immer noch existentes Leben. Angedeutet wird damit so etwas wie ein dynamisches Objekt: der Schrecken über alle so deutlich vereinzelten vergangenen Leben darin, all diese wirklichen Leben.

Das verwaschen-farbige Bild einer verbliebenen Hauswand wird in Ermangelung des früheren Gebäudes und seiner Bewohner analysiert. Das ehemalige Haus und das Leben, das in ihm herrschte, wurden weder durch einen Kunstmaler noch einen Fotoapparat auf ein neues Trägermedium transformiert und später interpretiert, sondern es findet sich »zusammengekrochen« auf dem »Rest der Fußböden«. Das einer Fotografie vergleichbare Repräsentamen ist die alles reduzierende Wand, nicht so sehr das aufgezeichnete Licht dieser Wand. Ohne die Distanz eines zusätzlichen Mediums, z. B. einem Papierabzug, wirkt die Wand selbst als höchst indexikalische Fotografie: Nicht das Licht hinterlässt auf einer lichtempfindlichen Schicht eine Spur von Dritten. Vielmehr hinterließ das lange, durch Zimmerwände verdeckte Leben der Mieter selbst seine Spuren, die mit dem unvollständigen Abriss des Hauses bloßgelegt und dadurch offenkundig wurden. Der Betrachter Malte ist von der Wirkung überwältigt – nicht zuletzt, weil es eine seiner ersten Erfahrungen mit einem solch radikal zeigenden Zeichen ist.

Der ikonische Aspekt des Wandbildes wird beinahe übersprungen, eine strukturierte Bildoberfläche nicht auf eine sie darstellende, selbst abwesende Wirklichkeit hin untersucht. Schon der Beginn eines solchen Wirklich-

---

44 Ders., Werke 6, 751: »Man wird sagen, ich hätte lange davor gestanden; aber ich will einen Eid geben dafür, daß ich zu laufen begann, sobald ich die Mauer erkannt habe.«

45 Vgl. Maltes Einwände gegen die Fähigkeit des Menschen zur Repräsentation (Rilke, Werke 6, 854): »Nein, nein, vorstellen kann man sich nichts auf der Welt, nicht das Geringste. Es ist alles aus so viel Einzelheiten zusammengesetzt, die sich nicht absehen lassen. Im Einbilden geht man über sie weg und merkt nicht, daß sie fehlen, schnell wie man ist.«

keitsbezuges durch ein Qualizeichen, das die (ikonische) Interpretation aus-
löst, entzieht dem Erzähler den dafür notwendigen sicheren Standpunkt:
Malte beginnt sofort vor diesem überwältigenden Eindruck davonzulaufen.
In der anschließenden Erinnerung erreicht er nicht mehr ansatzweise jene
erste qualitative Einfachheit, von der aus sich vergrößernde Details schrittweise, diagrammartig durchrangen. Bereits die allerersten einfachen Farben
auf der Wand sind als Sinzeichen, als unabänderlich in der einzigartigen
psychischen Situation ihrer Wahrnehmung kenntlich gemacht. Diese werden schnell unmissverständlich indexikalisch, da sie – bei allem Reduktions-
ons- oder Projektionsvermögen der Wand – doch unablösbar mit dem Leben selbst verbunden sind, das sie erzeugte, – dies gilt sowohl für das Leben
der Betrachteten als auch des Betrachters.

Die schmutzige Wandfarbe ist indexikalischer als jedes (Farb-)foto es
jemals sein könnte. Ob sich die Farben nun durch Renovierungsarbeiten
oder durch den Einfluss von Licht, Rauch und Dämpfen änderten: Für Malte
Laurids Brigge nehmen die völlig neu gefundenen Farben dieser Stadt teil
an einer nur hier, in einem Vorort von Paris abschließbaren Bedeutungsge-
bung seiner familiären Biografie, sowie – wenn man so weit gehen möchte
– der des europäischen Menschen, seines industriell-urbanen Verzichts von
Individualität.

Gesines Reaktion auf das Licht vor dem Fenster lässt ebenfalls den Schluss
zu, dass sie, wie auch Malte, von den vagen, fragmentarischen Farbeindrü-
cken tief berührt ist. Während Malte den ersten Eindruck vor Ort über-
springt und von der gewaltsamen Wirkung im nahen Rückblick erzählt,
lässt Gesine ihre Erzählung genau im Moment der Wahrnehmung stocken.
Die an sich alltägliche Erfahrung eines Blicks aus dem Fenster – der ganz
vorläufige Eindruck eines Qualizeichens »weißes Licht« und nicht eine
leicht nachvollziehbar unästhetische Farbzusammenstellung einer verkom-
menen Hauswand, zeitigt auf Gesine einen schmerzlichen Effekt. Harmlos
sollte wohl die Beschreibung des Lichts über dem Horizont wirken, es be-
rechtigt daher eine genaue fotografischen Skizze. Doch das Leben, das in
diesem Licht ebenso wie bei Malte seinen Ausdruck findet, ist traumatisch
nahe. Dies wird auch Marie unwillentlich gezeigt.

Kommen wir noch einmal auf den Unterschied zwischen indexikalischen
und ikonischen Bezügen einer Zeicheneinheit zum dynamischen Objekt zurück. Dieser ist vor allem im Beginn eines jeden Erzählens zu suchen. Der
Erzähler in Marcel Prousts *Auf der Suche nach der verlorenen Zeit* (1913–
1927) zum Beispiel findet den Standpunkt, von welchem aus sich seine
Stimme erhebt, im Verlauf des ersten Kapitels. Indem er früh zu Bett geht
und sich in einen Schwebezustand von Aufwachen und Schlafen begibt,

sich an den Geruch des Bohnerwachses auf der Treppe zu seinem Kinder-
zimmer erinnert. Er erreicht ihn durch einen Rückzug in einen abgedunkel-
ten Raum, vergleichbar dem Zimmer seiner Tante Octave, bei der er die
Madeleine samt Lindenblütentee gereicht bekam. Des Erzählers lange Geschichte entsteht aus einer sichernden Reduktion, aus der lange vorbereiteten, großen Konzentration auf einen zunächst nur vermuteten Reichtum an
Erinnertem – der ihn dennoch durch bloßen Zufall erreicht, indem die Seelen der Toten in unbeseelten Dingen zu sprechen beginnen:

Dann horchen sie bebend auf, sie rufen uns an, und sobald wir sie erkennen, ist der
Zauber gebrochen. Befreit durch uns besiegen sie den Tod und kehren ins Leben zu
uns zurück.[46]

Es verwundert nicht, dass Proust sich der Erzählwirklichkeit, dem dynamischen Objekt ikonisch nähert. Das Erzählen von Momenten einer verlorenen Zeit ist möglich als Wandern in den Räumen. Mögen diese auch lange
verschlossen gewesen sein, nun aber sind sie deutlich in seiner Erinnerung.

Ebenso reduziert Maltes Rückzug in seine ärmliche Pariser Wohnung die
Zeichen der Großstadt, doch er vergrößert ihre Gegenwart und die Existenz
all ihrer Bewohner. Maltes qualvoller Rückzug provoziert die Projektion seiner Stadtgänge nach innen. Innerhalb seines Zimmers wie seiner
Seele wird deutlich, was an *Gegenwart* und nicht an Vergangenheit anwesend ist.

Proust könnte für Johnson weniger als Rilke ein Vorbild gewesen sein,
wenn es darum ging, eine Stimme zu finden, die aus der gegenwärtig erfahrbaren Wirklichkeit heraus berichtet. Wenngleich Umfang und Genauigkeit der Darstellung, z. B. durch die vielen Zeitungsberichte, vermuten lassen könnten, Johnson hätte wie Proust eine mühsam erreichte Nüchternheit
gefunden, die alle abzubildenden Details ikonisch genau nachzeichnet, liegt
in der fortwährenden Unsicherheit der Erzählerin doch so etwas wie ein
Merkmal für einen indexikalischen Standort. Die Stimme wirkt unsicher,
schwankend bei unvermuteten Qualizeichen, bei der Erscheinung eines
simplen »weißen Lichts«, zu einem Zeitpunkt, da die Stimme längst an Sicherheit gewonnen haben müsste.

Unabhängig von dem eingenommenen Standort einer Erzählstimme ist
im Nachhinein natürlich immer ein Qualizeichen rekonstruierbar – eines,
das zunächst ein ikonisches, noch nicht mitgeteiltes Tableau entwirft. Das
Qualizeichen bildet so den Anstoß zu einem Schweigen, aus dem aus langer
Übung und Gewohnheit eine Äußerung entwächst, die nun erst in sichtbarer
Festigkeit, in vernehmbarer Stimme von etwas berichtet. Vor allem aber
sich entweder zwingend zeigt, darin mit dem Gezeigten beinahe untergeht

---

46   Proust, Marcel: In Swanns Welt. Frankfurt a. M. 1979, 63.

(indexikalisch), oder aber sich auf eine bereits bekannte, zu erneuernde Geschichte mit bekanntem Ausgang einlässt (ikonisch).

Entdeckt der Leser ein visuelles Qualizeichen, so wird er damit allein keine Aussage über den Objektbezug treffen können. Jede noch so kleine Erzähleinheit hat ihren Anfang in einem mit Bedeutung noch gering besetzten Zeichen. Ein visuelles Qualizeichen führt zu einer mit Blick und Bewegung erfassten Bedeutungseinheit. Kaum entstanden, im optischen Raum verharrend, wendet sie sich zugleich ganz von sich weg zu einem rein existenziellen, aber niemals symbolischen Raum.

So kann dieses »einfache« Zeichen als Beleg indexikalischen Schreibens gelten, wenn das dynamische Objekt, wir sprachen auch vom »Schrecklichen«, mit dem einfachen ersten Zeichen und dem ihm folgenden unausgesprochenen Ausgangstableau so eng verbunden ist, dass der Standpunkt, von dem aus sich die Erzählerstimmer erhebt, äußerst gefährdet erscheint.

Bei dem Vergleich eines »Schrecklichen« bei Johnson und Rilke ging es nicht um ein Nebeneinanderstellen von ähnlichen Bedeutungsebenen oder um die Gegenüberstellung zweier Interpretanten einer Zeit. An solchen Deutungen, also an durch den Text ausgelösten finalen Interpretanten, die aktiv bestimmen, wie Wirklichkeit sein soll, mangelt es selten.

Unser Interesse gilt an dieser Stelle dem »Schrecklichen« als das, worum es geht, ohne dass es wir durch einen Interpretanten erfahren. Als einem Moment, der den Schreib- und Zeichenprozess in Gang setzt und ihn dabei zugleich immens gefährdet. Auch Peirces Sorge gilt weniger dem korrekten Interpretanten, als vielmehr dem die Erkenntnis bereichernden Weg zu einem gültigen Interpretanten.

5.4 Das Licht von »Damals« – Aufmerksamkeit und Erkenntnisprozess

Gesines Schock beim Blick aus dem Fenster wurde ausgelöst durch eine unvermittelte, erste Wahrnehmung der Vergangenheit, die durch ihre starke Gegenwärtigkeit in Konkurrenz zur »realen« Gegenwart tritt und dieser gefährlich nahe kommt. Der Leser erfährt erst von Gesines konkreter Erinnerung, als diese im Zustand der Erzählung schon unmöglich gemacht wurde. Weil Gesine nicht erinnert, vielmehr in einer Art Schockzustand die Gegenwart erlebt, also nicht einmal mehr die Wahl mehr hat, was sie nun mitteilen möchte, kann man von dieser Parallelwelt erfahren. Freilich zunächst nicht viel mehr als die Qualität jenes Lichts. Mit der Geste des Blicks erfährt der Beobachter von ihrer Hinwendung auf die Dinge ihrer Welt, mit der Qualität des Lichts, dass es diese Augenblicke wirklich gab.

Umso schmerzhafter, wenn das gesehene, gedämpfte Licht nicht nur ähnlich scheint, sondern tatsächlich und wirklich von Vergangenem erzählt. Durch den Eintritt in diese Vergangenheit in einer Weise, die all die – vergebliche – Gegenwart erkennen lässt, wird selbst ein zu einer einzelnen Farbe reduziertes Lichtzeichen zu einem starken Index.

Wird also in einer ganz bestimmten Tönung des Lichts inmitten der Gegenwart zugleich die Vergangenheit sichtbar, so wird es unweigerlich die »wirkliche« Gegenwart ersetzen. Zumindest wird die Reaktion eine starke, vielleicht abwehrende sein, aber es muss reagiert werden. »Die Gegend von damals«, »das Kind, das ich war«, kurz: *Damals* als Zeichen für vergangene Gegenwart ist ein mehr als auffällig gehäufter Begriff in den *Jahrestagen*. Ein finales Interpretans: Auf »Damals« läuft so ziemlich jedes beschreibbare Detail hinaus. »Damals«, das ist weitaus mehr als ein in der Erinnerung jeweils erreichbarer, benennbarer, ein der Tochter leicht zu überliefernder zeitlicher Umstand. Ein solches »Damals« nennt nicht die historischen Überlieferungen, jene Zeitläufte der Region Mecklenburg und Gesamtdeutschlands. Das sind nur *post hoc*-Konstruktionen, instruktiv, aber gar nicht einmal wesentlich für die Erzählung. Berichte über den Umgang der Menschen Jerichows im Hitlerregime und der Sowjetdiktatur sind hauptsächlich notwendig für die Aktualisierung jener Lebenszeichen, für die wahrhafte Konstruktion von Lebendigkeit, von Wirklichkeit. Didaktisch und politisch wie auch strukturell mögen diese Berichte unabdingbar sein, aber doch nicht hinreichend für die erzählerische Gesamtkonstruktion der *Jahrestage*.

Aufgeschlagen wird ein großes Buch der Gegenwart, einer fotografisch singulären Gegenwart, die von New York und die von »Damals«. Beide verbunden in genau demselben, und keineswegs ähnlichem Licht. Das ist gewiss ein erzählerischer Versuch, der nie einzulösen ist – es sei denn als ein Zustand von Krankheit oder unzeitigem Aufwachen im Jetzt. Im letzten Kapitel des zweiten Buches heißt es:

Kein Heimweh.
Es gibt ein Aufwachen mit Schreck in den Nerven, das will das dicke, graue Licht vor den Fensterquadranten nicht erkennen, sucht andere Fenster, noch die Aprilfarben scheinen nicht richtig, das Morgenblau der Pallisaden, der von Wolken verdüsterte Fluß, die harten Platanenstämme, im schwächlichen Parkgrün. Dann gleitet das hundertmal Gesehene doch über in die Erwartung.
Da sind Morgende, wenn das kochende Geglitzer der Sonne auf dem East River verschwindet im Schatten der Jalousie, so wird Long Island zu einer Insel. Der Schmutzdunst macht aus dem Gedränge der Häuser in Queens eine weiche, schwingende Landschaft, Waldwiesen und Durchblicke auf einen Bischofsmützenturm wie ich ihn einmal sah von der See her beim Halsen des Bootes, zugestellt von Bodenfalten und

endlich zum Hingehen nahe über der Steilküste.
Dahin will ich nicht zurück.
(JT 1007 f., 19. April)

Obwohl Gesine schon unzählige Male aus dem Fenster am Riverside Drive blickte, erwartet sie im Aufwachen noch immer den Blick auf ihre Heimat. Mit der Aussicht, nach Prag zu reisen, wird ihr Leben in New York wieder weniger selbstverständlich, sodass sie ab und zu jenem Peirceschen Reisenden gleicht, der sich spät abends sehr müde zu Bett gelegt hatte. Wie jener Reisende, erwacht Gesine an einem ihr auch nach Jahren noch völlig unbekannten Ort, sie erfährt ein »Schockgefühl […] mit dem Bruch [ihrer, F. M.] unbewußten Erwartungen«.[47] Im Schlaf war sie offensichtlich mitten in Mecklenburg, bewegte sich im Traum im Lichte des Frühjahrs 1945, als sie Jakob zum ersten Mal begegnete.

Dieses »dicke, graue«, noch nicht einmal farbige Licht kann mit Peirce als reine Qualität, als positive Möglichkeit im Sinne eines Qualizeichens gedeutet werden – als eine Empfindung also, die noch aktualisiert werden muss. Das physisch wahrgenommene Licht wird vermittels der gerade geträumten Vergangenheit zum (vorläufigen) Sinzeichen, zur einer – ersten – Wirklichkeit. Das helle, graue Licht vor ihrem Fenster könnte noch in eins gehen mit einem Grau von einst; einer weiteren Farb-Prüfung jedoch hält es nicht stand: Das Abbild auf der Retina erweist sich schließlich als falsch, weil ungenügend exakt grün und blau koloriert.

Gesine erschrickt also nicht nur, weil sie sich an einem *anderen* Ort als erwartet aufhält. Der erste Schmerz bezieht sich auf die falschen Farben am scheinbar richtigen Ort. Sie »erwacht« auch im Laufe des Tages nur unvollständig, kommt nur langsam in der New Yorker Gegenwart an, wie dies auch die Assoziationen mit dem wahrgenommenen Licht, dem Dunst jenseits ihres Bürofensters verdeutlichen.

Der Moment des plötzlichen Lichtwechsels, des Erkennens der Täuschung, induziert zwangsweise jenen Moment der Aufmerksamkeit, der für jeden Erkenntnisprozess eminent wichtig ist. Beobachtet wird nun zwar nur – wie ungewusst zuvor – das einfache Licht. Doch ist damit eine Verbindung geschaffen, die deutlich macht: Es gibt Ereignisse, die derart bedeutend sind, dass sie mich das Unbedeutende immerhin als grünlich-grau wahrnehmen lassen. Das ist ein sichereres Indiz für Erinnerung als die Beschreibung einiger Details, bzw. die Wiedergabe von bereits Gedeutetem, eben von Interpretanten. Zeichen als Gewohnheiten, mehr oder weniger deutlich erreichte Interpretanten, formen ein Bild. Oder aber – wie für die *Jahrestage* – ein verborgenes, individuelles Gedächtnis.

---

47   Peirce (1993) 313.

Fotografische Zeichen steigern von sich aus nicht die Fähigkeit, zu erkennen. Dies nämlich ist Aufgabe der Erinnerung: In dem Versuch erst, die in das Bild ragenden Fragmente einer anderen Zeit zu erkennen und ihre *Wirkung*, noch nicht einmal ihre Bedeutung auf die Gegenwart anzuerkennen, erinnert Gesine. Und sie erkennt sich und das, was sie in der Zeit formte. Zu erinnern, ohne das Erinnerte als anwesend zu erkennen, wäre abermals nur Historie und ohne Antwort auf die Gegenwart.

6. Zur Zukunft des fotografischen Zeichens

Erzählgegenwart und Topografie

Ein Fotograf wie auch der Betrachter einer Fotografie stellen sich dem selbstverständlichen Fluss des Lebens ostentativ entgegen. Ein alltägliches und von daher lapidares Ereignis will niemals bewahrt sein, sondern weitergehen zu Neuem und dabei hinter sich lassen und vergessen, was war. Einem Familienvater scheint es gestattet, die Momente des Aufwachsens seiner Kinder oder das Alter seiner Eltern festzuhalten – nach Möglichkeit jedoch nicht anhand ganz alltäglicher Motive, vielmehr familienhistorischer Institutionen wie dem gemeinsamen Urlaub, von Weihnachtsfest, Hochzeit oder Taufe. Das Fixieren von Werden und Vergehen ist ihm stets legitimiert durch das Fortbestehen seiner Familie selbst – und mit ihr die fotografische Erinnerung durch Identifikation und Tradition.

6.1 Fotografie und die Wahrnehmung von Lebenden und Toten

Zunächst persönlich gesprochen: Lange fotografierte und sammelte ich die Bilder meiner Familie. Nun stehen sie unverbunden ohne ersichtlichen Sinn nebeneinander – außer dem, ihnen und mir darauf beim Älterwerden zuzusehen. Als Kunst mag man diese erratischen Kompositionen loben: keineswegs aber die darin dargestellten Objekte, da diese so persönlich sind, wie sie es hätten sein können, wären sie zu einem Teil jenes Familienalbums geworden.

Meine Zeit ist weder durch Krieg und Revolution, noch durch verheerende Vernichtung und atemberaubenden Wiederaufbau, vielmehr durch einen schleichenden sozialen Wandel im Anschein unveränderbarer Stabilität gezeichnet und gefährdet. Als ich ein soeben fertig gestelltes Einfamilienhaus in der Neubausiedlung hinter dem Dorffriedhof aufnahm, fragte dessen Besitzer, zunächst kaum überrascht von der Wahl meines Fotoobjekts, zu dessen Teil er im Vordergrund geworden war, ob ich mich ebenfalls hier niederlassen wolle. »Nein,« antwortete ich ihm, »meine Eltern wohnen nur in diesem Ort«. Es folgte keine weitere Frage.

Sinnloser und in gewisser Weise unheimlicher konnte mein Unterfangen dem jungen Familienvater nicht vorkommen: Wer möchte sich schon auf ewig festgehalten wissen vor einem Haus und dies noch lange, nachdem alle Kinder dieses verlassen haben? Hierin gleicht das neue schon jetzt meinem verlassenen Elternhaus.

Geht man, wie seit der Reformationszeit verstärkt betont,[1] von einer Trennung zwischen der Wahrnehmung von Lebenden und Gestorbenen, von einer Bekämpfung der Totenmemoria und in ihrer Folge von einer neuen Ausformung des Gedankens der Gegenwart der Toten aus, so stellt die Erfindung der Fotografie diese Trennung wieder in Frage – ja, bedroht diese sogar erheblich. Man ist versucht, den Umgang mit ihr mit dem Bewusstseinszustand eines Menschen des Mittelalters zu vergleichen. Folgt man nämlich der Darstellung des mittelalterlichen Alltagslebens von Otto Borst, so stand das Leben unter der Herrschaft des Todes,[2] wo es heißt: »[…] die Lebenseinheit einer Familie umfaßte lebende und tote Familienangehörige«.[3] Fotoalben, welche die Geschichte einer Familie festhalten, können als ein Rückgriff auf alte christliche, und sogar heidnische Bräuche interpretiert werden. So berichtet Aleida Assmann: »Die Totensorge bestand in der Verewigung des Namens, der an Jahrestagen und Festtagen in die Meßliturgie aufgenommen und in das sprichwörtliche ›Buch des Lebens‹ eingeschrieben werden sollte.«[4] Nach Luthers Ansicht jedoch »[…] sollte die menschliche Erfahrung mit dem Tode auf den spirituellen Zustand der Lebenden ausgerichtet sein, die Erinnerung an die Toten galt ihm als sekundär«.[5]

Die Erinnerung an verstorbene Familienmitglieder an bestimmten, festgelegten jährlich wiederkehrenden Gedenktagen geschah durch die Anrufung des jeweiligen Namens. Mit dem Beginn der Moderne erlosch auch die Vorstellung von der Gegenwart der Toten, die noch Rechtssubjekte waren – das heute geltende Recht lässt die Rechtspersönlichkeit mit dem Tode erlöschen. Die Vorstellung von der Gegenwart der Toten wird abgelöst vom Gedanken der bloßen Erinnerung an sie.[6] Die Familienfotografie nun kann ihrerseits Teile einer solchen Gedenk- und Vergegenwärtigungsfunktion aufnehmen, da sie mit dem Betätigen des Auslösers gleichermaßen ein lebendiges Innehalten wie auch die Vorwegnahme des Vergangenseins beansprucht, kurz: ein Überleben der Angehörigen, der Toten inmitten der Le-

---

1   Siehe Koslofsky 336.

2   Borst, O.: Alltag des Mittelalters. Frankfurt a. M. 1983, 590.

3   Ebd. 601; siehe auch Koslofsky 335 f.: Er spricht von der »Gegenwart der Toten« und fährt fort: »Mit dem ausgehenden fünfzehnten Jahrhundert wird diese enge Beziehung zwischen Lebenden und Toten durch eine veränderte Einstellung gegenüber den Verstorbenen in Frage gestellt, die dann ihren Höhepunkt in der Reformation fand. Man begann, die physikalische [gemeint ist der Kirchhof innerhalb der Stadtmauern, F. M.] und spirituelle Gegenwart der Toten in völlig neuer Weise als lästig und bedrohlich zu empfinden.«

4   Ebd 34.

5   Koslofsky 346.

6   Siehe den Aufsatz Oexle Otto, G.: Die Gegenwart der Lebenden und der Toten. Gedanken über Memoria. In: Gedächtnis, das Gemeinschaft stiftet (Hg. Karl Schmid). Zürich 1985, 74–108, insb. 100.

benden. Zumindest für eine gewisse Zeit, solange nämlich noch jemand die auf dem Bilde dargestellten Personen kennt und von ihnen zu erzählen weiß. Die Ur-Urgroßeltern sind mit der eigenen Person nur schwer mehr in Einklang zu bringen. Auch hat die Fotografie in ambivalenter Weise in der Psychopathologie des Alltags mit den Phänomenen der Trauer um Tote oder verlorene Menschen zu tun, indem sie verblassende Eindrücke bewahrt, ja, sozusagen die Spur, die Präsenz des verlorenen Menschen mit großer affektiver Kraft in sich birgt.

Fotografien als Beleg einer gewesenen Zeit ohne zugesprochenes Recht auf eigene Deutung und Mitsprache, am Ende also als Zeichen bloß individueller Sterblichkeit, sind dem Familienmitglied hingegen verdächtig und zu meiden. Schließlich könnten sie auch die katastrophale Vergeblichkeit aller Bemühung meinen. Doch insbesondere durch letztere Aspekte behauptet sich die Fotografie als modernes Medium im Unterschied zum Gedenken des Mittelalters. Jene hinzugekommene Bedeutung der Fotografie als ein Zeichen des Todes ist spätestens seit Roland Barthes' Schrift bekannt: Die Fotografie gilt ihm als Zeugnis »[…] einer Katastrophe, die bereits stattgefunden hat,«[7] und zwar: »[…] gleichviel, ob das Subjekt, das sie erfährt, schon tot ist oder nicht«.[8]

Genau dieser psychische Zustand in der Schwebe zwischen »noch lebend« und »bereits gestorben«, ist für die Erzählstimme der *Jahrestage* typisch: Gesines Zustand wird geprägt durch eine andauernd schwere seelische Belastung aus der Vergangenheit, die sich bis in alle Einzelheiten in die zu betrachtende Gegenwart erstreckt. Das Nebeneinander von Stimmen der Lebenden und denen der Toten fördert einen Bewusstseinszustand, der aktives Wahrnehmen von Zukunft verhindert. Gesine Cresspahls inneres Leben spielt sich parallel zu den für sie noch lebendigen, aber »schon toten« Beteiligten des zweiten Weltkrieges und seiner Folgeereignisse ab – seien dies nun die befreundeten Kinder, die durch die Bombenangriffe in Deutschland starben, oder die der jüdischen Familien, deren überlebende Angehörige sie in New York kennenlernt. Gesine lebt inmitten einer Katastrophe, die bereits stattfand: In Gedenken daran lebt die Protagonistin der *Jahrestage* – noch? oder wieder?

---

7   Barthes 106: Im Original kursiv gedruckt. Wie nicht nur für diesen Text meist üblich, sind eingängige gern zitierte Formeln ihrerseits nicht genau nachgewiesene Zitate, hier stammt der Ausdruck wohl von dem Analytiker Donald Winnicott.
8   Ebd.

6.2 Gesines Lebens- und Erzählgegenwart

Könnte Gesine nicht bereits jetzt, während sie uns noch erzählt, Teil einer Schattenwelt sein, in die sie sich, der inneren Konsequenz des Romans folgend, vollends begeben wird, indem sie nach Prag aufbricht? Die Hoffnung auf den Aufbau einer gerechteren Welt ist durch die politische Entwicklung vor ihrer Abreise bereits gefährdet, der Leser aber weiß, dass Willkür, Gewalt und Tod auch diese Stimmen eines gemäßigten Sozialismus' brutal zum Schweigen bringen werden. Ob Gesine und Marie auch dabei sind, erfahren wir nicht, die Zukunft bleibt ein unbeschriebenes, ein nichtgeschriebenes Blatt. Der Tod ist von Anfang an in nahezu allen visuellen Wahrnehmungen präsent, und zwar insbesondere in den momenthaften Lichterscheinungen des Himmels und ebenso in Gesines Blicken auf die beiden jenseitigen Uferseiten, nicht zu vergessen in den geneigten Blicken auf eine tatsächliche oder konstruierbare Oberfläche eines Bildes, genauer gesagt, einer Fotografie. Für Gesine – und an dieser Stelle sogar Marie – mag in seiner Unbestimmtheit auch darüber hinaus gelten, was nach vergeblicher Suche schließlich über Francine ausgesagt wird: Sie »[…] mag gestorben sein; ist verloren.« (1885)

Da genau diese Ambivalenz aber für die Struktur der Durchdringung beider Bereiche so wichtig ist, dürfen wir auch die lebenden Stimmen, z. B. Anita Gantlik oder sogar den vitalen de Rosny als psychisch und physisch Versehrte, in der einen oder anderen Weise vom Leben getrennten Menschen lesen, siehe Gesines Dialog vom 23. Juli mit Anita: »*Daß du in deinem Leben keine Kinder kriegen kannst. Nado*« (1615) und über de Rosny heißt es »Scheußlich das mit seiner Frau. Unangreifbar. Beileid verboten. Nicht einmal so zu fassen …«. (917) Bei Francine ist die Nähe zum Tode ganz offensichtlich:

[…] eine Francine haben wir herausgegriffen aus einem Wirrwarr von Messerstecherei und Ambulanz und Polizei. Die kleine Person mit den weitläufigen Augen, sie kommt manchmal in faserige Morgenträume, hält den Kopf schräg […] legt zum Abschied ein weißes Tuch mit Spitzenrand auf ihren dunklen Blick und Kopf; die Farbe der Trauer, mag gestorben sein; ist verloren.
(JT 1885, 19. August)

Unmittelbar zuvor nämlich erinnert sich Gesine an die Taxifahrt mit der fieberkranken Marie, deren Kopf herunterhing, den Gesine vergeblich anzuheben versuchte, Maries Zöpfe schleiften über den Boden. Der Taxifahrer rief Gesine nach: »Möge dein Kind verrecken, du deutsche Sau!« (1885) Diese Szene nimmt in chiastischer Verschränkung Elemente aus der Nacht von Lisbeths Tod auf, worin geschildert wird, wie Frieda Tannenbaum ihre von der SA erschossene Tochter Marie aus dem Geschäft trägt: »Sie hatte lange schwarze Zöpfe, die nun fast bis aufs Pflaster hingen. Als sie der Mutter zu schwer wurde, glitt sie mit ihr in den Armen auf den Boden, immer gehorsam mit dem Rücken zur Wand, und fiel über ihr zusammen. Sie hielt ihr Kind immer noch wie eins, das bloß schläft und nicht aufwachen soll«. (724) Die häufige Betonung dessen, dass jemand (Gesine, Francine) nicht richtig aufwachen kann oder will, gerinnt in dieser Beschreibung der toten Marie Tannenbaum zur Beschreibung eines Kindes, das paradoxerweise vor dem Tod geschützt werden soll indem es sozusagen nicht merken *soll*, dass es tot ist.

Gesines Wahrnehmung ist geprägt von Verlust, tiefer Müdigkeit, und jenem Topos des mühsamen Aufwachens, das von Unruhe oder gar Schrecken begleitet ist.[9] Für Gesine scheint die Welt beim Aufwachen so »dunkel wie in einem Grab« (750) – eine weitere Reminiszenz an die jüdische Marie Tannenbaum, die nicht in den Tod hinein »aufwachen« sollte.[10] Zusehens schwindet das allmähliche, dann abrupte, weil täglich veränderte Wahrnehmen während des Aufwachens, der in die Handlungsgegenwart zurückführende Index – und das nicht nur während des Fiebers im Februar, als die Erzählung den Tod von Gesines Mutter erinnert. Diese Verengung auf einen allgegenwärtigen Zustand stellt sich ein, wenn einen keine Zukunft mehr erwartet, wie es Gesine Marie einmal erzählt: »Kein Mal aufwachen dürfen, außer von dem Schlag gegen ein Stück Eisenbahnschiene. Wissen, daß das einzige Gepäck die Erinnerung sein wird«. (1720)
    Auch Francine kann bestimmte Gewohnheiten nicht aufgeben: stumm, gesenkten Blickes geht sie die Straßen entlang. Das Mädchen verkriecht

---

9   Strasky 13 führt diese Müdigkeit auf Gleichförmigkeit und Wiederholung im Alltag zurück: Gesines Streben nach Rekonstruktion der Vergangenheit wolle gerade gegen die Haltung eines Schläfers »whose breath comes and goes unconsciously« wie es in der Eingangssequenz von *The Waves* heißt, ankämpfen. Die Erinnerung an Vergangenheit dürfe nicht der die Erinnerung bedrohenden Wiederholung und einer schläfrig-unkritischen Haltung Platz machen, die Erinnerung müsse »wach und scharf sein.« Abgesehen davon, dass am angegebenen 15. August dieses Zitat nicht zu finden ist, ist die Gleichung wach=kritisch doch wenig erhellend.
10   Vgl. auch Elben 80 ff. sowie Anm. 60 zur Stelle über den Schock im Angesicht der Holocaust-Bilder (JT 235): Elben gibt Auerochs Recht: »Der Holocaust bleibt für Gesine etwas, das in keinem Aufwachen ganz verschwinden wird, etwas Unbewältigbares, wofür sie vergeblich eine passende Vokabel sucht«. (Vgl. Auerochs »Ich bin dreizehn Jahre alt jeden Augenblick«. Zum Holocaust und zum Verhältnis zwischen Deutschen und Juden in Uwe Johnsons *Jahrestagen*. In: Zeitschrift für deutsche Philologie 112 (1993), 598.) Elben 83 geht jedoch im individuellen Kontext, bzw. der Verknüpfung von individueller und kollektiver Erfahrung weiter, wenn er das »etwas«, das buchstäblich Unsagbare benennt: »Es ist der Tod. In Gesines Erinnerung ist er in all seinen albtraumartigen Facetten an- und abwesend, als »etwas« das weder zu vergessen noch aufklärend in Worte zu fassen ist.« Im Tod der Marie Tannenbaum wird, so Bormuth 195, die »kollektive Schuld« exemplarisch.

sich hinter den Comics, will sich nicht mit für die Zukunft Notwendigem beschäftigen wie der Lektüre der Schulbücher: »Wie jemand, der nicht aufwachen will«. (732) Damit ähnelt Francines Bewusstsein, auch wenn wir die Gründe dafür nicht erfahren, offenbar in gewisser Weise dem Gesines, die auch während Francines Besuch erkrankt. In jenen Fieberträumen formt sich das Geschehen um Lisbeths Selbstmord in einer überwältigenden Bildsprache.

Gesine selbst scheint verloren an das, was sich ihr vor-stellt und was sich vor sie stellt. Indem sie sich diesem Schicksal, symbolisiert durch die Reise nach Prag, fügt, wird ihre Erzählung, insbesondere im letzten Band insgesamt fügsamer. Das selbst Erlebte wird flüssiger berichtet als ihre ursprüngliche Ver-rücktheit, d. h. die Wassertonnengeschichte und all die nicht selbst miterlebten Familengeschichten.

Worin ähnelt dieser Zustand, aus dem heraus erinnert, beobachtet und erzählt wird, dem eines Fotografen und seiner Betrachtung von Fotografien? Um mit einem beliebten Klischee aufzuräumen: Kaum ein ernsthafter Fotograf schaut beständig mit dem diesem Berufsstand so gern attestierten »scharfen Blick« in die Welt. Dieser soll vielmehr gerade eben noch dumpf, müde oder vielleicht verloren gewesen sein. An der typischen optischen Schärfe jenes Mediums, an beschworener momenthafter Genauigkeit wird es dem Bildergebnis dennoch nicht fehlen – dafür sorgt schon der gewohnte Umgang mit dem technischen Gerät. Der Fotograf mag geradezu verzweifeln an der scharfen Unerbittlichkeit, mit der er sich einem Nebeneinander von kaum mehr chronologisch zu sortierenden und daher eher lediglich deponierbaren Wirklichkeiten stellt. Seines riesigen Bildarchivs mag er müde werden, weil die Anwesenheit der darauf abgebildeten Menschen ihr zugleich notwendiges Vergessen so ausdrucksstark zu verhindern sucht.

Aufgenommen durch das Küchenfenster.[11] Man blickt auf den hellen Boden
einer längst ausgeräumten Küche, die dennoch eine vor Jahrzehnten erlebte
Kindheit enthält. Heute erschrickt man beim Anblick des verwahrlosten
grünen Hauses, dessen Fundamente der nahe Bach bald aufgeweicht hat.
Die Dachrinne leckt, vor der Türe rostet eine Schubkarre. Der Blick in jene
Küche ist freigegeben, aber nur dort, wo der Betrachter seinen Schatten auf
die spiegelnde Fensterscheibe wirft. Wäre er nicht auf die Bank vor dem
Fenster geklettert und hätte er nicht von schräg unten fotografiert, sähe man
in der Scheibe nur die hohen Birken, wie sie grün und hell vor der Paar stehen. In diesem damals so unendlich groß scheinenden Garten versteckten
wir Kinder uns, bis uns in der Dämmerung die Mutter zum Abendessen rief.
Da stand schon der Seerauch über dem Bach.

---

11   Vgl. JT 65: »Wenn da eine Katze innen am Küchenfenster lag, […]«

Alle Jahre führte die Paar im Frühling Hochwasser und wieder und wieder liefen die Keller voll mit trübem Wasser. Nach dem Auspumpen roch es noch wochenlang scharf nach kaltem Schlick. In der Feuchtigkeit der Keller verdarben die Briefe des Vater aus dem sibirischen Gefangenenlager: verwischt die Tinte, lesbar bloß ein paar Zeilen in der Mitte des Bogens. Erst der Schatten des Fotografen gibt den Blick frei auf die Gegenwart: Ausgeräumt, verlassen. Leer ist auch das Zimmer dahinter, das einstige Wohnzimmer, wo das Licht der untergehenden Sonne ein niederländisches Stilleben mit einem roten Hummer entzündete. Die Vergangenheit wird greifbarer im Moment dieser Vorstellung. Und noch einmal: Bleiben wird, was jetzt schon sichtbar ist außerhalb des Umrisses: Der helle Himmel über dem Ort, das Grün der Birken, der Schatten.

Weshalb setzen Uwe Johnsons *Jahrestage* gerade 1967 ein, also knapp fünf Jahre nach dem Tode Cresspahls (1875)? Vielleicht liegt es auch und gerade an einem bestimmten, gesteigerten oder nun endgültig erreichten Grad an Müdigkeit der teilnehmenden Berichterstatter: Immer wieder nämlich befindet sich Gesine Cresspahl in einem Zustand des (Tag-)traums, worin und woran sie sich verliert – und aus dem sie geweckt werden möchte. So geschehen im November 1967 bei Gesines Tschechischlehrer Prof. Anatol Kreslil, in dessen winziger Wohnung in einer verwahrlosten Gegend Harlems:

[…] und immer wieder bringt Kreslil mich mit seinem Tschechisch in mein Russisch […] und sieht mir mit dieser Mißbilligung beim Schlafen zu, […], ich habe mich schlafen sehen auf einem von Blachs Bildern mit leicht vorgekrümmten Schultern und lockerem Hals und hängendem Gesicht wie tot, für ein einziges Wort Deutsch holt Kreslil mich aus meinem Schlaf für zehn Dollar […] Wie kann ich schlafen bei diesen Leuten. Weck mich auf.
(JT 304, 16. November)

»Kreslil« ist kein typisch tschechischer Familienname, er bedeutet im Tschechischen »gezeichnet«. Dessen Ähnlichkeit mit dem ersten Wort des aus »Cress« und »Pahl« zusammengesetzen Familiennamens Cresspahl deutet auf eine entscheidendes Merkmal von Gesines Leben, nämlich gezeichnet zu sein – durch persönliche wie politische Erfahrung. Anlässlich eines späteren Treffens erzählt Kreslil, wie seine Frau in Prag Hungers starb, während sich Gesine daran erinnert, wie wohl es ihr genau zur selben Zeit beim Besuch in Fischland erging. Daraufhin melden sich die – kursiv gedruckten – Stimmen der Abwesenden zu Wort:

Es ist vergangen, Mrs. Cresspahl.
Nein.
(JT 926, 28. März)

Keineswegs ist jene schlimme Zeit vergangen, durchlebt, aufgearbeitet – weder im individuellen noch im kollektiven Sinne. Gesines tiefe Müdigkeit ist im Gegenteil verbunden, vielleicht sogar bedingt durch die beständige deutliche Präsenz ihrer Vergangenheit. Diese rückt in New York durch die Überlebenden des Holocaust sogar noch weiter in den Vordergrund – so wird Gesine der Tscheche Kreslil empfohlen durch Mrs. Ferwalter, eine Überlebende des Konzentrationslagers Mauthausen. Weshalb ist der Dialog mit Kreslil nicht *recte* gedruckt? Vielleicht, weil hier Menschen miteinander sprechen, die in gewisser Weise »schon tot« sind oder sich bereits auf dem Wege zu den Toten befinden.[12]

In Kreslils Wohnung wird Gesine in einen durchgesessenen Armsessel (tschechisch: *kreslo*) platziert. Dort wird sie von Kreslils Gefährtin, Frau Kvatshkova, am Arm berührt und »[...] am betrübten Kopfschütteln [ihrer, Gesines, F. M.] Müdigkeit beklagt [...]« (302) Nicht allein der anstrengende Arbeitstag, sondern die überdeutlich spürbare Vergangenheit fordert, ja überfordert die Anwesenden, allen voran Gesine. An dieser Stelle soll die Flucht in den Schlaf verhindert werden, weil dieser mehr scheint als nur ein Ausruhen: Gesine sieht sich bei Kreslil sitzen wie auf Fotografien, die Jonas Blach einst von ihr nahm: mit »hängendem Gesicht wie tot«. (304)

Wenn sich Gesine im Gespräch mit Marie angesichts der Studentenunruhen nicht mehr in der Lage sieht, einen festen politischen Standpunkt für die Gegenwart und Zukunft des Landes einzunehmen, dann scheint ihr ein Gang und damit Blick vom Riverside Park über den Fluss mehr als »ebenso recht«, wenn nicht lieber als der auf vorüber ziehende Demonstranten. Nur mühsam und der Verpflichtung geschuldet, Marie zu erziehen,[13] orientiert sich das Gespräch an einer gestaltbaren Zukunft. Als Marie protestiert, erklärt sich Gesine: »– Es ist nicht Müdigkeit von heute, Marie.« (1095)

---

12 Elben 209 betont, dass aus Gesines Brief an Mitscherlich klar hervorgeht, dass die Stimmen die sie hört, sich auch auf die Gegenwart erstrecken »bei lebenden Personen, ob abwesend oder vorhanden«: »Nicht nur bei dem Kind [Marie, F. M.], auch bei aktuellen Unterhaltungen von heute [...] läuft neben dem Gesagten eine zweite Strähne mit, worin das Ungesagte sich bemerklich macht, das nämlich was das Gegenüber verschweigt oder bloß denkt.« (JT 1540) Riordan, der sich detailliert mit Gesines Hören von Stimmen auseinandersetzt, reduziert Gesines Gesprächspartner hingegen »auf die Toten«: Riordan, Colin: »Die Fähigkeit zu trauern.« Die »Toten« und die Vergangenheit in Uwe Johnsons *Jahrestage*. In: Carsten Gansel (Hg.), Wenigstens in Kenntnis leben. Notate zum Werk Uwe Johnsons, Neubrandenburg 1991, 62–65. Vgl. auch Krellner 267, FN 251.

13 Vgl. JT 1092: Marie gegenüber fühlt Gesine vermutlich nicht einmal jene Verpflichtung, die Cresspahl ihr gegenüber empfand. Obwohl Cresspahl seine Kräfte im sowjetischen Lager verloren hatte und nur zu gerne nach London gegangen wäre, blieb er mit seiner Tochter in Mecklenburg. Und zwar nicht aus dem Gefühl der Verantwortung heraus, sondern ihr zuliebe: Die 14jährige Gesine wollte bleiben wegen Jakob. Dem gab Heinrich Cresspahl nach.

Mit Gesine Cresspahls Erzählung wird stets auch ein Raum aufgespannt und inszeniert, der nicht der diesseitige ist: eine Welt erschaffen, die nicht allein die jetzige ist. Die Bilder New Yorks verweisen bei aller Gegenwart doch auf Jenseitiges: auf die Anwesenheit einer zweiten, ebenso mächtigen Gegenwart. Gesine lebt vermutlich vollständiger, als sie es dem Psychotherapeuten Mitscherlich eingesteht, in einem Reich, das sich vor allem dadurch auszeichnet, nicht durch eine genaue Abfolge von Zeiten unterschieden zu sein. Historische Gegenwart und Vergangenheit geraten dort in eins, in eine jenseitige Gegenwart, die sich im Wesentlichen durch die Abwesenheit von Zukunft auszeichnet: Die Stimmen der Toten äußern sich auch nicht zu ihrer Reise nach Prag: *Was haben wir mit der Zukunft zu tun.* (1541)

Die Toten sind Gesine gegenwärtig – und umgekehrt. Die Abwesenden sind anwesend in der historischen Gegenwart Gesines, wie auch Gesine im Dialog mit ihnen innerhalb abgrenzbarer Zeiteinheiten anwesend ist:

Dennoch gelange ich (manchmal fast vollständig) zurück in vergangene Situationen und spreche mit den Personen von damals wie damals. Das ereignet sich in meinem Kopf, ohne daß ich steuere. Auch verstorbene Personen sprechen mit mir wie in meiner Gegenwart.
(JT 1539, 12. Juli)

Gesine, die Tochter einer verzweifelt frommen Protestantin, begibt sich zum einen in einstige Momente (»Situationen«), zum anderen in deren je übergeordneten, vergangenen Zeit- und Lebensraum (»damals«). Was einer beabsichtigten, gewünschten Erinnerung misslingt, ermöglicht die Anwesenheit der Toten ohne Distanz und Verzug, nämlich eine Ausfüllung von »Wirklichkeit, [und, F. M.] Lebensgefühl«, wenn auch nicht mehr die einer »Handlung«. (64) Das mögliche Vorhaben ihrer Erzählung, nämlich der Fülle der Vergangenheit durch die Vorhaltung ihrer visuellen oder anderweitig sinnlich erfahrbaren, darunter auch olfaktorischen Bestandteilen auf die Spur zu kommen, scheitert.

Der Geruch von Gustafssons Fischsalat gibt nicht wie Prousts legendäre Madeleine den unmittelbaren Impuls zur Erinnerung, sondern zu einem Diskurs *über* Erinnerung – was entgegengesetzter nicht sein könnte.[14] Was also in seiner Anspielung, bzw. gegenläufigen Umformung nach einer latenten Auseinandersetzung mit Prousts Theorie der *mémoire involontaire* aussieht,[15] bleibt bei näherer Betrachtung keine Antithese, sondern bestätigt

---

14 Zu den *Jahrestagen* als reflexiver Proust-Roman: d. h. ein Roman, der »Distanz zu einer Form beansprucht, die für seine eigene Formfindung dennoch elementar wichtig war.« siehe z. B. Auerochs (1997) 432 ff. oder auch Schulz 188–198 (»Gesine und Marcel oder das Scheitern der Erinnerung«).

15 Vgl. dazu Auerochs (1994) 206, Anm. 46, 207 ff.

genau dies: Man darf nicht bitten, um zu erinnern; ebenso wenig wie man wünschen darf, um die fotografischen Bilder aus dem Traum Gesines zu sehen. (408) Für Johnson bieten ausschließlich visuelle Eindrücke die programmatische Rolle einer Erinnerungssuche aus Fragmenten. Selbst der Holz- und Akazienduft, durch den Gesine beim Besuch von Staaten Island angeregt wird, führt nicht zu unmittelbar eigenen Erinnerungen: Sie berichtet von einer Liebschaft D. E.'s im Jahr 1949 am Wannsee. (1225)

Erst mit den Stimmen der Abwesenden, die weder voran- noch vorgestellt, und wohl nicht einmal eingebildet, sondern gleichberechtigt in der Zeit anwesend sind, gelingt – wenn auch nur im akustischen Sinn – die völlige Belebung der Vergangenheit. Allerdings um den Preis einer sterbenden originären Gegenwart, die ein wenigstens zeitweiliges Vergessen des Vorausgegangenen voraussetzt. Es schwindet die »Chronologie und Logik« (63) der Zeit, ihr »Nacheinander« weicht einem Nebeneinander«,[16] in dem Vergangenheit zu unverlorener, unvergessener, ewiger Gegenwart wird.

Jene Anwesenheit der Toten trägt aus Sicht des protestantischen Christentums eindeutig heidnische Züge. Luther kämpfte gegen eine übermäßig intensive Erinnerung an die Toten, insbesondere gegen ihre alltägliche, tagtägliche Anwesenheit, gegen eine Vertrautheit mit ihnen. Im Gegensatz zur katholischem Auffassung, nach der sich die Seelen nach dem Tod an einem realen Ort aufhalten und der täglichen Fürbitte bedürfen, soll nach Luther »[…] die Erfahrung mit dem Tod auf den spirituellen Zustand der Lebenden ausgerichtet sein«.[17] Überspitzt formuliert, geht es für Protestanten um die Vorbereitung auf das ewige Leben und nicht um ein Gedenken an die unendlich vielen bereits Verstorbenen, wie es viele Katholiken bis in die heutige Zeit pflegen.

Für Gesine indes, die am 22. Juli auch explizit eine Heidin genannt wird (1601), sind die von ihr abwesenden Menschen, insbesondere die Toten, unmittelbar, weil hörbar anwesend. Dieses »zweite akustische Band« (1540) geht in eins mit dem der lebendigen Wirklichkeit,[18] überlagert sie mitunter sogar und beide sind nur durch Gesines bemühte Konzentration voneinander zu trennen.

Dabei spricht sie ab und zu auch mit Menschen, bei denen sie nicht sicher sein kann, ob sie bereits gestorben sind oder nicht. Sie selbst ist es sich in

---

16   BU 415.
17   Koslowski 346.
18   Vgl. auch Scheuermann 261; Elben 261 spricht von einer »zweiten Gesprächssträhne« anknüpfend an Gesines eigene Worte im Brief an Mitscherlich.

den Dialogen auch nicht immer: So geschehen im Gespräch mit Gesine Redebrecht: »*Gesine bist du auch tot? / Das muß nicht sein, Gesine*«. (217)
Am 25. November spricht sie mit ihrer Mutter über den Gegenstand ihrer Gebete 1933. Gesine unterstellt ihrer Mutter offenbar, nicht wahrhaft für ein Leben ihres Kindes zu beten: »*Und daß du lebst Gesine. / Und darauf, denkst du, weiß ich keine Antwort. Ich wüsste schon. Ich sage es nicht.*« (364) Bereits mit 13 oder 14 Jahren hörte Gesine in Jerichow die Stimme ihres Vaters (1254, 1539), der sich 1947 im KZ befand.[19] Sie unterhält sich im Flughafenrestaurant mit D. E., der bald am Steuer eines Kleinflugzeugs sterben wird (1089). Ebenso, wenngleich für Gesine überraschend, mit Kliefoth, der sich seinen eigenen Worten nach bereits auf den Weg ins Totenreich gemacht hat. (1177)

Gesine Cresspahl unterhält sich demnach oft genug mit nicht eindeutig Toten, aber doch mit Menschen, deren (baldige) Abwesenheit vom Leben zumindest in Sicht ist, bzw. deren Verfassung sie auf die eine oder andere Art bereits zu Lebzeiten eine gewisse Teilnahme am Leben verlieren lässt, weil sie nicht teilnehmen *können*.[20] So ist z. B. in einem kursiven Dialog erinnert, dass Anita Gantlik niemals Kinder bekommen und damit in diesem Sinne auch keine Zukunft haben kann. Die Gefahr erkennt auch Mitscherlich in seiner Antwort: Ausdrücklich nämlich warnt er davor, Marie in die Reihe der Gespräche mit den Abwesenden einzubeziehen.

Um 1963 befolgte Gesine Cresspahl die Empfehlung D. E.s, sich »das Leben gefallen zu lassen« (1881), aber offenbar gehören die Toten, die sie seit jener Zeit hört und mit denen sie auch spricht, unabdingbar dazu. Nahezu zeitgleich begann das Heimweh »nach New York inmitten New Yorks«. (1882) Gesine ahnte somit vielleicht, dass sie zwar New York verlassen, jedoch nicht nach Deutschland oder Mecklenburg zurückkehren würde.[21] Gesine verzichtete darauf, ihre Zukunft zu planen, als wüsste sie um ihr Schicksal, das sich für das Jahr 1968 nur mit den Begriffspaar »Tod« und Prag« umreißen lässt. 1963 wollte Gesine noch zurück nach Deutschland, doch Marie hindert sie daran. (25)

Was nun bedeutet die Anwesenheit der Abwesenden, darunter die Toten, für die Erzählgegenwart der Erzählstimme, für den Ort ihrer Anwesenheit selbst? Die Erzählerin, so die These, weilt weit jenseits eines zukunftsbezo-

---

19   Vgl. auch die Kurzgeschichte Osterwasser in KP.

20   Vgl. Helbig, Holger: Last and Final: Über das Ende der Jahrestage. Johnson-Jahrbuch, Bd.3, Göttingen 1996, 95–122.

21   »Meine Leute da sind meist tot, und die Kinder aus meiner Klasse sind gegangen.« (JT 991)

genen Diesseits: Einer eigengestalteten Zukunft beraubt, bewegt sie sich, gerade einmal wach oder noch träumend, in einer beängstigenden Zeitlosigkeit. Vor 1963 wäre es Gesine vielleicht noch möglich gewesen, Vergangenes in Hinblick einer offenen Zukunft zu lesen, manches alte Bild im Fortschreiten der Zeit dem Vergessen anheimfallen zu lassen. Auch in der Erzählgegenwart 1967 und 1968 bleiben der Jerichow- und New York-Erzählstrang noch weitgehend chronologisch erzählt. Doch entspricht dies eher der Forderung von Zuhörer oder Leser, denn einem Bewusstsein des Erzählers. Gesines Erinnerung ist von einer zeitlichen Geordnetheit in jedem Falle losgelöst, das chronologische Nacheinander wird ersetzt durch ein Nebeneinander in sich geschlossener Lebenszustände und voneinander abgetrennter, geschichteter, überlagerter, kurz: fotografischer Bilder. Johnson, der in seiner Frankfurter Poetikvorlesung erstaunlich wenig über die *Jahrestage* berichtet, veranlasst und bestätigt diese Deutung:

[…] war sie [Gesine, F. M.] angelangt in einem psychischen Zustand, für den die Wissenschaften noch keinen genauen Namen nennen. Grob umrissen war das ein Mangel an Vorfreude, auf die Zukunft. Bis 1963 mit einem Willkommen für eine neue Stadt, […], ja auf den morgigen Tag. Unbemerkt war das geschrumpft zu einer bloß umsichtigen Vorbereitung auf ein Jahr nach dem anderen, als Verantwortung für ein halbwüchsigen Kind. Vielleicht war es die Lebensmitte, der Beginn der biologischen Rückbildung, die ihr das Bewusstsein des Lebenslaufes umkehrte in Richtung Vergangenheit, in den Versuch zu finden, wie die jeweils vorvergangenen Zustände ihres Lebens noch durch etwas anderes verbunden waren als ihr Nacheinander. (BU 415)

Die Umkehrung ihres Lebenslaufs verhindert das Vergessen jener Zustände, die weit in die Vergangenheit reichen – jetzt steht lange Vergangenes neben längst Gegenwärtigem, nun schrumpft das Gegenwärtige zu einem dem Vergangenen beinahe gleichberechtigten Bild. Das zwischen beiden Zeiten vermittelnde Element ist der »fotografische« Augenblick beider Wahrnehmungen, besonders im Sinne von einander ähnlicher »Momenthaftigkeit«.

Gesines Gelegenheiten, zu vergessen, sind bedauerlich gering. Sie mag sich visuell nicht an das eigentlich Schmerzliche erinnern, weil dieses verdeckt und überlagert, aber dennoch ständig präsent ist. Im Jahr 1964 beginnen die Erinnerungen allmählich überhand zu nehmen, der Strom des Lebens reduziert sich und verkehrt sich in Richtung Vergangenheit. Ausblick und Zukunft werden geringer, die Freude darauf ist geschwächt. Die Toten beginnen mit Gesine zu sprechen. Weit entfernt, dies als schockierende Erfahrung oder Einbildung zu sehen, empfindet sie im Gegenteil die Stimmen der Toten denen der Lebenden gleichgestellt.

Mehr noch, die Toten werden zu einem Teil ihres Lebens – sie nehmen ihren Platz, den sie im Leben innehatten, wieder ein. Gesine selbst mag sich allmählich in einem Zustand wiederfinden, worin ihr nach antiker Vorstellung das Wasser der Lethe noch nicht zu dem Maß an Vergessen verhilft, welches zu einem erneuten Leben notwendig ist.

Welche weiteren Hinweise lassen darauf schließen, dass sich Gesine bereits auf die Schattenwelt zubewegt, sich zumindest schlafend und träumend bereits in ihr aufhält, die Unterredungen mit den Toten also – wie sie selbst vermutet – nicht bloße Einbildung sind? In Johnsons erster Version Gesines Gespräch mit den Toten am 12. Juli tritt zu ihrer (erneuten) Irritation Kliefoth auf:

Herr Kliefoth, sind Sie nun doch tot?
Meines Wissens hatte ich Ihnen einen späteren Termin genannt. Das tut nichts. Sie hören richtig ich denke mich längst dazu. Die Hausaufgabe für Mittwoch besteht in der Übersetzung des Satzes ›Tu ne cede malis, sed contra audentior ito.‹
Nu is't nauch.
Hör bloss nich auf Kliefoth. Das gilt nicht
(JT Manuskriptfassung[22])

Kliefoth ist als eine Figur gedacht, deren »Status« nicht ganz klar ist: Als »tot« kann auch derjenige Mensch gesehen werden, der sich nur »dazu denkt«. Nichts anderes tut ja Gesine. Insofern fragt Fries nicht ganz zu Unrecht: »[…] ob Gesine in der Verbundenheit mit Jakob gleichsam auch tot ist«.[23]

Nach dem literarischen Vorbild von Vergils *Aeneis* übernimmt Kliefoth die Rolle der Sibylle von Cumae am Eingang zur Unterwelt. Weder der Kommentar der *Jahrestage*, noch andere, z. B. Scheuermann gehen auf die Funktion der Sybille sowie die Unterwelts-Ausgangssituation explizit ein: Ihre Interpretation des lateinischen Zitats aus Verg. Aen. 6, 95 f. als einer Vergilschen Maxime, die »lebenspraktische Zuversicht« und »Tugenden wie Tapferkeit und Mut« verbreite ist entschieden zu widersprechen.[24] Die Aufforderung ist im Zusammenhang mit der anstehenden Reise des Helden in die Unterwelt, seiner Begegnung mit seiner eigenen Vergangenheit und Zukunft [!] doch etwas zu lapidar lebenspraktisch-römisch gedacht. Sie klammert die Bedeutung des literarischen Kontexts und damit einen weiteren Aspekt der Figur Kliefoth als einer Reminiszenz an die cumäische Sybille aus, die um die Zukunft weiß.

Mit Kliefoth wäre der Ort des Eingangs zur Unterwelt, nämlich die Höhle in Cumae, mit aller Deutlichkeit in eine sprachliche Instanz verwandelt worden: Seine dem sechstem Buch des römischen Epos', der sogenannten

---

22   Quelle: Siehe Kommentar zur Stelle: Manuskriptfassung TS JT 4, 1. Fassung, 438.
23   Fries 95.
24   Scheuermann 292.

Katabasis, entlehnte Aufforderung: *Tu ne cede malis, sed contra audentior ito / (qua tua te Fortuna sinet)* (Du weiche nicht den Übeln, du sollst ihnen kühner entgegen gehen (wie / insofern es dein Schicksal dir erlaubt) steht unmittelbar neben den Forderungen der Toten, und durchaus auch in erklärtem Widerspruch dazu: Unter Jakobs und Cresspahls Protest scheint Kliefoths »Hausaufgabe« Gesine zur Reise nach Prag geradezu aufzufordern. In jedem Fall aber ermutigt Kliefoth in der ersten Fassung der *Jahrestage*, eine bereits begonnene Reise fortzuführen, und sei diese, wie der literarische Kontext mehr als nur nahe legt, in das Reich der Unterwelt. Nicht umsonst benutzt Johnson einen Teil der später gestrichenen Fassung, nämlich »Binde dich ein Schaaooll um dein Hals«, im Zusammenhang mit Abschied und Tod von Jakob und D. E. gut einen Monat später. (1828)

Das ebenfalls der antiken Unterweltsvorstellung entlehnte Bild der Fähre, deren zu entrichtender Obolos im New York der Erzählgegenwart der *token* ist, und insbesondere die regelmäßig wiederkehrenden Fahrten von Mutter und Tochter erlauben die Deutung, ein Pendeln zwischen den Ufern des Dies- und Jenseits sei für die Protagonistin Gesine in ihrer besonderen Verfasstheit möglich – zumindest so lange das Totenreich selbst nicht betreten wird. Eben dies jedoch wird evoziert oder präfiguriert am 27. Mai 1968, als Marie und Gesine nach der Ankunft in Staten Island nicht wie üblich auf dem Schiff bleiben, um sofort wieder nach Manhattan zurückzurückkehren. Stattdessen fahren sie mit der Bahn weiter nach Tottenville, Richmond. Das dauerhaftes Verbleiben in New York kann somit als bloßer Schein und inmitten der täuschenden Kulisse einer Weltstadt im »Hier und Heute« mit, wie der Name suggeriert, einer Totenstadt, dem Ort also, wo die Toten sind, gleichgesetzt werden:[25]

Reglos wartete das andere Ufer, […] blitzende Dächer zwischen Laub, […] splittrige Pfähle im Wasser, weiter draußen Sportboote und Fischerkähne im Gegenlicht. Immer wieder Vegetation, die das kranke Land zurückholt, die Schrammen und Wunden des Bodens verdeckt; *die Außenseite von Ferien, Gesine.*
In Tottenville kam der Tod vorbei. Im weißen, von der Sonne gedehnten Licht gingen zwei dunkel gekleidete Paare auf ein Haus zu, das sah aus wie eine vornehme Molkerei oder Privatschule.
(JT 1224, 26. Mai)

---

25   Vgl. Schulz 13 und 127 ff., die im Kontext von Tottenville von einer »Vergangenheitsbegegnung« spricht, die »[…] dann auch eine Entscheidung in der Gegenwart fällen lässt […] sich nicht in die ländliche Idylle einer Mecklenburger Gegend zurückzuziehen.« Die antike Vorstellung einer *Katabasis* – auf die meiner Meinung nach Johnson durchaus anspielt – enthält ebenfalls die Korrektur künftiger Handlungsabsichten durch das Wissen der Toten.

Maries »Vorschlag«, Gesine solle doch in Richmond Mecklenburg sehen –
wie um ihrer Mutter ein dauerhaften Leben in New York zu erleichtern – ist
ein Dialog, der sich allein gedanklich abspielt. Die kursive Setzung von
Maries »Rede« ähnelt dem Schriftbild der Worte von Abwesenden und Toten – mit dem entscheidenden Unterschied jedoch, daß Gesine mit Marie
keinen gegenwärtigen Dialog führt, der Erzähler hingegen Maries nicht geäußerte Absicht einen Tag später erinnernd konstruiert.

Darüber hinaus verdichten sich weitere visuelle Zeichen auf Staten Island zu Hinweisen auf einen Aufenthaltsort, aus dem heraus es trotz bester
Verkehrsanbindung keinen Weg zurück gibt: Staten Island ähnelt jener Unterwelt, wie sie der vergilische Aeneas erfuhr, gleicht dem *häßlichen Moor
und grünlichen Schilf*[26] und dem Gang *durch die Moore voll Moder*.[27] In den
Gefilden der Trauer, den *lugentes campi*, wo die unglücklich Liebenden, bei
Johnson gefasst in dem Bild zweier dunkel gekleideter Paare, trostlos um-
herirren, trifft der trojanische Held auf seinem Unterweltsgang auf die phö-
nikische Königin Dido,[28] die sich aus Verzweiflung über seine Abreise das
Leben nahm. Wenn auch der Kapitän Billop »Didos Problem [nicht, F. M.]
kannte« (1225) – Gesine hätte sich unter anderen Umständen selbst das Leben genommen, als sie vom Tode Jakobs erfuhr.[29]

Längst ist der Fährverkehr von Tottenville zurück aufs Festland einge-
stellt, die »Pfahlwände im fauligen Wasser stehen schief«. (1224) Ebenso
wenig verspricht die gegenüberliegende Seite, das Festland von New Jersey
südlich von Newark eine Rückkehr in eine bessere Welt, vielmehr »in eine
verschorfte, mit unverweslichen Abfällen überladene Landschaft an verfau-
lenden Flusses Rand«. (1756) Letztere Eindrücke wird sie sammeln, als sie
D. E.s Mutter die Nachricht vom Tode ihres Sohnes überbringt.

Das fotografisch Genaue aller visuellen Mitteilungen der New Yorker Gegenwart deutet an scharfen und mit schorfigen Rändern auf eine dahinter
liegende, kaum mehr unsichtbar zu nennende Welt. Es handelt sich um eine
jenseitige Welt, der Gesine sich bereits zuneigt und aus der sie, wenn überhaupt, dann nur mühsam, mehr aus dem Gefühl von Pflicht und Verantwortung ihrer Tochter gegenüber denn aus freiem, starkem Willen erwacht.

Die stets präsente Assoziation von weißlichem Licht mit dem Tode wurde im vorausgehenden Kapitel behandelt. Ebenso, dass Gesines Bewusstsein beim Anblick der fernen Uferseite auf Fragmente konkreter, erinnerter

---

26 Verg. Aen. 6, 416.
27 Ebd. v. 462.
28 Ebd. v. 451 ff.
29 Das hier zunächst angesprochene Problem einer Landnahme durch Umsegeln (Billop)
oder Schneiden von Lederstreifen (Dido) muss im Kontext der *Jahrestage* deutlich erweitert werden.

Bilder gerichtet ist. Dementsprechend können die Blicke auf die jeweilig andere Uferseite am Hudson und East River gedeutet werden als Weg aus einem klar konturierten Diesseits über den Dunst am Horizont hinweg hinüber in eine Welt jenseits aller erzählbaren möglichen Bilder, in ein aus allen Vergegenwärtigungen der Vergangenheit bestehendes Jenseits.

Erst die Gespräche mit den abwesenden Menschen, die Stimmen der Toten sind es, die zusätzlich Bilder evozieren, die das Gedächtnis in der Regel verweigert: Vom Gesicht ihres Geliebten Jakob bekommt Gesine »kein Bild« (490), indem sie versucht, sich an ihn visuell zu erinnern. Anders verhält es sich bei der Vergegenwärtigung mit Hilfe einer Stimme: »Weil ich sie [Aggie Brüshaver, F. M.] höre, kann ich ihn noch einmal sehen«. (1600)

Aufgrund dieser engen Verbindung beider Welten, die der Lebenden und die der Toten, ließe sich die Erzählperspektive natürlich auch legitim umkehren: Aus der Ewigkeit der als jenseitig empfundenen Vergegenwärtigung heraus mag der Blick auf das Diesseits gerichtet sein – auf eine New Yorker Gegenwart, die sich im deutlichen Bezug zur Mecklenburger Vergangenheit historisch, das heißt chronologisch und kausal miteinander verbunden wiedererschaffen lässt – diesmal nicht in fragmentarisch vereinzelter Erinnerung, sondern im Gesamtwerk der *Jahrestage* und ihrer Rezeption.

6.3 Das raumlose Bild der Erinnerung

Doch auch losgelöst von den Stimmen der Toten, allein in Gesines Blicken, bleibt ein »zweites Band« als ein jenseitiges, zweites Bild hinter dem sichtbaren weißlichen Licht des ersten deutlich anwesend. Dort und nur dort entstehen jene stillstehenden, ikonischen Bilder, die in indexikalischer Weise auf wesentliche Ereignisse ihres Lebens als das dynamische Objekt verweisen. Ikonisch deshalb, weil sie in der anhaltenden Betrachtung ohne zeitliche Differenzierung unmittelbar und präsent wirken. Zugleich jedoch werden sie – im indexikalischen Objektbezug – wiederum erst im Erschrecken, also einer deutlichen Differenzerfahrung, dem Erzählerbewusstsein zugeführt.

Zeichen, die sich zum dynamischen Objekt ikonisch und indexikalisch zugleich beziehen, damit aber keine Stellung zu einem finalen Interpretanten herstellen – also in Bezug auf die Gesamtbedeutung des Werkes einen vorläufigen, eher informativen Charakter aufweisen, werden nach der Zeichentheorie von Peirce *Bizeichen* genannt. Der Fotografie als spezifischer Form des Bizeichens kommt hier eine besondere Rolle zu:

Ein Bizeichen stellt sein Objekt zweimal dar, […] es ruft ein Ikon hervor und bezieht einen Index auf das Objekt dieses Ikons. […] Bizeichen können Informationen übermitteln. Ein Foto ist ein gutes Beispiel für einen Bizeichen-Index. Es stellt ein Ikon dar, und gleichzeitig scheint seine physikalische Verbindung mit seinem Objekt die Gewähr für seine Wiedergabetreue zu bieten.
(Peirce (1990) 114)

Das Bizeichen, bei Peirce meist *Pheme* oder *Dicent* genannt, bewirkt im Bewusstsein desjenigen, auf den das Zeichen gerichtet ist, eine Aussage oder eine Zustandsbeschreibung, welche in sich geschlossen bleibt und nichts über die Wahrheit oder den Grund des Dargestellten übermittelt, denn es *scheint* die »Gewähr für seine Wiedergabentreue zu bieten«.

Das vorherrschende Licht der *Jahrestage* samt der darin und dadurch gefundenen Fragmente formt sicherlich keine klare, keine schlüssige Szenerie jener Vergangenheit. Ebenso wenig ein immer weiter ausdeutbares, weil bewegliches Schaustück. Bilder von Spuren, von Hinweisen eines entscheidenden Ereignisses entstehen und vergehen wieder in Blicken. Oft genug formen sich diese blitzartigen, scharf umrissenen Erinnerungsspuren aus der festen Begrenzung eines Fensterrahmens, um sich im jähen Begreifen bereits wieder in der Unschärfe des Dunstes am Horizonts jenseits des Flusses zu verlieren.

So geschehen im Telefongespräch mit ihrer Freundin Anita, als Gesine ihr von den braunen Palisaden am jenseitigen Ufer und die dort im Licht blitzenden Hochbauten berichtet. »Es flirrt so zwischen dem dünnen Laub, verstehst du«. (992) Was sollte Anita daran verstehen? Die Freundin soll vielmehr ihrerseits mit diesem Bild ein Fazit von Gesines New Yorker Gegenwart begreifen. Gesine scheint zu wünschen, dass ein unter Umständen deutbares Bild als solches zwar verstanden, aber eben nicht interpretiert wird. Gewissermaßen gebietet die Protagonistin der *Jahrestage* dem Interpretantenbezug Einhalt in der Absicht, dem gegenwärtig vergehenden Bild als solchem einen Wert zurückzugeben, mag der Anteil an Vergangenem auch hoch sein. Man sprach übrigens gerade über Ostern, über Wasserwerfer bei politischen Demonstrationen im Westberlin des Jahres 1968. Manchem Leser kommt die Assoziation »Osterwasser« in den Sinn, also Titel und Gegenstand von Johnsons Kurzgeschichte über Jakob und Gesine nach dem Krieg – bei der sie die Stimme ihres Vaters in dessen Abwesenheit zum ersten Mal hörte.[30] Nimmt man Gesines Beschreibung eines Blicks aus dem Fenster als ein Prosagedicht, so könnte in dessen letzter, ungesagter Zeile auch das Leben mit Jakob, vielleicht auch die Anwesenheit Jakobs

---

30   KP 7–17.

gemeint sein: »Oben in der flimmernden Luft, da habe ich mit Jakob gelebt.« (1869)

Die ganze Fülle der Vergangenheit wirkt im übermittelten Bild bis weit in die Gegenwart hinein und bleibt dennoch, weil dieses Bild als gegenwärtiger Moment vorgestellt ist, in sich allgegenwärtig und nicht zeitgebunden. Der dynamische Bezug zur Wirklichkeit ist geprägt von mehr oder weniger deutlichen Spuren samt ihrer augenblicklichen Verdeckung, von nachvollziehbaren Orts- und Zeitangaben und deren gleichzeitiger Verlagerung in einen Raum ohne jeden (historischen) Zeitbezug, einen Raum der Zeitlosigkeit. Schon deswegen scheint es sich für die *Jahrestage* zu verbieten, vom fotografischen Bild als einem Bizeichen-Index zu einem weniger originären fotografischen Bizeichen-Symbol überzugehen – und damit eine Bresche in Richtung *Terzeichen*, also eindeutig zu bestimmender oder auch nur allgemeiner Handlungsregeln zu schlagen.

Aus einem gerichteten Blick der Erzählgegenwart wird schließlich, so heißt es im Werk, so etwas wie ein »raumlose(s) Bild, [...] so daß wir blind sind mit offenen Augen«. (64) Diese viel zitierten Ausführungen über Erinnerung und Gedächtnis vom 8. September werden in den *Jahrestagen* eingeleitet durch das Ende des vorausgehenden Kapitels: »[...] sieht sie [Gesine. F. M.] durch ihre offene Tür [...] auf den Spiegel, in dem dieser Tag bis zum Dunkelwerden einstürzen wird ohne eine Spur«. (61) Das blaue Glas mitsamt seinen Spieglungen zeigt, wie der Blick auf den fernen Horizont einen spurlosen Moment der Wahrnehmung, das vergänglich Fotografische des jetzigen Moments verbirgt.

6.4 Das Bizeichen der Fotografie am Beispiel des Namens »Cresspahl«

Zeichen sind in Peircescher Theorie einer Zukunft zugewandt, da sie auf Veränderung unseres zukünftigen Verhaltens zielen. Die Zukunft, wie auch das sie befähigende Zeichen, sind nach Peirce Phänomene der *Drittheit*, einer universalen Kategorie also, die zwischen einer »bloß logischen Möglichkeit« eines Seins und deren blinder, relationsoffener Tatsächlichkeit vermittelt.[31]

Die *Jahrestage* als ein sprachliches Universum, als ein Zeichen genommen, haben Zukunft, denn in vielfacher Hinsicht verändert ihre Lektüre. So

---

31   Peirce (1990) 153.

bergen sie die intellektuelle Notwendigkeit, Tatsachen herbeizuführen, z. B. indem sie die Leser und Zuhörer über die Motive der Protagonisten für ihr Handeln unter den gegebenen Umständen nachdenken lässt. Die *Jahrestage* sind ein Roman »vergesellschafteter Erfahrung«,[32] der den Leser jeglicher Zeitspanne zu einer Verständigung über Vergangenheit und gegenwärtige Zustände zwingt – sei es der Vietnamkrieg von damals, das Nachdenken über den Irakkrieg von 2003 oder die Konflikte im Nahen Osten in der Gegenwart.

Was aber für den Roman als öffentlich-politisches Zeichen gelten mag, ist für den impliziten Erzähler keineswegs gleichermaßen verbindlich. Die Aufzeichnungen der *Jahrestage* sind für Gesine Darstellungen anderer Art: Ihr Bewusstsein wird nicht von dem uns vorliegenden Buch bestimmt, sondern von den sich ihr vorstellenden Bildern. Ihre Zukunft ist keine, die nach Peirce »[…] fähig ist, alles das zustande zu bringen, was niemals zustande gebracht worden sein wird«.[33] Ihre Zukunft liegt in allein ihrer Erzählgegenwart, und diese konstituiert sich primär durch Vergangenheit und Tod. Die Zukunft dieses Erzählers liegt darin, was immer sein wird, zeigt ein Bild, das allenfalls Spuren aufweisen, jedoch weder eine auf die Zukunft eindeutig gerichtete Deutung liefern kann noch will. Dem Bild wird die »Ausfüllung« verweigert.

Verloren und jenseitig sein, das schließt Zukunft ebenso aus wie auch ihre beiden Bestandteile, aus denen sie hervorgeht, wirkliche, d. h. als solche erkannte und durchlebte Vergangenheit sowie echte Gegenwart. Was bleibt, ist eben jener verlorene und ewige Blick, nicht klar auf das Diesseitige gerichtet, sondern vergessen in dem Raum dazwischen.

Der Moment der Vergegenwärtigung zerfrißt sofort beides, Vergangenes wie Jetzt. Nasser Wind an den Fenstern.
(JT 519, 27. Dezember)

Die *Jahrestage* des impliziten Erzählers werden am Bizeichen entlang organisiert.[34] Dieses Zeichen ist nach Peirce in typischer Weise vertreten in der Fotografie, es funktioniert durch Aspekte von Erst- und Zweitheit. Das Bizeichen verweigert die Drittheit nahezu aktiv. Zeichenaspekte, die auf Zukünftiges, also auf eine Verhaltensänderung durch vorausgezeichnete Bedeutungserweiterung abzielen, bleiben abwesend. Überprüft man verschiedene dieser Zeichenaspekte in den *Jahrestagen*, so wird man immer wieder darauf stoßen, dass diese Drittheit nahezu absichtlich vermieden

---

32 Nedregård 79 f.
33 Peirce (1990) 151.
34 Vgl. Elben 22 f.

wird. Anhand eines Beispiels sei versucht, diese These der verweigerten Drittheit zu belegen.[35]

Gesines Familienname könnte, spielte die zeichentheoretische Kategorie der Drittheit eine bedeutende Rolle, als Symbol für Jesu Opfertod am Kreuz fungieren: Das russische KPECT steht schließlich für Kreuz, das tschechische Wort *krest* bedeutet die Taufe. Selbst der zweite Teilname »Pahl« ähnelt dem deutschen Wort »Pfahl«,[36] und damit dem senkrechten Holzbalken, auf den nach dem Wortlaut des Neuen Testaments Jesus Christus genagelt wurde. Die Initialien der beiden Teilwörter »Cress« und »Pahl« ergeben XP. Dabei handelt es sich um die Anfangsbuchstaben für Christus: die Majuskel X (*chi*) gefolgt von der griechischen Majuskel P (*rho*). Verweist der Name Cresspahl damit symbolisch auf das Christentum als das eigentlich wirksame dynamische Objekt? Würde der Leser trotz dieser möglichen Zeichen-Interpretation den Namen der Familie Cresspahl ganz selbstverständlich mit Aspekten des Heilsbringers verbinden? Wohl kaum.

Gegen einen eindeutigen symbolischen Zeichenbezug spricht nicht zuletzt die legitime Möglichkeit, das (lateinische) Monogramm komplett umzudeuten, und damit eine ebenso große Plausibilität zu erhalten: C(ress)P(ahl), kurz *CP* steht im Wirtschaftsenglischen für *commercial paper*, demnach für Wertpapiere oder Anleihen. Bekanntlich fährt die Bankangestellte Cresspahl nach Prag, um der Tschechoslowakei Kredite zu vermitteln, also tschechoslowakische Staatsanleihen zu kaufen. Gesines vormaliger Arbeitgeber in New York kündigte ihr, nachdem sie eine ältere Dame davon abgehalten hatte, Anleihen der Stadt Dresden, Jakobs Todesort, zu kaufen. (1878)

Die Namen von Heinrich und Lisbeth, von Gesine und Marie bleiben in ihrer Bedeutung und im Kontext zueinander zu disparat, um ein einheitliches Symbol bilden zu können. Wenn überhaupt, drückt nur der erste Teil des Namens einen christlichen Aspekt in eindeutig symbolischer Weise aus – aber Gesine heißt eben nicht »Krissauer«, wie sie von der Telefonistin am Ostersonntag, den 14. April angesprochen wird. (988)

Erst ein näherer Blick auf die Art und Weise, wie »Pahl« eine untergründig wirkende zerstörerische Kraft bezeichnet, macht deutlich, daß Cresspahl kein Symbol als Ausdruck einer Drittheit ist. »Cresspahl« enthält überdies zwei andere Familiennamen der *Jahrestage*, zum einen »Kreslil« für den gezeichneten jüdischen Menschen Anatol und zum anderen »Pahl«: So hieß

---

35 Die Begriffe entstammen Peirces Einteilungen der Zeichen in zehn Hauptkategorien vom Heiligabend des Jahres 1908.
36 Vgl. Gesines eigene Etymologie: JT 1253.

der Schneider aus Jerichow, der die Verfolgung der jüdischen Familie Tannenbaum für eine billige Strafe hielt. (723)

Ein Symbol bezeichnet eine für Denken und Handeln überragende, wenn auch nicht gleichermaßen sichtbare Tatsache – so als wäre sie bereits zur Gewohnheit geworden. Doch die unerträgliche Spannung, in Vergangenheit und Gegenwart Täter und Opfer zugleich zu sein, kann der Name Cresspahl kaum gewohnheitsmäßig und daher auch nicht symbolisch bezeichnen.

Gesine Cresspahl mied auf dem Gymnasium in Gneez 1946 den Anschein, ihr Familienname hätte einen jüdisch-christlichen Ursprung, wie es die Ableitungskette *Cress=Chrest=Christ* nahelegen könnte. Sie wollte auch nicht angenagelt sein als »Kresse am Pfahl«. (1253) In dieser Ablehnung zeigen sich jedoch vornehmlich Gesines eigene Assoziationen und Überlegungen, – denn ihre Lehrer dürften hinter dem Familiennamen »Cresspahl« kaum je einen traditionellen Brauch oder gar das Geschick vermuten, Kresse an Pfähle zu nageln. Dagegen ist an einen Pfahl genagelt zu werden eine Tortur und nach der Vorstellung des christlichen Kulturkreises ein eindeutig mit Jesus Christus verbundenes Schicksal. An dieser Stelle könnte man versucht sein, dessen Opfertod mit dem christlich motivierten Selbstmord von Lisbeth Cresspahl zu vergleichen. Jedoch führt eine solche Vorgehensweise nicht zu einem symbolischen Kern der Geschichte.

Das Christentum der Familie Cresspahl besteht nur im jüdischen, slawischen und nicht zuletzt heidnischen Umfeld. Der Jude Anatol Kreslil vermutet über Gesine (im Druck kursiv gesetzt): »*Sie sind eine Slawin, Mrs. Cresspahl.*« (925) Und die Gerüchteküche der Bank, bei der Gesine angestellt ist, spekuliert über die Herkunft des Namens: »Cresspahl, der Name klingt jüdisch. Keltisch.« (1037) Während der Zeit ihres Konfirmationsunterrichts heißt es über Gesine: »Es kann eine Heidin schlecht in Frieden leben, wenn anderen Heiden das missfällt.« (1601)

Die Sperrklinke *pawl*

Gesine indes erklärt der Lehrerin Frau Dr. Beese ihren Familiennamen ohne jede christliche Konnotation, nämlich als »zusammengesetzt aus kross und Pall«. (1253) In ihrer Namensforschung von 1946 setzt Gesine »Pall« in Verbindung mit dem englischen *pawl*, womit sie die »Sperre im Zahnrad« gemeint haben will, »[…] die das Zurückschlagen der Winde verhindert, und zwar eine grobe, krude, krasse«.[37] Das Geräusch einer solchen Sperrklinke schildert Uwe Johnson in der Entwurfsfassung von *Ingrid Babendererde*. Hier soll der Neffe des Schleusenwärters Niehbur nicht für das Poli-

---

37   In der Schifffahrtssprache nennt man ein eine Sperrklinke *Pall*.

zeiboot (wie in der Endfassung), sondern für das kleine Sportboot Erichsons die Schleuse umfüllen:

Als er auf der Kante neben Erichson zum oberen Ende ging, betrachtete er das einzelne Sportboot mit verantwortlichem Verdruss und hielt sein Gesicht mit Würde unbewegt. Das Drehen klickerte durch die windige Stille, und dazwischen kam Günthers Stimme wieder mit ihrer trockenen Unverschämtheit.[38]

Während der Bootskörper samt Besatzung in der tropfenden Schleusenkammer auf ein anderes Wasserniveau bewegt wird, befindet man sich in einer Art Zwischenwelt. Hörbar ist beim Handbetrieb das Klicken der Klinkensperre, der Winde, mit der das Schleusenschütz und die -tore geöffnet oder geschlossen werden. Gesines *pawl*, demnach die Sperrklinke einer Winde, könnte demnach mit dem Heben des Schleusenschützes bei geschlossenen Schleusentoren in Verbindung stehen. Johnson spricht indes nicht, wie es korrekt wäre, vom *Schütz*, sondern stets von einem *Schott*. Mag dies zunächst auch wie ein technischer Fehler wirken, so trägt das »falsche« Wort *Schott* doch auch eine (Tabu-)Funktion des Gedächtnisses, da es im Kontext der *Jahrestage* mit dem Begriff *Krett* – und von da auch wiederum mit einem einschneidenden Erlebnis Gesines, als sie den Kastenwagen voller Leichen sah, assoziiert werden kann. (1117)

pawl – Sperrklinke einer Brunnenwinde?

Mag die Assoziation, Kresse an einen Pfahl zu nagen, auch höchst absurd erscheinen, so liegt die Verbindung von *Cress* mit Garten- oder Brunnenkresse (*watercress*) doch nahe: Deren Blüten sind ebenfalls weiß und grünlich, fügen sich also gut in die im Werk vorherrschende Farblichkeit. So ergäbe sich für die Sperrklinke *pawl* nicht allein der Hinweis auf eine Schleusen-, sondern auch zugleich auf eine Brunnenwinde – womit die zentralen Themen Gedächtnis und Erinnerung unter leichter Verschiebung der Aspekte zu lesen wären. Diese Bedeutungslinie des Familiennamens ließe sich mit dem Hinweis auf das Eröffnungskapitel von Johnsons *Heute neunzig Jahre* weiterverfolgen:

Auswendig gelernt, die äußere Kruste des Gewesenen, gezwängt in die Kette der Jahre, die zurückrasselt in den Brunnen. Statt der Wahrheit Wünsche an sie, auch Gaben von der Katze Erinnerung, dem Gewesenen hinterher schon durch die Verspätung der Worte, nicht wie es war, bloss was ich davon finden konnte: 1888, 1938, 1968. Damals.
(HNJ, 7.)

---

38   Quelle: www.uwe-johnson-archiv.de/docs/pb007.htm, Zugriff am 12.2.2008. Erichson nimmt in Johnsons Entwurf *Ingrid Babendererde* die Stelle von Klaus Niebuhr ein. Erichson und Günther Niebuhr sind in dieser Version offenbar nicht bekannt.

Eine Kette, gefügt aus Gliedern von vermeintlich sicher Gewusstem, rasselt in Anlehnung an Thomas Manns Roman *Joseph und seine Brüder I. Die Geschichten Jaakobs* (1933) ungebremst in den bodenlosen Brunnen der Vergangenheit zurück. Vergeblich bleibt der Versuch, das tatsächlich gegenwärtig Gewesene dauerhaft in die betrachtende Gegenwart einer Erzählung zu ziehen.[39]

Nur die Vorrichtung eines *pawl* – so könne man ergänzen – verhindert die Neigung der Erzählerin, sich im »Versuch, einen Vater zu finden« – so der alternative Titel dieses Romans – am bloßen Wunsch ihrer Vergangenheit, und letztlich an und in deren Unergründlichkeit zu verlieren. Doch wäre hier selbst mit einer Sperrklinke keine Abhilfe zu schaffen. Auch sie nämlich vermöge das Gewicht des Kettenzugs der vorübergegangenen Jahre nicht ausreichend dauerhaft zu hemmen, um die innere Wahrheit einer vergangenen Zeit sicht- und fassbar zu machen. Dagegen spricht zum einen jene »Verspätung der Worte«, wie auch die Beliebigkeit, mit der einzelne Aspekte aufgefunden und herausgegriffen werden.

Unvermeidlich muss jeglicher Versuch misslingen, aus der erzählten Gegenwart heraus die gewesene Gegenwart zu ergründen – und zwar unabhängig davon, mit welcher Geschwindigkeit die »Kette der vergangenen Ereignisse« zurückgleitet. Jegliches Innehalten, jedes Sich-Sperren vor dem Versinken eines Ereignisses aus der Vergangenheit bewirkt nachfolgend eben dieses. Möglich also, um im Bilde zu bleiben, dass eine Sperrklinke einstweilig einrastet, ein Kettenglied der Vergangenheit im Tageslicht sichtbar wird, doch verhindert sie nicht das endgültige Zurückrasseln der peripheren Erinnerungsfragmente, jener »Kruste des Gewesenen«. Nimmt man das Bild von Kette und Brunnen nicht nur metaphorisch, sondern als dichtungsprogrammatische Aussage, so erklärt sich auch, weshalb sich das Buch *Heute Neunzig Jahre* im Vergleich zu den *Jahrestagen* durch eine blasse bis kaum vorhandene Erzählgegenwärtigkeit ausnimmt. Die proklamierte Unergründlichkeit der Vergangenheit und ein im Werk selbst vorgefundener Mangel an lebendiger Erzählgegenwart bedingen einander.

Die *Jahrestage* dagegen erzielen ihre ungeheure Wirkung gerade in ihren abrupten, einander abwechselnden, aber stets gleichberechtigten Übergängen zwischen Vergangenheit und Gegenwart. Für diese wie auch für den Namen Cresspahl, den wir an dieser Stelle als Beispiel einer ikonisch-indexikalischen, nicht aber symbolischen Zeichenstruktur der *Jahrestage* untersuchen, ist die Sperrklinke daher plausibler mit den Winden einer Schleuse, ihren Toren und Schützen (bzw. laut Johnson ihren Schotten) verbunden. Wenn auch der Verweis auf die Vergangenheit als ein uner-

---

39   Vgl. Bond 71 f.

gründbarer Brunnen nicht gänzlich in die Irre führt, so wird doch das Bild eines Polizeischiffes oder eines Bootes in einer Mecklenburger Schleuse hinter dem Bild einer Sperrklinke evoziert. Erinnert sei überdies an Gesines häufige Besuche bei den Niebuhrs und nicht zuletzt an ihren Aufenthaltsort in jener Nacht, als Lisbeth starb.

Weitere Bedeutungen des Namenteils »Pahl«

Die Bedeutungseinheit Pfahl in »Pahl« erinnert zugleich an die Pfahlbauten, die *palisades* New Jerseys. Auffällig jedenfalls, dass der Autor diese durchgehend als *Pallisaden* ausweist – obwohl die korrekte deutsche Schreibung doch »Palisaden« lautet. Die Bedeutung der Palisaden als einer fotografischen Erzähleinheit ist im Kontext mit Gesines Blick aus dem Fenster bereits öfter gewürdigt worden – auf das Motiv des »Dunstes am Horizont«, einer New Yorker Dunstglocke also, einer *pall of smog* sei ein weiteres Mal verwiesen.

Weitere Assoziationen liefert der zweite Teil des Familiennamens, bleibt man im angelsächsischen Sprachraum bei lautlich und orthografisch ähnlichen Wörtern: Das Verb *to pale* bedeutet auch »einpfählen«, im Sinne von »einzäunen«: Der Leser mag dabei an den nach Lisbeths Tod verrotteten Gartenzaun oder den grünen Bretterzaun vor der Kommandantur in Jerichow denken (120, 1002). Das Wort *pall* steht ferner für Leichentuch und Mantel gleichermaßen, womit sich erneut Anküpfungspunkte in den *Jahrestagen* aufzeigen lassen.

Darüber hinaus ähnelt Pahl auch dem englischen Adjektiv *pale* für blass, fahl – womit eine Verbindung zum vierten Reiter der Apokalypse, genauer von dessen »fahlem« Pferd, hergestellt wird: [...] *pale horse: and his name that sat on him was Death, and Hell followed with him.* (1179) Am 17. Mai liest Kliefoth die Apokalypse nach dem Bruch des vierten Siegels: »Der vierte Reiter bringt den Tod, Fräulein Cresspahl. Wie ich ja sage«. (1179)

6.5 Die vermisste Drittheit

Im Fassen, dem gezielt und bewussten Ergreifen eines vergangenen Ereignisses also, wird der Begriff der Erinnerung durch den des Gedächtnisses usurpiert und in einen neuen Begriff eingebracht – das Gedächtnisdepot: »Das Depot des Gedächtnisses ist gerade auf Reproduktion nicht angelegt«. (63) Ein Depot versteht sich als ein Sammellager, also ein Aufbewahrungsort für eine größere Menge ähnlicher Gegenstände, wie zum Beispiel Getreide, Wertpapiere oder auch Schienenfahrzeuge (im Amerikanischen bedeutet Depot auch Bahnhof). Im Gegensatz zum Archiv ist bei einem Depot eine hierarchische Sortierung nach Art des Bestandes oder seiner Entste-

hungszeit nicht erforderlich und konsequenterweise für jeden darauf abzie-
lenden »Anstoß« keineswegs geeignet.

Das Depot ist der falsche Ort für Drittheit, damit für jedwelches »Raster
der Erdzeit«. Es ist der falsche Ort, um dort um »Inhalt für Leere« zu bitten.
(63 f.) Dieses könnte ausschließlich das Ergebnis eines lebendigen Zeichenprozesses mit dem Ziel eines finalen Interpretanten leisten – der indes
im Falle von Gesine Cresspahl erheblich gestört oder blockiert bleiben
muss. Für manche in ihr niedergelegten Ereignisse, insbesondere im Umfeld der Regentonnengeschichte gilt, was für die Schienenfahrzeuge der
New Yorker Vorortbahn gesagt ist: »Jakob hätte so verwahrloste Wagen
nicht von Abstellgleis gelassen.« (9)

Was Gesine nun wahrnimmt, ist eine hierarchisch ungeordnete Ansamm-
lung von einzulagernden, freilich in sich um Genauigkeit bemühten »Fetzen, Splittern, Scherben« – solchen der Vergangenheit, wie das Gesetz von
Cash und Carry von 1937, oder der Erzählgegenwart des Jahres 1967 wie
z. B. die genaue Ausgabenummer der New York Times. Allesamt wurden
oder werden sie zur »Einlagerung« vorbereitet, womöglich in unmittelbarer
Nachbarschaft einer höchst bedeutsamen, »gesuchten Szene«, wie die traumatische der Regentonnengeschichte. Daher muss Gesine den Inhalt ihres
Gedächtnisdepots zwangsläufig als ein »raumloses Bild«, willkürlich über-
sät von winzigen Spuren gesuchter Szenen empfinden.

Ein lebendiger, weil vollständiger Zeichenprozess soll offenbar nicht
Aufgabe dieser Erzählerin sein. Die Zeichen des Romans als solche, damit
auch die Ausdifferenzierungen in Personen und Protagonisten sind von einer spezifischen Eigenart, nämlich von dem Mangel an Drittheit, zudem
von einem Überwiegen einer ikonisch-indexikalischen Objektrelation gekennzeichnet. Weil jedes Zeichen aber überhaupt nur durch einen Prozess
seiner Wirkung auf eine veränderte Zukunft hin existieren kann, ist eine
gravierende seelische Störung bemerkbar: im Falle der *Jahrestage* als »Blockade« benannt.

Die Elemente des Gedächtnisdepots sind ganz offensichtlich fotografisch
gedacht: Da ist zum einen der indexikalische Bezug, kenntlich an Begriffen
wie Späne, Spur oder »abgetrennten« Gesten. Zum anderen der ikonische
Bezug, ersichtlich am Kriterium der Ähnlichkeit, wie es im Terminus »par-
tielle Kongruenz« anklingt. Noch bedeutender ist der Hinweis auf mangelnde Reproduktionsfähigkeit: Natürlich können Fotografien von einer Da-
tei oder einem Negativ beliebig oft abgezogen werden. Doch meint die
»Wiederholung des Gewesenen« (63) nicht die rein materielle Kopierfähig-
keit eines Erinnerungsbildes, sondern die Reproduktion einer wirklich gewesenen Zeit, also die *Wiederholung* einer Zeit, wie sie z. B. durch eine Fo-

tografie veranlasst werden kann. Letztere könnte dem Ansatz nach durch Aktualisierung und Interpretation eines vorhandenen Bildes geschehen.

Der Interpretantenbezug einer Fotografie jedoch kann nicht auf eine gewohnheitsmäßig feststehende Weise wiederholt werden. Es existiert in der Fotografie keine Deutungsfixierung durch immer wiederkehrende, gewohnheitsmäßig reagierende Symbole, so bezugsreich diese in der Kunst generell auch sein mögen.[40] Das eigentlich fotografische Bild hat Zukunft nur dann, wenn Bedeutungsmöglichkeiten ausgelotet werden, ohne auf einen endgültigen Interpretanten abzuzielen. Selbst der aktuale Interpretant erhält jederzeit einen unsicheren Status.

Halten wir fest: Das Depot des Gedächtnisses besteht im Falle der *Jahrestage* aus zweierlei repräsentierenden Objekten: Dem *Ikon*, das als Vorstellungsbild im Bewusstsein des Interpreten wirkt, und dem *Index*. Der indexikalische Bezug scheint die Gewähr für Wirklichkeitstreue zu bieten, da er mit dem Objekt ohne Zutun eines Interpretanten verbunden ist. Im vorliegenden Sonderfall eines Index-Bizeichens sind die dynamischen Objektrealisationen Ikon und Index auf eine bestimmte Weise miteinander verknüpft: Hier wird ein Vorstellungsbild im Bewusstsein hervorgerufen, und auf das Objekt dieses Vorstellungsbildes bezieht sich darauf: ein – gewissermaßen sekundärer – Index.

Demgemäß enthält das fotografische Depot fotografieähnliche Bizeichen, die in Gesines Bewusstsein Bilder hervorrufen. Jene Bilder verweisen zwingend auf dynamische Objekte, deren Existenz jedoch, wie bei Ikons schlechthin, nicht fest steht. Der Prozess einer Realitätsprüfung durch fortwährende und auf die Zukunft gerichtete Interpretation ist gestört, weil der Interpretantenbezug im Bereich eines unmittelbaren, nicht aber finalen Interpretanten bleibt und selbst der aktuale Bezug kaum zum Vorschein kommt. Die Gegenwart heute und die Gegenwart der Vergangenheit, das, was das Zeichen über das Jetzt und Heute sowie das einstmals ebenso Gewesene aussagt, steht im Vordergrund der Wiedergabe jener Ereignisse. Die gebrochene Drittheit gibt diesen Bildern einen zwar unmittelbaren Deutungsbezug, aber kein endgültiges, für die Zukunft gültiges Deutungsmuster.

[…] die Spur der gesuchten Szene, so daß wir blind sind mit offenen Augen. Das Stück Vergangenheit, […] bleibt versteckt in einem Geheimnis […] wie eine mächtige graue Katze hinter Fensterscheiben, sehr tief von unten gesehen wie mit Kinderaugen.

---

40   Sollte die vereinzelte künstlerische Fotografie genau diesen Anspruch wirksam vertreten, ist sie nicht mehr.

Dor kann se ruich sittn gån.
(JT 59, 8. September)

Und plötzlich, unsere Ausführungen über das Wesen des Gedächtnisdepots schienen neben Gesines eigener Meinung überdies zu bestätigen, dass man nicht willentlich noch einmal eintreten kann in das Vergangene, meldet sich das akustische Band in Form der Stimme von Gesines Vater aus dem Jahre 1937. Die Präsenz dieser Stimme wirkt derart, dass Gesine Mr. Shuldiners Ausführungen gänzlich überhört, während die traumatische Situation der Vergangenheit zum ersten Mal blitzartig, so unvollkommen wie überwältigend über ihr zusammenschlägt.[41] Man kann nicht erinnern, aber man *muss*, wie es Ingeborg Bachmann schrieb: *In diesen Tagen schmerzt mich nicht, / daß ich vergessen kann / und mich erinnern muß.*[42] Gesines Umgang mit dieser Situation sowohl in Gustafssons Fischstube als auch danach ist ein allmähliches, erratisches Sich-Hintasten zu einer schrecklichen Vermutung, die weder bestätigt noch widerlegt werden kann.[43]

Problematisch, bzw. blockiert zeigt sich bei Gesine ja nicht ein generelles Vermögen, in die Vergangenheit einzutreten, sondern, wo es sie zutiefst persönlich betrifft, deren systematische Aktualisierung in Form einer sprachlichen Umsetzung, einer nachvollziehbaren, wahrheitsgemäßen Erzählung – und damit »Trauerarbeit«.[44] Vor allem in ihren Äußerungen Dritten gegenüber scheint es Gesine schwerzufallen, die Gesetzmäßigkeiten eines geregelten, reflektierten Dialogs einzuhalten, sich nach den Anforderungen von Zuhörern oder Lesern zu richten.

---

41   Vgl. JT 1539 f. über die Wirkung dieser Stimmen.

42   Es handelt sich um das Geicht *Tage in Weiß*. Dieselb.: Werke. München 1978, 112.

43   Riordan, Colin: (1989) 126 f. spricht sogar von einer »offensichtlichen Selbsttäuschung« Gesines. Wäre dies jedoch der Fall, wüsste dies zumindest der implizite Leser und distanzierte sich, der Sog jedoch entsteht ja durch das (intendierte) fürchterliche Gleichgewicht der Wahrscheinlichkeit. Vgl. Elben 47 Anm. 82: Johnson selbst betont, dass der Mordversuch Lisbeths letztlich nicht beweisbar ist – eine dichterisch intendierte, entsetzliche Vermutung also, die den ohnedies prekären Seelenzustand der Protagonistin Gesine von Grund auf tönt. Das Ausmaß ist zu ahnen anhand ihrer versuchten mühseligen gedanklichen Auseinandersetzung, die zwischen Anklage, Hass, Hoffnung auf Exkulpation, Verzeihung, Rat- und Hilflosigkeit in unerträglicher Weise oszillierend gestaltet ist. Den Nachweis dieser zerstörten Sprach- und Denkstruktur führt Elben sehr überzeugend.

44   Vgl. Elben 39 Anm. 47: »Die *Jahrestage* inszenieren […] vielmehr die Unmöglichkeit einer abschließbaren, aufklärenden Verarbeitung von Katastrophen als ein unangenehmes Erlebnis – für Gesine Cresspahl, für ihren Autor und für uns Leser.« Dennoch inszeniert meiner Meinung nach das Werk keinen psychischen Stillstand und keine Erstarrung. Diese zwar richtige Feststellung kann daher nicht die alleinige Intention sein: Es herrscht eine Dynamik außerhalb der verbalreflektierten Auseinandersetzung, vor allem in dem dezidiert sprachlich nicht zu bewältigenden, so Elben 41, »Phänomen des Aufreißens eines Zwischenraums zwischen Denken und Gedenken«, der wortlos, in der Funktion von fotografischen Zeichen, dem Werk Struktur und Entwicklung verleiht.

Allein und für sich jedoch, müde, in Traum oder Erwachen,[45] erlangt die dem impliziten Erzähler vorgeschaltete Stimme im Übermaß,[46] worum sie in ihrer programmatischen Reflexion über Gedächtnis und Erinnerung vergeblich rang – nämlich in die Vergangenheit zurückzukehren. Man könnte im Hinblick auf Gesines Bewusstseinszustand und ihren übergeordneten Erzählort beinahe sagen: Die Wiederholung des Gewesenen. Dies lässt sich bei Gesine beständig finden.[47]

Gemessen an der unüberschaubaren Vielfalt rezenter und latenter Zeichen, die Gesine vor sich hat, muss ihre geäußerte Erzählung Dritten gegenüber zu einem bloßen Erzähl-Skelett degradiert werden.[48] Nur mühsam könne dieses mit Erkenntnissen nach dem Besuch eines Archivs im »Institut zur Pflege des Britischen Brauchtums« bedeckt werden. Dieser Selbsteinschätzung allerdings widerspricht Dietrich Erichson in seinem Heiratsantrag dezidiert:

Du erzählst Marie von einem, der hieß Schietmul ›und der andere hier Peter‹, und sie sieht da eine Katze und noch eine Katze, weil sie bei Dir im Leben geblieben sind, und bei mir Worte geworden.
(JT 817, 3. März)

Ungeachtet aller Lebendigkeit ihrer Erzählungen, bestätigt Erichson dennoch Gesines Einschätzung, ihr Erzählen sei Ergebnis ihres Umgangs mit den gegenwärtigen Toten:

Wo ich eine alte Frau [D. E.s Mutter, F. M.] mit Eigenheiten habe, weil sie noch lebt, hast du eine rundum belebte Vergangenheit, Gegenwart mit Toten [...]
(JT 817, 3. März)

Gesines Erzählung ist paradoxerweise gerade deshalb lebendig, *weil* Gesine mit den Toten ist und sich in dieser Eigenschaft von D. E.s Mutter unterscheidet. Starre und Müdigkeit der Erzählerstimme inmitten der stillstehenden Zeit, dem Gegenstand jeder erzählten Betrachtung, bewirkt geradezu jene bewunderte Unmittelbarkeit und im wahrsten Sinne des Wortes Lebendigkeit der Erzählung.

D. E. und Gesine kennen beide den fragwürdigen Wert ihrer Geschichten in Bezug auf ein fortschreitendes, auf die Zukunft gerichtetes Leben. Es existiert in Gesines Gedächtnisdepot wenig von einer auf die Zukunft bezo-

---

45   Auerochs (1994) 233 spricht von einem »Nachlassen rationaler Kontrolle«, verengt aber den jeweils dann auftauchenden Bereich des Unbewussten zum einen als »Lisbethsches Erbe«, zum anderen auf den Todestrieb, bzw. die »Todessehnsucht« Gesines.
46   Elben 49 spricht vom »impliziten Gedächtnis«.
47   Vgl. JT 63: »Die Wiederholung des Gewesenen [...] Das gibt es nicht.«
48   Vgl. JT 144: Auf dem an D. E. gerichteten Tonband vergleicht Gesine ihr Erzählen mit einem Knochenmann, siehe dazu Elben 32–39.

genen Drittheit, wie sie diese bei Marie vermutet: »Für sie ist es eine Vor-
führung von Möglichkeiten, gegen die sie sich gefeit glaubt, [...]«. (144)

Ein Archiv von Zeichen, das für den potentiellen Nutzer, für einen konkreten Diskurs immer wieder und unverändert zur Verfügung steht, ist in Peirces Begrifflichkeit mit der Funktion eines Legizeichens zu vergleichen, das
sich mit der konkreten Äußerung durch ein Sinzeichen manifestiert. Anders
verhält es sich mit dem Zeichen-Depot der *Jahrestage*: Ein aktuell geführter
Diskurs basiert nicht immer auf einem allgemein zugänglichen Zeichenar-
chiv. Insbesondere die visuellen, fotografischen sind dem Leser als allgemeiner, wiederholbarer Typ von Zeichen unbekannt. Doch genau diese stehen für »das Stück Vergangenheit«, welches man als Dreh- und Angelpunkt
der *Jahrestage* bezeichnen darf.

Die Erzählerin der Jahre 1967/68 hat keine Zukunft: Gesines Reise nach
Prag ist für die Erzählgegenwart Bestandteil eines prophetischen oder gar
apokalyptischen Bildes. Prophetisch (bzw. eine Prolepse) insofern, weil ihre
ständige gedankliche Beschäftigung mit Flugzeugabstürzen, ihre Flugpho-
bie sowie die Angst vor geschlossen Räumen das künftige Schicksal zu präfigurieren scheint, selbst wenn es dann nicht das Flugzeug ist, das in den
Nachtstunden zum 21. August 1968 in der Tschechoslowakei abstürzt.
   Apokalyptisch deswegen, weil die Toten mit Hinweis auf den fünften
Reiter der Apokalypse Gesine vor der Reise nach Prag warnen: Die Toten
erinnern Gesine daran, dass es für die Tschechen noch eine Steigerung des
vierten apokalyptischen Reiters gibt. Dieser, der auf einem blassen Pferd
sitzt und für den Tod steht, wird für die Tschechen – zumindest nach den
Jahrestagen – nur durch die Ankunft der Deutschen in Prag 1939 übertrof-
fen. Ob sie nun will oder nicht, ob stichhaltige Gründe für oder gegen die
Reise sprechen: Gesine wird nach Prag reisen.

Gesines Erfahrungswelt bleibt kontinuierliche Gegenwart, jedoch eine vergangene, jenseitige Gegenwart. Eine, die dem Bizeichen entsprechend, auf
Information, und nicht auf eine Handlung bezogen ist. Es fehlt eine auf die
Zukunft gerichtete Gegenwart, eine solche, die sich nicht ausschließlich mit
dem Vergangenen in der Gegenwart beschäftigt. Eine etwaiger Handlungs-
strang, worin Gesine z. B. von D. E., einem weiteren Mann aus ihrer Mecklenburger Vergangenheit, während des beschriebenen Jahres schwanger
würde, wäre der Konzeption des Romans abträglich. Ein solches Wesen er-
öffnete zu viel an Zukunft – und genau dies wird dem Leser nach dem Tod
von D. E. auch bestätigt.[49]

49   Gesine denkt aber offensichtlich an ein Geburtserlebnis, als sie bei D. E. ist, von ihm
(in kursiver Schrift) zum Bleiben aufgefordert wird: »Vor dem Fenster war der Wind dran, kahle

Woher rührt eigentlich der fehlende Handlungsbezug von Gesines sprachlichen Äußerungen? Wohl generell aus der insgesamt verheerenden persönlichen wie politischen Last der Vergangenheit. Doch finden wir auch konkrete Hinweise zur Genüge: Im Jahr 1945 saß Gesine als Kind im Walnussbaum und sah die Leichen auf dem »Kastenwagen, mit Seitenbrettern und Kretts hinten und vorne. Die Sprache lief ihr weg, sie dachte: Kraut und Rüben«. (1117) Die zwölfjährige Gesine setzt die Leichen mit Kraut und Rüben, also der üblichen Ladung eines Kastenwagens in eins: eine Form der Tabuisierung dessen, was sie gesehen hat. Und lacht. Daran wird sie von Jakob erinnert, was sie abstreitet. Gesine versuchte daran zu denken, dass Jakob so ein Krett ein Schott nannte »in der sonderbaren pommerschen Art, sie fühlte sich doch weglaufen«. (1117) In der Binnenstruktur rekurriert der Dialog zwischen ihr und Jakob auf diese Situation und ihre Verdrängungsmechanismen. Die traumatische Erfahrung des Anblicks der Toten, der sich immer wieder Bahn bricht, kann auf diese Weise, auch durch die mundartliche Diktion der Kindheit, ausgeblendet werden. Das Mitteldeutsche Wörterbuch berichtet aus Ribnitz, Kreis Rostock, über den Volksglauben »in dem Wagen, in dem eine Leiche gefahren wird, *sall keen Krett und kein Schott sin* (1890).[50] Schott verweist zurück auf *pawl* und deutet damit seinerseits auf einen Verdrängungsmechanismus hin. Tabuiertes wird, wie Scheuermann feststellt, im Dialekt gesprochen,[51] z. B. Klaus Böttchers empörte Antwort, ob er wirklich bei Smolensk Kinder unter den Haufen von Leichen entdeckt habe. (921 ff.) Er bezeugt dies einerseits im Dialekt, zum anderen mit der Aussage, eines der Mädchen habe ausgesehen wie Cresspahls Tochter: »*denn is de Dirn likert Cresspahl sin waest*«. (923) Gesine ist nie und nirgends ausgenommen.

Gewohnheitsmäßig übersetzt Sprache ein Ereignis in bereits bekannte, vergleichbare Gedanken und Bilder, sie kommt zu bestimmten Schlussfolgerungen und ermöglicht so ein adäquates, auf die Zukunft gerichtetes Handeln. Doch der hier erfolgte Vergleich der Leichen mit Kraut und Rüben verhindert sinngebendes Denken, – damit letztlich auch zielgerichtetes Handeln.

Auch die »arrangierte Szene« von Leichen am darauf folgenden Tag, die Gesine nur wenige Sekunden lang in sich aufnimmt, ja sogar bewusst aufnehmen will, bewirkt auch später keine wie auch immer geartete schlüssige Handlungsanweisung, wie sie durch Nachdenken initiiert werden könnte.

Äste in einer Faust zu fangen, öffnete und schloß die Faust, erholte sich in hechelnden Pausen.« (JT 270)

50   Vgl. Scheuermann 270.
51   Ebd.

Gesines bloße Reaktion im Moment selbst lässt uns die Erzählerstimme wissen: »Sie wußte, daß sie nun eine Handlung schuldig war; sie ahnte nicht welche.« (1119)

Zahllose dieser Leichen wurden vom KZ-Gefangenenschiff *Cap Arcona* an die Ufer Schleswig-Holsteins und Mecklenburgs getrieben. Manche Orte, an denen die Leichen geborgen wurden, darunter explizit genannt Travemünde und Rande (1114), sind dem Leser bereits seit dem ersten Kennenlernen von Heinrich Cresspahl und Lisbeth Papenbrock vertraut.

Drunter und drüber, wie Kraut und Rüben, liegen auch die Leichen auf dem Wagen – und im Gegensatz dazu wie für ein Schauspiel aufgebahrt in der Kapelle von Jerichow, Mecklenburg. Dort, in der nordwestlichen Ecke, gleichen zwei von ihnen einem Paar.

Gesine zeigt sich an Politik und Gesellschaft mehr als bloß interessiert: Engagiert und aufmerksam verfolgt sie das Tagesgeschehen. Grundsätzlich mag sie auch bereit sein, aktiv an Anti-Vietnam-Demonstrationen teilzunehmen. Doch weder das ideologiekritische Bewusstsein noch ihre intensive Zeitungslektüre verhelfen ihr, im übrigen ebenso wenig wie früher ihrem Vater dazu, die richtige Entscheidung zu treffen.[52] In Gesines Fall hieße dies, nicht nach Prag zu gehen, so wie Heinrich Cresspahl besser nicht nach Deutschland gegangen wäre.

In anderer Beziehung wiederum ist Gesine Wahrnehmungszustand als das genaue Gegenteil von wach, nämlich wie schlafend oder träumend zu bezeichnen. Beides sind in sich geschlossene Wahrnehmungszustände, Formen der Erstheit oder auch mit Peirce *Stimmungen* zu nennen.[53] Präziser noch muss man hier von einer »Erstheit der Drittheit« sprechen, also der »besonderen Färbung«.[54]

Gesine ist hellwach im Schlafe – genau das ist die ihr eigene Stimmung und Färbung, die ihrer vorgestellten, übermittelten und vorenthaltenen Erinnerung. Sie ist sich ihrer Lebensumstände selbst und Dritten gegenüber vollkommen bewusst – und zwar genau in der ihr eigentümlichen großen Müdigkeit.[55] Diese Müdigkeit kann nun begrifflich differenziert werden als ein Zustand der Versunkenheit oder Trunkenheit, der Depression, Blockade

---

52   Vgl. Auerochs (1994) 225.

53   Peirce (1990) 159 zu Shakespeares *King Lear*. »Eine Erstheit wird durch jede Qualität eines totalen Gefühls exemplifiziert. […] So hat die Tragödie »König Lear« ihre Erstheit, ihre Stimmung *sui generis*.«

54   Peirce (1990) 160.

55   Zwei weitere Textbeispiele seinen genannt: »Von weitem gehört, in großer Müdigkeit, ohne den Anblick war Hildes Stimme die der Mutter.« (JT 837) und »Es ist auch vorgekommen, daß sie [Jitka Kvatshkova, F. M.] unseren Arm berührte und mit betrübten Kopfschütteln unsere Müdigkeit beklagte, so daß wir zurückkommen zu Jakobs Mutter, die die Cresspahls verschlafenes Kind morgens in der Finsternis an den Schulzug brachte.« (JT 302)

oder Traurigkeit. In jedem Fall aber ist dieser seelisch-körperliche Zustand in ikonischer Weise auf ein gedankliches Bild vergangener Gegenwart bezogen.

Niemals fotografierte Bilder?

In manchen Situationen mag der indexikalische, also quasi-physikalische Bezug zu einem plötzlichen Aufwachen in einer Welt führen, mit der man zwar bekannt scheint, die aber alle Anzeichen von etwas völlig Fremden trägt – gleichgültig, ob es sich nun um die Gegenwart von 1967/68 oder die vorvergangene handelt. Das Aufwachen im ostdeutschen Gefängnis könnte als ein Muster für ein solch gewaltsames, unzeitiges Aufwachen dienen: »Kein Mal aufwachen dürfen, außer von einem Schlag gegen ein Stück Eisenschiene«. (1720)

Häufiger jedoch ist ein mühsames und letztlich unvollständiges Erwachen in den *Jahrestagen* anzutreffen, eines, das Gesines starker innerer Müdigkeit geschuldet ist. Erinnerung ist dann umgesetzt in Schlaf,[56] in einen Zustand, der keinem lebendigen Handeln in der Gegenwart entspricht, sondern einem fotografisch vergegenwärtigenden Traum, wie es folgende Passage nahezu exemplarisch zeigt:

Das Kind rief mich zur Arbeit. Marie stand am grauen Fenster, morgens in der Dämmerung, und hielt mit beiden Enden ein Taschentuch gegen das geringe Licht. Das Taschentuch war sonderbar quadratisch, und seltsam hell. Ich stelle mich vorsichtig hinter das Kind. Zwischen Maries Fingern erschienen Bilder auf einer strahlenden Leuchtfläche, nie gesehene, nie fotografierte Bilder in kalten genauen Farben:
Lisbeth Cresspahl im Sarg
Lisbeth Papenbrock im Alter von sechs Jahren, in langen Haaren liegend wie schwebend, im Profil
die Scheune, bevor sie abbrannte
ein Huhn, das von unten eine Erdbeere lospickt
sehr rasch sehr lange überflogene Ostsee
die in das Empire State Building gerissene Ecke
aber man durfte sich nichts wünschen, und nicht das Tuch kippen oder bewegen, und nichts sagen.
(JT 408, 4. Dezember)

Mit den Zeitungsausschnitten und den Bildern auf Maries Tuch geraten »Fotografien« unterschiedlicher Zeiten auf- und durcheinander. Die Bilder auf dem leuchtenden Tuch, so heißt es explizit, seien »nie gesehen« worden.[57] Gesine erblickte jedoch mit eigenen Augen ihre Mutter im Sarg als

---

56   In Anspielung auf JT 339: »D. E. hat Erinnerung umgesetzt in Wissen.«
57   Fries 82 nennt Behauptungen wie diese »eine erzähltechnische Problematik« Die (stereotyp wiederholten) Worte jedoch werden erst jetzt, im Kontext jenes Traums vom Sterben nachvollziehbar, wobei spätestens der Verdrängungsvorgang klar wird. Ebenso isoliert Zetzsche 240

auch die Scheune in Jerichow. Selbst ein Erdbeeren pickendes Huhn hätte sie sehen können, und zwar nach dem Tod der Mutter Ende Mai 1938 bei Paepkes in Pommern. (836) Zugleich erinnert dieses Bild stark an das Huhn, das im Frühjahr 1945 an einer Leiche der »arrangierten Szene« pickt. (1117 f.)

Das Foto des beschädigten Empire-State-Buildings wiederum entstammt der Zeitung, welche die 12jährige, in Jakob verliebte Gesine im Walnussbaum im Juli 1945 gefunden hatte. (1085) Jenes geträumte, angebliche nie fotografierte oder gesehene Bild steht für ihren Blick auf und ihr Bild von Jakob: »Jakob war ja die Zeitung im Haus«. (1083) Wie so häufig, ist das persönliche Moment gekoppelt an eine gewaltsame politische Erfahrung.

Gesine hatte in der Tat nicht vor, Jakob in Verbindung mit New York zu bringen, während sie Marie von dieser Zeitung berichtet. Weitaus wahrscheinlicher, dass Gesine mit diesem Bild die eigentliche, schreckliche Bild-Erinnerung verdeckt: nämlich die an jenes Foto, das »Briten im Konzentrationslager Bergen-Belsen gemacht hatten und abdruckten in der Zeitung, die sie nach dem Krieg in Lübeck laufen ließen«. (238) Dies stand in eben diesem »Nachrichtenblatt der Britischen Militärregierung«, das Jakob im Walnussbaum versteckte. (1084) Das Empire State Building ist demnach nicht nur fotografiert, sondern dessen Fotografie vor allem von Gesine mit eigenen Augen gesehen worden. Unvergessen und schockierend präsent schiebt sich dieses Bild jedoch über den im selben Blatt abgedruckten und weit tiefer im Gedächtnis verwahrten Schrecken: die Fotografie der Leichenberge Bergen-Belsens.[58]

Der Schock war ausreichend, den Wunsch nach Vergessen zu erzeugen, die Empfindung der Alpträume, die blinde, vergebliche Gegenwehr des Schlafenden im Kampf mit etwas, das in keinem Aufwachen ganz verschwinden wird.
Saturday! sagt Marie. – Sonnabend sagt sie: Tag der South Ferry.
(JT 235, 28. Oktober)

Die immense Anzahl und unvorstellbare Grausamkeit der Verbrechen während der nationalsozialistischen Diktatur war auch gut zwanzig Jahre nach dem Tode Uwe Johnsons noch nicht annähernd erfasst und begriffen. »Die Unfähigkeit zu trauern« von Alexander und Margarethe Mitscherlich erschien 1967, eine epochale Bestandsaufnahme der Auseinandersetzung mit dem Nationalsozialismus, den Verdrängungsmechanismen der Deutschen –

---

aus diesem Traum die Aussage »nie fotografiert worden« vom vorhergegangenen »nie gesehen«. Beides ist nicht wahr, sondern eine (Schutz-)Behauptung, wie eine genaue Textanalyse zeigen wird. Fries und Zetzsche hingegen »glauben« Gesine, was ihrer beider Argumentation zur Stelle auch so schwierig macht.

58   Vgl. Auerochs (1997) 441.

deren Kenntnis (und ebenso die 1975 erschienene Schrift und Auseinandersetzung mit der Psychoanalyse von A. Mitscherlich »Der Kampf um die Erinnerung«) darf bei Johnson vorausgesetzt werden. Auch für die Zunft der Historiker galt, was Götz Aly in einem Interview im Deutschlandfunk feststellte:[59] Die 1970er Jahre, die Zeit also, in der die *Jahrestage* wesentlich entstanden, waren für die Aufarbeitung dieser Verbrechen im Grunde eine verlorene Zeit. Insofern verloren, als man über den zweiten Weltkrieg vornehmlich unter ideologischen Gesichtspunkten diskutierte – man wollte oder konnte die Einzelereignisse (noch) nicht als singulär zu benennende Taten untersuchen. Folgerichtig und bezeichnend zugleich, dass eine Studie wie von Wolfgang Curilla zu den Verbrechen der Ordnungspolizei im Baltikum und in Weißrussland, die den Hergang der je einzelnen Serienmorde an den insgesamt ca. eine Million Juden aufschlüsselt, erst im Jahr 2005 erscheint.[60]

Obschon dieser Alptraum einesteils nicht vergessen werden soll, mag es die psychische Struktur des Einzelnen dringend gebieten, das Vergessen (und mitunter auch Negieren) gerade zu suchen, um seelisch zu überleben. So ist Gesines Wesen insbesondere gekennzeichnet durch fehlende Distanz zur Erinnerung einerseits, sowie durch ihre mangelnde Fähigkeit, in der Handlungsgegenwart »aufzuwachen« und sich einer wirklichen Zukunft zu öffnen. Solange der grausame millionenfache Mord nicht aufgearbeitet werden kann und man sich und damit auch die Öffentlichkeit nicht in die Lage versetzt sieht, jener Toten würdig zu gedenken, muss es Gesine vielleicht als ein Unrecht erscheinen, eigene Familienangehörige überhaupt betrauern zu können.

Für die Gedenkpraxis, was die in den Konzentrationslagern Umgekommenen betrifft, galt es als ein Novum, als vor einigen Jahren zufällig gerettete Familienfotografien einiger in Auschwitz ermordeter Juden in einem Bildband veröffentlicht wurden.[61] Dargestellt nämlich sind gänzlich alltägliche Familienbilder, wie sie jeder von seinen Lieben besitzt. Diese Bilder sollten ganz bewusst mit der traditionellen bildlichen Darstellung brechen, die jüdische Bürger als vornehmlich mit dem gelben Stern Gekennzeichnete oder ins Lager Getriebene, einzig in ihrer Existenz als Opfer, zeigte. Während bis in die 1990er Jahre eher das abstrakte Phänomen des Massenmordes das öffentliche Bewusstsein beherrschte, gab es nach etwa 50 Jahren und dem

59   Interview von Wolfgang Stenke mit Götz Aly im Deutschlandradio am 11.6.2006.

60   Curilla, Wolfgang: Die deutsche Ordnungspolizei und der Holocaust im Baltikum und in Weißrussland 1941–1944, Paderborn 2005.

61   Kersten Brandt u. a. (Hg.) Before They Perished… Photographs found in Auschwitz, Oswiecim 2001.

Ende der Sowjetherrschaft die Möglichkeit, mit Empathie dem Leben eines einzelnen und zwar keineswegs exemplarischen Menschen zu gedenken – zumindest dem Prinzip nach.

Die Toten – nicht zuletzt die zahllosen gegenwärtigen, von denen Tag für Tag in der *Times* berichtet wird[62] – bleiben eine dunkle Kraft in den *Jahrestagen*, nicht allein jene »sich blind durchsetzende Macht der Vergangenheit«.[63] Auerochs betont zu Recht, dass diese mehrere Bedeutungen besitzen.[64] In diesem Kontext nennt er auch Über-Ich-Funktionen des Gewissens, bzw. »das hemmende Gewissen einer moralisch sensiblen Person«, das mitunter fordernde und für die Protagonistin quälende Aspekte aufweist.[65] Wie anders wäre sonst das wütende, aufbegehrende und letztlich zutiefst ohnmächtige: »*Die Toten sollen das Maul halten.*« (45) zu verstehen, desgleichen: »*Dat de Dodn dat Mul holln dedn.*« (391) Marie verwahrt sich: »*Ich will nichts von den Toten jeden Tag*«. (1178) – und, so könne man ergänzen, überall, und dies nicht nur zu Themen, welche die Vergangenheit betreffen: Die Toten sind erstaunlich gut informiert.[66] Man könnte sie sich fast an einem Ort versammelt denken, der Gesine mit unwiderstehlicher Macht hält. Die Toten, mit denen Gesine kommuniziert, sind sämtlich Familienangehörige oder zumindest Persönlichkeiten aus ihrer Familiengeschichte, oder aber nach Gerlach ein »Kollektiv von Personen, das Ansprüche an Gesine zu stellen hat. Es ist die Generation vor ihr, die durch die NS-Zeit gegangen ist«.[67] Diese Menschen stehen daher nicht allein für das individuelle Leid, sondern auch in klarer Verbindung zu jenen Massen von Toten, zu jenen unzähligen Opfern, derer nicht mehr adäquat gedacht werden kann.

Gesine folgt somit einer Fährte oder gar Richtung, die einst ihre Mutter »einschlug«, als diese den willkürlichen Mord erlebte und damit zugleich den massenhaften antizipierte. Man könnte sie vielleicht als Reise auch hin zu jenen zahlreichen Toten bezeichnen, die nicht durch ein ehrenvolles Be-

---

62   Offe 89 weist zu Recht darauf hin, dass mit Ausnahme von Heinrich Cresspahl kaum jemand in den *Jahrestagen* eines natürlichen Todes stirbt – die ohnehin ungeheure Anzahl der Toten innerhalb der Geschichte und des Gedenkens wird durch die *New York Times* nicht nur potenziert, sondern auch vergegenwärtigt und sogar antizipiert.
63   Auerochs (1994) 235.
64   Die Toten als narrative Instanz bei Riordan (1989) 11 u. 108: »Gesine's interaction with the dead may be regarded as a model of the author's interaction with his characters, represented in ist own fictional context and so comprehensible in ist entirety.«
65   Auerochs 235.
66   Vgl. Scheuermann 264; allwissend jedoch sind sie keineswegs, siehe Gerlach 180 f, die den Toten »wachsamen Argwohn« zuschreibt, da Gesine zunächst ihre Absicht, nach Prag zu fahren, ihnen gegenüber geschickt zu verschleiern sucht.
67   Gerlach 183.

gräbnis bzw. würdiges Gedenken im Diesseits abgesichert sind. So heißt es in einem Gespräch mit der toten Lisbeth:

Du sollst deinen Willen haben. Wir machen die Reise. Wir träumen den Flug, wir reisen in die Nacht, wir hängen in der Luft, wir steigen um an einem Ort, wir müssen weiter durch die Zeit umso undurchdringlicher als vergangener, Jetzt sind wir wo du warst.
Da wo du tot bist, sehen wir dich nicht.
(JT 286 f., 11. November)

Gesine grenzt sich zwar, von Lisbeth gewissermaßen ab: »*Du bist tot, verstanden. Das ist deine Sache*« (286) – aber es bedarf hier doch weiterer Differenzierung.[68] Mit der Aussage »*DA WO du tot bist,* [Hervorh. F. M.]« wird explizit anstatt eines Grabes in Jerichow eine Unterweltstopografie skizziert,[69] welche legitim nach tradiertem antikem Vorbild suggeriert, man könne an verschiedenen *Orten* tot sein. Diese Lesart kann die implizite Feststellung der Protagonistin enthalten, sie sei(en) ebenfalls tot, aber eben nicht dort, wo Lisbeth tot ist.

Zum anderen könnte diese Passage den Aufenthalt von Gesine und dem Genossen Schriftsteller oder von Gesine und Heinrich am identischen Ort, bzw. im selben seelischen Zustand vermuten lassen, wenn man »wir« als Abwehr gegen die durch ihr Versagen als Mutter sowie ihren Selbstmord gewissermaßen isolierte Lisbeth versteht.[70] Eine weitere Interpretation wäre ein »wir« von Gesine und Marie, dessen Gesine sich auch sonst oft bedient. Möchte man jedoch so weit nicht gehen, so zeigt sie (nicht zuletzt durch die kursive Setzung) in jedem Fall wiederum Gesines »Fähigkeit« zum Betreten beider Welten, bzw. ihren legitimen Anteil an beiden. Aus vergangener Gegenwart heraus möchte Gesine begreifen, was damals war. *Jetzt sind wir da wo du warst.* Es handelt sich meiner Meinung nach hier keineswegs allein um eine am Geburtstag (!) der Mutter unternommene »Zeitreise nach Jerichow«, sondern letztlich um eine imaginierte Reise in die Welt der Toten selbst. Nur dort, im Tode, kann und wird diese Erinnerung, dieses ausdrücklich ersehnte Eintauchen ein vollgültiges sein – mithin bedeutet dies jedoch ein Scheitern in der Welt der Lebenden.[71]

---

68 Vgl. Elben 88 f. und auch Fries 89. Gerlach 175 f. weist auf die Ambivalenz und die Distanz in dieser Passage hin sowie auf die im Dialog mit der toten Mutter stattfindende Annäherung (JT 686), die bis zu einer Art von Verzeihung geht (JT 695). Dennoch tritt ab diesem Moment keineswegs eine Erleichterung in Gesines Leben ein, was man eigentlich erwarten könnte.

69 Anders Gerlach 174. Das wäre jedoch singulär – die Toten bewegen sich sämtlich in einem »offenen«, allumfassenden Raum, sie sind in aller Regel nicht an ihrer Grabstätte zu finden.

70 Für den Genossen Schriftsteller plädieren Fries 88, Riordan (1989) 105; zu Cresspahl vgl. Kreller 270 Anm. 256.

71 Vgl. auch Elben 84.

Die Frage nach der Konzeption der Hauptfigur und damit wesentlich der Erzähltopografie des Romans selbst, stellt sich nun zwingend: Befindet sich Gesine bereits im Reich der Toten, auf dem Wege dorthin, oder, immens gefährdet, gerade noch im Diesseits unter den Lebenden?[72] Aber auch diese Annahmen oszillieren und verschränken sich beständig ineinander: Eine letztliche Klärung scheint vom Autor nicht intendiert. Mit Sicherheit aber bewegt sie sich in einer Art Zwischenwelt und reist, was die Zukunft in Prag betrifft, wie es explizit heißt, zur »falschen Zeit« und »in falscher Richtung«. (1887) Am Ende des Romans nämlich brechen Gesine und Marie auf nach Prag. Sie gehen den Menschen New Yorks, die von der Arbeit nach Hause strömen, entgegen:

Aus der Lexington Avenue treiben die Menschen herein, auf abertausend Füßen durch die Klapptüren, schwimmen dahin unter den niedrigen vierblättrigen Gewölben, […] strömen dicht, ohne Gedränge uns entgegen unter das Tonnengewölbe, in dessen Höhe der Sternenhimmel golden abgebildet ist wie eingeritzt. Wir gehen in der falschen Richtung unter dem hohen Zelt.
(JT 1887, 19. August)

Das zweite Mal,[73] als Gesine in den *Jahrestagen* unter der Kuppel der Grand Central Station geht, sieht sie sich selbst »aus der Höhe des blauen Kuppelgewölbes«. (324) Da eilt sie, von Marie gezogen, zum Fahrstuhl des Pan-American-Gebäudes. Weil Karsch von der Mafia entführt wurde, muss schnell Geld überbracht werden. Kurze Zeit später befinden sich Marie und Gesine im Hubschrauber auf dem Weg zum Flughafen, der am Friedhof vorbeiführt: »Über die Friedhofsfelder flitzt ein Streifen Sonnenlicht und blättert die Grabsteine auf wie einen überschnell laufenden geheimen Film«. (325)
Der Einschub jener »Mafiageschichte« mit Karsch mag manchen Leser überfordern, weil sie als eine Art Fremdkörper weder einen klaren Zusammenhang mit dem alltäglichen Leben in New York noch mit dem vergangenen in Mecklenburg zeigt. Auch für Gesine selbst ist jener Sonntag höchst fiktional »und wurde nicht wirklicher durch D. E.«. (324) Festzuhalten ist jedoch, dass diese Binnen-Erzählung die Möglichkeit eines grundsätzlichen Perspektivwechsels eröffnet, nämlich die *Jahrestage* quasi »von oben«, also einem dem New Yorker Diesseits entgegen gerichteten Ort zu erzählen. Damit steht sowohl die Erzählperspektive vom 18. August (1875) und vor allem die vom 4. Dezember (407), als Gesine sich träumend von oben herab

---

72 Als prekär und gefährdet bezeichnet auch Fries 89 Gesines seelischen Zustand.
73 Vgl. das erste Mal, an dem sie aus dem »blauen Gewölbe« kommt: im allerersten Eintrag (JT 10); siehe auch die Beschreibung als »blaugoldenen Sternenhimmel in der Tonnenkuppel«. (JT 60)

gestorben sieht, in unmittelbarer Kontinuität zur Erfahrung, sich bereits zu Lebzeiten auf der Reise zum Ort der Toten zu verlieren.[74]

Die Szene gleicht der Erdenschau aus dem Flugzeug, an deren Anfang Marie in einem Traum (einer *divinatio*?) als einzige und letzte Hinterbliebene antizipiert wird: »Eine von diesen leeren Bruststimmen wird ins Telefon sagen: ›Marie hast du einen Vater, eine Großmutter, etwas Verwandtschaft? Wehe, wenn du jetzt nicht tapfer bist.‹« (118) Dieser Eintrag vom 25. September evoziert zudem eine Welt des Todes, geprägt von antiker Jenseitsvorstellung bzw. -topografie. Insbesondere seien genannt: »Einmal fällt der Blick neben der Tragfläche in einen tiefen Tunnel in dem Autos wimmeln. Im Briefkasten für die Passagiere dieses Fluges steckt kein Zettel unter dem Buchstaben C [...] Grabsteine links und rechts flackern unter dem Stadtlicht [...] Der Tunnel, der gekachelte Hades unterhalb des Flusses [...] Der Central Park ist vollends schwarz«. Vor allem die explizite Erwähnung »ohne Gedränge« (1887), der Verben »wimmeln« und »flackern«, wie sie vorgeformt ist in den Myriaden luftiger Schatten im Totenreich antiker Vorstellung,[75] erlaubt darin eine Verortung der Unterwelt zu sehen. Fries hingegen interpretiert jenes Flackern rein in die private Sphäre der Protagonistin, nämlich buchstäblich als »das Lebenslicht Cresspahls« wobei er suggeriert, Johnson habe sich um einen anderen als den vorherrschenden Tenor des Romans bemüht: »[...] doch scheint es Johnson schwerzufallen, das Thema Tod zu unterdrücken«.[76]

Ein weiterer wesentlicher Aspekt antiker Jenseitsvorstellung fügt sich zu dem vorhergehenden. Im Schlussteil des Endmythos' des platonischen Dialogs *Politeia* wird der Zustand des Übergangs vom ort- und zeitlosen Sein, bzw., der Präexistenz in die irdische Existenz geschildert.[77] Nach Platon

---

74   Nicht nur die Auseinandersetzung von Gesine mit ihrer Vergangenheit findet oft in Alp- oder Fieberträumen statt. Zu deren immenser Bedeutung siehe Elben 9–13; zum ebenfalls einem Traum innewohnenden Aspekt der Zukunftsschau Foß 115: »Denn auch ein Traum steht weitgehend zu dem in Bezug, was die Lebensrealität des Träumenden vorgibt, obwohl im Traum immer auch, wenn man ihn als *divinatio* ernst genommen hat, eine in die Zukunft gerichtete Botschaft gesehen worden ist.«

75   Z. B. Hom. Od. 11, 37 ff. wo Odysseus die »schwankenden Häupter der Toten« aus dem Erebos erscheinen, darunter der unbestattete Elpenor, Odysseus' Mutter und der Seher Teiresias, Homer, Odyssee, neu übertragen von R. A. Schröder, Leipzig 1911); siehe Verg. georg. 4, 472 ff., wo die »zarten Schatten« mit Abertausenden von Vögeln im Blattwerk der Bäume verglichen werden, oder Verg. Aen. 6, 705 ff., wo *innumerae gentes populique,* jene unzähligen Heerscharen der Seelen zahllosen, um Lilien summenden Bienen ähneln. (709)

76   Fries 83. Zur Vielzahl, ja ungeheuren Fülle der Toten, vgl. Offe 89. Zur Antizipation von Gesines zunehmender Todesangst siehe Fries 86.

77   Siehe Foß 94 ff. Dieser Mythos speist sich jedoch aus archaischen, z. B. orphischen Quellen, siehe Kerényi 316.

wandern die Seelen durch die wüste, heiße Ebene der Lethe mit ihrer nach Trank verlangenden Trockenheit. Dort trinken die verstorbenen Seelen in den Gefilden der Lethe ein besonderes Maß des Flusses *Ameles*, das Wasser der Sorglosigkeit oder des Vergessens. Nur noch ein winzigen Teil der Erinnerung an ihr früheres Dasein wird bewahrt, bevor die Seelen unter Donner und Erdbeben in Gestalt von fallenden Sternschnuppen springend ins Leben zurückkehren.[78]

Da hätten sie sich nun bei schon anbrechender Dunkelheit an dem Flusse, genannt ›Sorglos‹, gelagert, dessen Wasser kein Gefäß in sich halten könne. Ein gewisses Maß von diesem Wasser müsse jeder trinken; diejenigen aber, denen die Vernunft nicht als Helferin zur Seite steht, tränken über das Maß hinaus. [...] und als die Mitternacht herangekommen wäre, da hätte es angefangen zu blitzen und zu beben und plötzlich sein sie, der eine nach dieser, der andere nach jener Seite hin emporgefahren zum neuen Leben, flimmernd wie Sterne.
(Platon Pol. 621)

Die platonische Bildlichkeit, die Einbindung der irdischen Ordnung in die kosmische »[...] wie Plato anhand der vielfachen Bezüge, die er zwischen Diesseits und Jenseits nicht nur in topografischer Hinsicht konstruiert«,[79] erlaubt uns die folgende Deutung: Gesine verlässt beim Abschied von New York das irdische Leben, indem sie dem Strom der »Lebenden« (die ihrerseits jedoch durch die Körperlosigkeit der Schatten charakterisiert sind) entgegen- und unter der Sternenkuppel der Grand Central Station in das Totenreich eintritt.

Riordan begreift diese Stelle ebenfalls zentral als »Augenblick des Übergangs und der Vollendung«, jedoch als Zeichen dafür, dass sich leben ließe »[...] mit der Erinnerung an die Vergangenheit und den Gefahren der Gegenwart«, das Zelt fungiere als »schützende Funktion des Erzählens«.[80] Die Assoziation des »Tonnengewölbes« (1887) mit der Regentonne ist zwar offensichtlich, aber scheint in diesem Kontext nicht das Wichtigste, weil allzu deutlich, wo sie verdeckt stets wirkungsvoller war, und erst recht nicht die wenig konsequente Weiterführung jener Assoziation, es handle sich dabei um ein »[...] gegen den Strom-Schwimmen als Ausweg aus den mechanischen Zwängen des Alltags«.[81] Sabine Offe hingegen bezeichnet diese Orte der New Yorker Topografie und *mental map* als Transiträume, die nicht nur, wie in Subway oder Flugzeug geschehen, die als »Räume in Grenzbereichen des Todes« eine spezifische Erinnerungsfunktion, die der traumati-

---

78   Vgl. Kerenyi 313.
79   Foß 100, zum Himmelsraum siehe 94 ff. Auch Kerenyi 317 bezeichnet das griechische Jenseits als »voll der Abbilder unserer irdischen Erfahrungen«.
80   Riordan (1995) 172, 175.
81   Strasky 146, Riordan (1995) 172 sieht Gesine und Marie als Teil der Menge, wiewohl gegen den Strom.

schen Angsterinnerung tragen, sondern auch als »metaphorische Transiträume, Zwischenreiche« gelesen werden können, welche die »unbegra-
benen Toten bevölkern«.[82] Gesines Erinnerung haben die Gefilde der Lethe
nicht verhindert: Sie gehört nicht zu jenen, die *securos latices et longa oblivia potant*, welche die Flüssigkeit Sorgenlos und das lange Vergessen zu
trinken begehren,[83] sondern die Erinnerung wird erst ermöglicht als nunmehr vollständig gefundene, vergangene Erfahrung.[84]

Der mühsame Prozess einer Erinnerung hat sein Ende gefunden, indem das
diesseitige Leben, welches durch das zum Überleben notwendige Vergessen
gekennzeichnet ist, nunmehr mit der Reise nach Dänemark zu Kliefoth und
bald darauf nach Prag verlassen wird. Dies ist in der Tat eine, für die Zukunft gesehen, beunruhigende Fahrt.[85]

6.6 Über das Ende der Aufzeichnungen – Übergabe an Kliefoth

Die Zukunft der hinterlassenen Aufzeichnungen, die Gesine ihrem alten
Lehrer Kliefoth übergibt, wäre ihr finaler Interpretant, also die »[…] Wirkung, die durch das Zeichen auf den Verstand nach genügender Wirkung
des Denkens erzeugt würde«.[86] Was geschieht in der Logik des Romans mit
den Aufzeichnungen des Schriftstellers Johnson?

82   Ebd. 80, 83 f., 89; 122 sieht Tunnels, Flugzeuge und die Fähre etc. als Schwellen-
Metaphern für die *rite de passage* der Protagonistin, das tschechische Wort *pràh* selbst bezeichnet
seinerseits »Schwelle«. Somit stünde Prag als »Metapher für den Ort des Erzählens« als »Land
zwischen Mächten, ein Erzählen zwischen Orten und Zeiten.« (125)

83   Vgl. z. B. Verg. Aen. 6, 713 ff.: Auf Aeneas` Frage, weshalb sich all die Seelen dort
sammelten, erhält er von Anchises die Antwort: […] *animae, quibus altera fato / corpora deben-
tur, Lethaei ad fluminis undam / securos latices et longa oblivia potant.* (713 ff.): (Die Seelen, denen das Schicksal / neue Verkörperung schuldet / sie trinken an Lethes Gewässern / sorgenlösen-
des Naß und langes, tiefes Vergessen.; übers. Götte) Die Wiedergeburt der Seelen wird dort im
Anschluss behandelt, siehe Foß 110 ff.

84   Siehe auch Elben 84: »Darum kann Gesines Erinnerung allenfalls in ihrem Scheitern
gelingen«. Scheitern nach seiner These bedeutet, sehr verkürzt dargestellt: Das Trauma wird eben
nicht mit Hilfe von Erinnerung und Sprache in den Griff gebracht (vgl. 22), es gibt bei allem
Bemühen seitens Gesines kein freudsches »Erinnern, Wiederholen, Durcharbeiten«. Da diese
Trauerarbeit nicht möglich ist, bleibt Gesine letztlich die Rückkehr in, bzw. die Inbesitznahme
einer gelebten Gegenwart verwehrt. Damit lässt sich mein Schluss ziehen, dass Gesine ein Teil der
Erinnerung und Vergangenheit selbst werden musste – um dies zu leisten, was das Buch dem Leser leistet: *Vergegenwärtigung* der individuellen wie kollektiven Geschichte.

85   Vgl. ein ähnliches Ergebnis bei Butzer, Günther: Fehlende Trauer: Verfahren epischen
Erinnerns in der deutschsprachigen Literatur, München 1995, Kapitel 4. Butzers Studien kannte
ich leider zum Zeitpunkt des Verfassens leider nicht.

86   Peirce LWdt 55.

Einem Mann wie Kliefoth, der bald sterben wird und der einem zudem gerade mitgeteilt hat, wohin sein verbliebenes Eigentum nach seinem Tode gehen soll (in das Museum in Rostock und zu seinem Vermieter), jene 1887 Seiten der Aufzeichnungen *Jahrestage* zu übergeben, ist eine Handlung, die bezogen auf die Handlungsgegenwart des letzten Kapitels nach dem gängigem Verständnis des Bewahrens oder Tradierens einer Lebenserfahrung an die nächste Generation wenig »Sinn« macht. (Johnson zeigt im übrigen Gesine und Marie exakt auf Seite 1887 des Romans an jener letzten Schlüsselstelle am Grand Central Station.) Die Relation eines solches Zeichens zu seinem finalen Interpretanten ließe sich bestenfalls als problematisch oder assertorisch bezeichnen, weil sie bestenfalls den Objektbezug, also den Bezug zu Gesines Leben bestimmt.

Die *Jahrestage* als von den Partnern in einer Vertragsfiktion erzeugtes Erzählzeichen sollen kein Ziel mit gänzlicher Vollkommenheit herstellen. Der implizite Erzähler tritt einem Zuhörer zwar gegenüber, jedoch nicht dergestalt, dass dieser sich an der Erzählung erfreut, durch sie zur Handlung angeregt wird oder gar daraus eine Handlungsregel gewinnen könnte.

Mit jener Gesine, die zweifellos auch noch während der bereits abgeschlossenen Aufzeichnung spricht, spricht nun jemand *erstmals* in der erzählenden Vergangenheit des Imperfekts: »[…] gerieten wir ins Wasser«. (1891) Mit Abschluss des letzten dramatischen Aktes, der durch Nennung der Zeit und des Ortes die Verbindung zum ersten, dem Kennenlernen ihrer Eltern in Travemünde wiederherstellt, hat sich der Erzählstandort verändert.[87]

Zu Beginn der *Jahrestage* heißt es: »Lange Wellen treiben schräg gegen den Strand, […]« Und, so könne man ergänzen, sie tun es noch immer, unveränderlich. Denn das »wuchtige«, weil von der Ewigkeit des immer Gleichen dieser Wellen gespeiste Präsens des ersten undatierten Eintrags der *Jahrestage*, diese beeindruckend unmittelbare, anhaltende Gegenwart der Wellen unter dem dunstigen Horizont steht in engster Verbindung zum Präteritum des letzten Absatzes. Das Mittagslicht »drückt« im August 1967 die Augen nieder: Setzte man das Datum des 20. August für die Eingangssequenz,[88] so wiederholte sich dieser Tag des Jahres als der einzige ein Jahr später, nun jedoch im Präteritum. Die Qualität der Erzählstimme hat end-

---

87   Das Transitorische jenes Ortes betonen auch Offe 89 sowie Strasky 145, der die Wassermetaphorik allerdings wenig nachvollziehbar zwischen »[…] Offenheit und Hoffnung, denn das letzte Bild führt uns durch den Eintritt ins Wasser in eine neue Sphäre des Gesellschaftlich-Politischen. Andererseits symbolisiert der Schritt ins Wasser Bedrohung und Gefahr« interpretiert.

88   Später in diesem Kapitel ist es offensichtlich Montag, der 21. August, mit dem die Erzählung fortfährt.

gültig gewechselt. War das Präsens der New Yorker Gegenwart im vierten Buch schon recht selten geworden – es überwogen darin Dialog und der Jerichowstrang – so fehlt das beschreibende Präsens von Gesines lebendiger Wirklichkeit im letzten Kapitel beinahe völlig.

Das Signifikante am Präsens der Erzählgegenwart ist nun die Darstellung der vorfindlichen Tatsachen, nicht aber bloße Wünsche und Behauptungen, wozu der folgende Satz des letzten Kapitels zählt: »Anita hat sich für Prag versprochen; Anita ist imstande, schon in Klampenborg uns zu empfangen.« Die vorausgehenden Sätze stellen das *setting* einer letzten Szene dar, sie sind also ebenfalls nicht dem typischen Erzählpräsens zuzuordnen. Maries gegenwärtige Müdigkeit verstärkt nur noch die Abwesenheit eines lebendig-wachen Sinnes. Es bleibt reduziert auf Kommentierungen des für den Zuschauer meist visuell, also fotografisch Wahrzunehmenden (z. B. Kopf, Profil, Haltung und Hände Kliefoths).

Nun jedoch, im letzten Absatz, wählt die gerade erzählende Stimme zum ersten Mal in den *Jahrestagen* die Vergangenheit: »Beim Gehen an der See gerieten wir ins Wasser«. Diese Stimme spricht damit nicht mehr von der Gegenwart, die ist, sondern von einer, die gewesen war. Die Sprecherin befindet sich nun an dem Ort, wo die Wellen gegen den Strand treiben, sie ist Teil jenes Reiches, indem die Sprache flatterig wird wie der Wind, der die Wellen an Atlantik und Ostsee »kabbelig« macht. Es ist der Ort desjenigen, das bleiben wird: des Meeres, der vielen abwesenden Menschen, der Toten.

Der Erzähler, der zu Anfang des Romans vermochte, trotz des beständigen Windes und des niederdrückenden Lichts einer leidvollen und einzigartig schönen Vergangenheit die Augen zu öffnen und durch eine Reihung bildhafter Darstellungen von ihr zu berichten, ist nun seiner Neigung endgültig gefolgt. Verloren von Anfang an, beschließt er seinen Bericht, indem er nun nicht mehr von der lebendigen Gegenwart handelt, die in jeder bildhaften Oberfläche einen Abschluss zu finden sucht. Sondern er begibt sich in eine Lage, in eine Erzählposition, die nicht mehr revidierbar ist: in diejenige Gegenwart, aus der heraus die so lange erforderliche lebendige Gegenwart vergangen ist, und sei es nur, um den Übergang, den Transit genau dorthin zu beschreiben: »[…] unterwegs an den Ort wo die Toten sind«. (1891)

7. Fazit

Dass in den *Jahrestagen* mittels Fotografien erzählt wird, war längst bekannt: In der Fiktion des Romans werden viele Fotos als real vorgestellt, die zeitgeschichtlichen Pressefotos sind sogar außerhalb ihrer Fiktion im Archiv der *New York Times* einzusehen.

Diese Arbeit indes beschäftigte sich mit Fotografien, die innerhalb der Erzählfiktion *nicht* real vorliegen und untersuchte daran fotografische Aspekte eines Bildprogramms in den *Jahrestagen*. Möglich wurde dies durch eine semiotische Analyse von literarischen Zeichen in Hinblick auf ihre jeweiligen dynamischen Objekte – also vor allem durch die nach Charles S. Peirce für die Fotografie typischen indexikalischen und zugleich ikonischen Bezüge zum dargestellten Objekt. Durch diese spezifische Definition der Fotografie konnte nicht nur ein differenziertes Instrumentarium für die Interpretation visueller Zeichen der *Jahrestage* etabliert werden. Ebenso konnte der Versuch einer Phänomenologie fototechnisch visueller Zeichen, ihres Entstehungs- Entwicklungs- und Deutungszusammenhangs angestellt werden.

Der Blick auf visuelle Erscheinungen, die beinahe ebenso gut Fotografien sein könnten, und damit die Entstehung eines Erzählbewusstseins im Erschaffen solcher Zeichen, war Gegenstand des *zweiten Kapitels*. Das Bewusstsein eines fotografisch gestellten Erzählers ist geprägt von einem auffallend großen Wechsel zwischen Nüchtern- *und* Trunkenheit; das Wahrnehmen von Erzählobjekten wechselt beinahe notwendig zwischen emotionaler Distanz und schmerzhaftem Versinken – gegenüber einer zum Beispiel »chamois getönten« oder »feucht verwischten« Bildprojektion.

Die Erzählstimme entwickelt sich nicht entlang von Erinnerungen und Vorstellungen, sondern eher entlang fotografisch konstruierter Tableaus. Dort, wo man auf nüchtern kalkulierte Inszenierungen trifft, wie zum Beispiel topografische Bezüge zur literarischen Vorbildern wie im Fall von Travemünde als Ort Thomas' Manns, wirkt das fotografische Zeichen als mobile, weil versuchsweise aufgestellte dramatische Bühne.

Ein Distanz haltender Konstrukteur eines Bildes erschafft zum Erzählobjekt sicherlich eine ikonische Darstellung. In diese versinkt er in einem davon unterscheidbaren Bewusstsein, nämlich aus der Sicht eines Erzählers desselben, in traumhafter, traumatisch oder schmerzlich geprägter Weise. Das ist eine Art von Bewusstsein, die mit der Fotografie deshalb so eng verbunden ist, weil es sich um Erzählungen aus der *Vergangenheit* handelt, solchen Geschichten also, die für die betrachtende Handlungs- und Erzählgegenwart kontinuierlich fortwirken, ohne eine echten (symbolischen) Bezug zur Zukunft des wahrnehmenden Subjekts zeigen zu können.

Das indexikalische Moment bildet so etwas wie einen Überschlag von genauer Darstellung und plötzlicher Erkenntnis einer (einst gewesenen) Realität. Im Ikonischen liegt zwar Nüchternes und Trunkenes gleichermaßen. Doch erst der unbedingte wie unwillkürliche Bezug, wie wir ihn aus der physischen Verbundenheit von fotografischem Zeichenmaterial und aufgenommenem Objekt kennen, ein Bezug, der gewissermaßen für die Wahrheit eines Abbildungsverhältnisses bürgt, macht aus der Distanz die Versunkenheit, aus dem Nüchternen das Dunkle und Stumme – und womöglich Ekstatische zugleich. So zumindest ließe sich in Anlehnung an den Sufisten Al-Hujwiri (ca. 1009–1073) dem ich diese Unterscheidung verdanke, argumentieren:

… that [sobriety, F. M.] which is linked to love, although it be intoxication, is really sobriety. […] In short, where true mystics tread, sobriety and intoxication are the effect of difference, […], and when the Sultan of Truth displays his beauty, both sobriety and intoxication appear to be intruders […], because the boundaries of both are joined, and the end of the one is the beginning of the other […].[1]

Die Auseinandersetzung im *dritten Kapitel* führte uns zum Aufscheinen latenter, den Protagonisten innerster Bilder. Mit ihnen wurde inmitten alltäglicher Zeichen das Verlangen nach einem geliebten Gesicht, das verborgene Begehren thematisiert. Vereinzelte, vergangene und kritische Augenblicke waren offenbar einmal als singuläre Bilder fotografisch erfasst, im Gedächtnis lange Zeit verwahrt, wo sie unentwickelt und unwidersprochen eines »Wiedersehens« harrten. Indem ein (erzähl)gegenwärtiger Anblick eine

---

1   Al Hujwiri. In: Heehs, Peter (Hg.) Indian Religions, The Spiritual Traditions of South Asia. New Delhi 2002, 256 f.

unvermittelte Beziehung zu einem dieser alten Bilder herstellte, gerieten beide, latentes und rezentes Bild zugleich in einer sie neu aufschließenden – und oft genug bedrohlichen – Deckung zueinander.

So wurde Gesine durch Spiegelungen von Passanten und Bäumen auf den Glastüren des Bürohauses auf »weißliches Seelicht gesehen unter Laubgrün« (13) aufmerksam. Die Erzählerin begann darin jedoch keineswegs, sich ausführlich zu erinnern, sondern erfasste in unvermittelter Konsequenz »unverlierbare« Umrisse, offensichtlich auch die ihres Geliebten Jakob. Die Existenz eines mit dem rezenten Erlebnis verbundenen inneren Bildes wurde offenbar.

Sigmund Freuds fotografisch erklärte Idee eines latenten Bildes konnte der Begrifflichkeit Peirces angenähert werden: Bestimmte Objekte der bewussten Wahrnehmung ziehen die Aufmerksamkeit des Beobachters nicht nur nach Freud, sondern auch nach Peirce, aufgrund irgendeiner Ähnlichkeit mit gegenwärtigen, bewussten Objekten an:

Das Potentielle tendiert immer dazu, Aktual zu werden, [...]. Ich denke mir das Bewußtsein immer nach dem Bild eines Sees. Die Objekte der Oberfläche können nur unter außergewöhnlichen Umständen der Aufmerksamkeit entgehen. Wir können in das Wasser hinein auf Objekte der Erinnerung blicken, die schwächer und schwächer erscheinen und mehr und mehr Anstrengung erfordern, wenn man sie in die Nähe der Oberfläche bringen will. Aber ein jedes Objekt an der Oberfläche übt eine Anziehungskraft auf gewisse Objekte aus, die so tief gesunken sind, daß keine gewöhnliche Anziehung ausreicht, sie ›ans Licht zu bringen‹ [...] Die Kraft dieser Anziehung reicht viel weiter als die Blicktiefe, die wir gewöhnlich in unser Bewußtsein haben, [...].
(Peirce (1993) 323)

Ein Zeichenobjekt auf der bewussten Wahrnehmungsoberfläche weist in vorwiegend, aber keinesfalls notwendig ikonischer Weise auf die »unterhalb« der unmittelbaren Erzählung gerichtete Erinnerung.[2] Peirce äußert im oben zitierten gedanklichen Bild so etwas wie *Erstaunen* über die unerwartete »Blicktiefe« eines Sees, über das aufscheinende Objekt jenseits des normalerweise Sichtbaren. Dieser überraschende Moment, mit dem eine Schärfung der Sinne, ja mit Freud eine *Steigerung* des Rezenten insgesamt einhergeht, sei genuin indexikalisch genannt – unabhängig davon, ob dem

---

2   Peirce (1993) 323: »Sie ziehen jene an, die ihnen irgendwie ähneln (selbst wenn es sich bloß um die Ähnlichkeit zwischen zehn Meilen Nord und zehn Meilen Süd handelt, [...] und ebenso ziehen sie solche an, die mit ihnen erfahrungsgemäß verbunden sind.« Der ikonische Aspekt ist im Gleichnis von Peirce vor allem der bildlichen Metaphorik geschuldet, die sich sogar auf eine optisch-fotografische hin verengt, – immerhin spricht Peirce von Blicktiefe in einen See, setzt also für das Medium des Seegewässers eine Klarheit voraus, die man eher für Linsenapparate erwarten darf.

latenten Bild nachgegangen, ob der Tendenz seiner Aktualisierung gefolgt werden kann.

Der für Gesines Erzählweise als indexikalisch bezeichnete Objektbezug meint in diesem Sinne nicht so sehr die Art der Verbindung zwischen rezentem Repräsentamen und dem darin verborgenen latenten Bildobjekt. Vielmehr die Weise, wie ein erster, gegenwärtiger Bildeindruck auf das Wahrnehmungs- und Erzählbewusstsein gerichtet ist, – nämlich unvermutet und abrupt – und welche Konsequenzen dies zeitigt. Wie sehr einander ähnlich sich vergegenwärtigte und gegenwärtige Bilder auch immer sein mögen, – ihr Aufeinandertreffen erst lässt in den *Jahrestagen* das literarische Motiv des »kippenden Bildes« entstehen. Der Unvermitteltheit des Ereignisses, welche die Bilder in eine bedrohliche Überlagerung bringt, folgt eine Reaktion – zum Beispiel die stärkere Konzentration auf das gerade Wahrgenommene.

Das Fotografische an Johnsons Schreiben liegt in der Entwicklung eines Bewusstseins vom Vorhandensein latenter Bilder, nicht jedoch unbedingt in der *beschreibenden* Entwicklung ihrer Referenten. Erzählerisches Bewusstsein bildet sich entlang einer allmählich aufzeigbaren Latenz von Bildern, nicht aber in der genauen Übersetzung des in ihnen einst Dargestellten, also ihrer »Ausdeutung«. Die mit dem Genossen Schriftsteller konstruierte Erzählerin nimmt nicht eine wie auch immer geartete Verbindung der Ähnlichkeit oder Angrenzung von rezenten und latenten Bildern wahr, sondern erkennt zunächst »nur« die für sie bedrohliche Auswirkung, nämlich das Kippen dieser Bilder oder den Rand von Gefahr und Unglück. Denn es sind diese letztgenannten Begriffe, die in den *Jahrestagen* fallen.

Gesines spezifische, traumatisch begründete Art, Bilder in sich aufzunehmen – nämlich schräg von unten hinauf (oder schräg von oben herab) auf oder in ein Fenster zu blicken, war Gegenstand des *vierten Kapitels*. Fotografisch gefasste Bilder stehen in einem technischen Zusammenhang zur menschlichen Wahrnehmungsfähigkeit. Das unterscheidet sie von allen anderen visuellen Vorstellungen, seien dies nun Metaphern, Skizzen oder anders übermittelte bildhafte Ansichten. Das Gewerk der Fotografie konserviert jenseits aller Abbildungsleistungen den singulär menschlichen Blick und seinen lebenszeitlichen Zusammenhang. Natürlich bleibt dieser in einem nicht rein technischen, sondern auch geistigen Zusammenhang bewahrt, allein durch die Überlieferung kultureller und subjektiver Vorbedingungen. Doch wird der fotografische gefasste Blick niemals der Präzision einer unbedingt zeit- sowie räumlichen Bedingung, einer für sich nüchternen Aufzeichnungstechnik entgehen können. Finden wir in einer literarischen Aufzeichnung die Beschreibung von Blickrichtungen, die nicht nur regelmäßig wiederkehren, sondern die – vor allem ihrem Ursprung nach –

in Raum und Zeit absolut gesetzt werden, dann lassen sich *fotografisch* gefasste Erzähleinheiten konstruieren und somit nachweisen.

Im Fall der *Jahrestage* lässt sich beinahe jeder Blick datieren, sei es der Lisbeths auf die Synagoge, Gesines Blick vom Walnussbaum auf Jakob,[3] und auch räumlich begrenzen, wie ihre Blicke aus den Fenstern hinaus zum Hudson und East River. Den Bezug zur Erzählung, zum dynamischen Objekt einer Erinnerung, stellen so gesehen Zeitpunkt und Richtung ihrer Blicke und nicht allein das dabei gewonnene Bild her. Entstehende Bilder können ihrerseits Ausgangspunkt weiterer visuell orientierter Interpretationen sein, aber sie folgen daraus keineswegs mit Notwendigkeit. Gesines Blicke strukturieren den Gedächtnisraum ihres *eigenen* Lebens. An ihren Blick gebundene Bilder sind unter Umständen für sie selbst derart offensichtlich, dass eine erzählerische Übermittlung nicht notwendig erscheint, worin sie sich unter Umständen von den im vierten Kapitel genannten »latenten« Bildern unterscheiden.

Die Bedeutung eines farblich reduzierten, weißlichen Lichts wurde im *fünften Kapitel* näher untersucht. Seine Wahrnehmung fällt in den *Jahrestagen* in eins mit dem Beginn von Erzählung überhaupt. Ein Bildzeichen, das »lediglich ›Licht‹, ›Licht‹ [wiederholt, F. M.]« (117), konstituiert den fotografischen Augenblick und bleibt dabei zeitlos. Bar eines deutend wachen Bewusstseins aber enthält es bereits beunruhigende Vorzeichen. Die Pupillen mögen auf unbestimmbare Ferne hin fokussiert sein, oder auf der Suche nach einem Fixpunkt in der Nähe einer regenverschleierten Mattscheibe ruhen: Noch erscheint kein klares Bild im Sinne eines fotografisch erweiterbaren Zeichens – und doch liegt genau in diesem Blick, da er länger als nur einen zur Orientierung notwendigen Moment dauert, der Anfang fotografischer Zeichen. Der fotografisch gedeutete Blick sucht nach Erweiterung in Klarheit und Detail. Aber erst, nachdem er die prinzipielle Vergeblichkeit dieser Suche anerkennt, überwindet und vergisst. Daraufhin mag das fotografische offensichtlich dargestellte Zeichen eine Drittheit in sich aufgenommen haben, sich interpretativ erweitern und unabweisbar hingeführt werden auf eine gerahmte, gefasste, gewesene Zeit, die Namen trägt.

In der unabdingbaren wechselseitigen Bedingung erster Wahrnehmung von farblich unbestimmtem Licht und letzter, darin aufgehobener Erinnerung entsteht nicht die Zeit als Ergebnis eines immer fortführbaren Zeichenprozesses, sondern als fotografische bedingte Zeitlosigkeit: In diesem

---

3   Hier im Juli des Jahres 1945, zunächst etwas unbestimmt bezeichnet: »An einem Wochenende, spät und fast abends« (JT 1081), doch im Verbund mit der gefundenen Zeitung, dem Bericht darin von Ende Juli 1945, dürfte sich wie beim Bild an der Trave vom 23. August (»Im August 1931« JT 16) der Zeitpunkt verhältnismäßig genau bestimmen lassen.

Erzählraum wird augenblickliche Gegenwart und Vergangenheit (»Damals«) als eine einzige Gegenwart immer wieder erlebt; es entsteht ein Begriff von Subjektivität, die ohne wirklich handlungs- und zukunftsorientiertes Bewusstsein auszukommen scheint.

Die Konstruktion visueller Zeichen als genuin fotografische ermöglichte im letzten, dem *sechsten Kapitel* der Arbeit, folgende These aufzustellen: Der implizite Erzähler weilt weit jenseits eines auf die Zukunft bezogenen Diesseits. Aus dem Blick eines trunkenen wie gleichermaßen nüchternen fotografischen Bewusstseins sind die *Jahrestage* kaum noch ein gesellschaftlicher Roman, in dem politische Erfahrungen samt ihrer damit verbundenen sozialistischen Utopie zur individuellen Handlung anleiten. Sie sind auch keine genaue Aufzeichnung einer subjektiv wie tagtäglich wahrgenommenen, zeitgenössischen unmittelbaren Gegenwart. Und vor allem sind sie kein Versuch, der Vergangenheit durch die Erinnerung tatsächlich gerecht zu werden. Sie sind kein Ausdruck von echter Erinnerungs*arbeit* – ja, sie stellen kaum mehr das Erinnern als Aufgabe dar, sich mit etwas Vergangenem in pragmatische Verbindung setzen zu wollen. All diese Funktionen liegen zum Greifen nahe, und mögen von den *Jahrestagen* auch zum Teil oder versuchsweise erfüllt werden. Doch in Bezug auf den finalen Interpretanten, einem ewigen und dunklen Weggang, gehen die *Jahrestage* einen monologischen und poetischen Weg, einen, der jenseits politischer, pädagogischer oder psychologischer Diskurse liegt. Gesine und ihre erzählenden Mitstreiter weilen zuallererst und -letzt in einem keineswegs als Diesseits zu bezeichnenden Ort, sondern gehen und gingen inmitten oder zumindest in Richtung eines Gefildes, das eine nicht bloß eingebildete Anwesenheit der Toten plausibel macht: das Jenseits. Eine Verbesserung ihrer und unserer Lebensumstände durch bewusst reflektierte Dialoge ist für den beschriebenen Umstand als Ganzen, dem dynamischen Objekt, von daher nicht zu erwarten gewesen. Dieser Befund wurde übersehen, weil das fotografische Bewusstsein unermüdlich Anzeichen für nüchterne, chronologisch korrekte, eben klare Beschreibung und Bewertung von ebenso deutlich umrahmten gesellschaftlich relevanten Erzähleinheiten liefert: Diese fotografischen Zeichen leisten immer wieder einen indexikalisch-aufrüttelnden Bezug zu einer lebendig-klaren Gegenwart. Doch eben nur als vorübergehender Bewusstseinszustand, mit dem eher gezwungenermaßen als dialogisch-offen zur Sprache gebracht wird, was bereits jetzt, im Verlauf der Erzählung und damit für alle Zeit als »verloren« gekennzeichnet ist: Ein Leben, ein Leben mit Jakob.

Abkürzungen

Uwe Johnsons Werke werden wie folgt abgekürzt:

BU	Begleitumstände
DBA	Das dritte Buch über Achim
HNJ	Heute neunzig Jahr
IB	Ingrid Babendererde
JT	Jahrestage. Aus dem Leben von Gesine Cresspahl
KP	Karsch, und andere Prosa
MJ	Mutmassungen über Jakob
SV	Skizze eines Verunglückten

Literaturverzeichnis

Quellen

Freud, Sigmund: Gesammelte Werke. Hg. von Anna Freud, Bd. XVI, London 1950.

Johnson, Uwe:
- Begleitumstände. Frankfurter Vorlesungen. Frankfurt a. M. 1980.
- Das dritte Buch über Achim. Frankfurt a. M. 1992.
- Heute Neunzig Jahr. Aus dem Nachlaß hg. von Norbert Mecklenburg. Frankfurt a. M. 1996.
- Ingrid Babendererde. Reifeprüfung 1953. Frankfurt a. M. 1985.
- Jahrestage. Aus dem Leben von Gesine Cresspahl. Frankfurt a. M. 1970–1983.
- Karsch, und andere Prosa. Frankfurt a. M. 1964.
- Mutmassungen über Jakob. Frankfurt a. M. 1974.
- Skizze eines Verunglückten. Frankfurt a. M. 1982.

Mann, Thomas: Buddenbrooks. Verfall einer Familie. Frankfurt a. M. 2002.

Peirce, Charles S.:
- Semiotische Schriften. Hg. und übers. von Christian Kloesel, Bd. 1: 1839–1914. Frankfurt a. M. 1986.
- Semiotische Schriften. Hg. und übers. von Christian Kloesel, Bd. 2: 1903–1906. Frankfurt a. M. 1990.
- Semiotische Schriften. Hg. und übers. von Christian Kloesel, Bd. 3: 1906–1913. Frankfurt a. M. 1993.
- [Brief an Lady Welby vom 24., 25., und 28. 12. 1908, dt. Übs., in:] Die Festigung der Überzeugung und andere Schriften, (Hg.) Walther, Elisabeth, Baden-Baden o. J., 154–167. Im Original engl.: Collected Papers 8.342–8.379. [LWdt]
- Collected Papers. Bd. 1–6 hg. von C. Hartshorne u. P. Weiss, Cambridge/Mass. 1931–1935, 1960, Bd. 7–8 hg. von A. W. Burks, Cambridge/Mass. 1958, 1958. [CP]

Platon: Der Staat. Neu übersetzt und erläutert sowie mit griechisch-deutschem und deutsch-griechischem Wörterverzeichnis versehen von Otto Apelt. Leipzig 123, unveränderter Nachdruck 1998.

Raabe, Wilhelm: Sämtliche Werke, Göttingen 1965, Band 1.

Rilke, Rainer Maria: Sämtliche Werke in 7 Bänden, hg. vom Rilke-Archiv in Verbindung mit Ruth Sieber-Rilke, besorgt durch Ernst Zinn. Frankfurt a. M. 1955–1997.

Vergilius Marco, Publius: Aeneis. Lat.-dt. Hrsg. u. übers. Von Johannes Götte. München 1983.
Woolf, Virginia: The Waves. London 1963.

Forschungsliteratur

Assmann, Aleida: Erinnerungsräume. Formen und Wandlungen des kulturellen Gedächtnisses, München 1999.

Auerochs, Bernd: Erzählte Gesellschaft. Theorie und Praxis des Gesellschaftsromans bei Balzac, Brecht und Uwe Johnson. München 1994.

Auerochs, Bernd: »Alles das brachte die verlorene Zeit nur wieder als einen Gedanken«. Proustbezüge und Proustkritik in Uwe Johnsons *Jahrestagen*. In: Germanisch-Romanische Monatsschrift 47 (1997), 431–448.

Barthes, Roland: Die helle Kammer. Bemerkung zur Photographie. Frankfurt a. M. 1985.

Batchen, Geoffrey: Burning with Desire: The Conception of Photography. Boston 1997.

Berbig, Roland und Herlod, Thomas und Treptow, Gesine und Wild, Thomas (Hg.): Uwe Johnson. Befreundungen. Gespräche, Dokumente, Essays. Berlin und Zepernick 2002.

Berger, John und Jean Mohr unter Mitarbeit von Nicolas Philibert: Eine andere Art zu erzählen. Aus dem Englischen von Kyra Stromberg, Neuausgabe Frankfurt a. M. 2000.

Bienek, Horst: Werkstattgespräche mit Uwe Johnson (Am 3.–5.1.1962 in West-Berlin). In: Fahlke, Eberhard: Ich überlege mir die Geschichte … Uwe Johnson in Gesprächen, Frankfurt a. M. 1988, 194–207.

Butzer, Günther: »Ja. Nein«. Paradoxes Eingedenken in Uwe Johnsons Roman *Jahrestage*. In: Johnson-Jahrbuch 4 (1997), 130–157.

Bond, Greg: Der Brunnen der Vergangenheit. Historical Narration in Uwe Johnsons's *Heute Neunzig Jahr* and Thomas Mann's *Joseph und seine Brüder*. In: German Life ans Letters. Oxford 1999, 68–84.

Bormuth, Matthias: Der Suizid als Passionsgeschichte. Zum Fall der Lisbeth Cresspahl in den *Jahrestagen*. In: Johnson-Jahrbuch 12 (2005), 175–197.

Bazin, André: Ontologie des Fotografischen Bildes. In: Theorie der Fotografie III. 1945–1980. Eine Anthologie herausgegeben und eingeleitet von Wolfgang Kemp. München 1999.

Calhoon, Kenneth: Personal Effects: Rilke, Barthes and the Matter of Photography, in: MLN 113, Baltimore 1998, 613–634.

Crary, Jonathan: Techniques of the Observer: Vision and Modernity in the Nineteenth Century. Cambridge 1990.

Dubois, Philippe: Der fotografische Akt. Versuch über ein theoretisches Dispositiv. Hg. und mit einem Vorw. von Herta Wolf. Amsterdam, Dresden 1998.

Elben, Christian: »Ausgeschriebene Schrift«. Uwe Johnsons *Jahrestage*. Erinnern und Erzählen im Zeichen des Traumas. Göttingen 2002.

Fahlke, Eberhard/Zetzsche, Jürgen: Photographische Augenblicke in der erzählten Geschichte der *Jahrestage*. In: Jurgensen, Manfred (Hg.): Johnson. Ansichten-Einsichten-Aussichten. Bern 1989, 65–90.

Fahlke, Eberhard: Die Katze Erinnerung. Uwe Johnson – Eine Chronik in Briefen und Bildern, Frankfurt a. M. 1994.

Fries, Ulrich: Uwe Johnsons *Jahrestage*. Erzählstruktur und politische Subjektivität. Göttingen 1990.

Foß, Rainer: Die Ausbildung der Jenseitsvorstellung bei den Griechen bis Plato. Diss. Kiel 1994.

Geppert, Hans Vilmar: Der realistische Weg. Formen pragmatischen Erzählens bei Balzac, Dickens, Hardy, Keller, Raabe und anderen Autoren des 19. Jahrhunderts. Tübingen 1994.

Gerlach, Ingrid: »Ick vergaet di dat«. Zu den Gedankengesprächen in den *Jahrestagen*, Johnson-Jahrbuch 7 (2000), 163–197.

Gerlach, Ingeborg: Auf der Suche nach der verlorenen Identität (= Monographien Literaturwissenschaft, Bd. 47). Königsstein a. Ts. 1980.

Helbig, Holger u. a. (Hg.): Johnsons *Jahrestage*. Der Kommentar. Göttingen 1999.

Höllerer Walter: Die Bedeutung des Augenblicks im modernen Romananfang. In: Norbert Müller (Hg.): Romananfänge. Versuch zu einer Poetik des Romans. Zwölf Essays. Berlin 1969.

Horend, Sybille: »Ein Schnappschuß ist eine ungezogene Sache«. Zur Bedeutung der Photographie im Frühwerk Uwe Johnsons. Frankfurt a. M. 2000.

Jahn, Kristin: »Vertell, vertell. Du lüchst so schön«. Uwe Johnsons Poetik zwischen Anspruch und Wirklichkeit. Heidelberg 2006.

Kemp, Wolfgang: Theorie der Fotografie I. 1839–1912. Eine Anthologie herausgegeben und eingeleitet von Wolfgang Kemp. München 1999.

Kerenyi, Karl: Mnemosyne-Lesmosyne. Über die Quellen Erinnerung und Vergessenheit. In: ders.: Humanistische Seelenforschung. München-Wien 1966, 311–323.

Kofman, Sarah: Camera Obscura de L'Ideologie. Paris 1973.

Kolesch, Doris.: Vom Schreiben und Lesen der Photographie – Bildlichkeit, Textualität und Erinnerung bei Marguerite Duras und Roland Barthes. In: Poetica 27, 1995, 187–214.

Koppen, Erwin, Literatur und Photographie, über Geschichte und Thematik einer Medienentdeckung. Stuttgart 1987.

Koslowski, Craig: Die Trennung der Lebenden von den Toten: Friedhofsverlegungen und die Reformation in Leipzig, 1536. In: Oexle, Gerhard O. (Hg.), Memoria als Kultur, Göttingen 1995, 336–385.

Krauss, Rudolf H.: Photographie und Literatur. Zur photografischen Wahrnehmung in der deutschsprachigen Literatur des neunzehnten Jahrhunderts. Stuttgart 1999.

Krellner, Ulrich, Was ich im Gedächtnis ertrage. Untersuchungen zum Erinnerungskonzept von Uwe Johnsons Erzählwerk. Würzburg 2003.

Martynkewicz, Wolfgang: Doppelt belichtet. Einige Bemerkungen zum Stellenwert von Photographie und Bildfunktion in den *Jahrestagen* von Uwe Johnson. In: Internationales Uwe-Johnson-Forum 4 (1996), 143–154.

Nedregård, Johan: Uwe Johnsons *Jahrestage*. Gedächtnis, Erfahrung und Fotografische Perspektive. Zu den *Jahrestagen*. In: Arnold H. L. (Hg.): Uwe Johnson. text + kritik, 64/65 (1980), 77–86.

Nöth, Winfried und Santaella, Lucia: Bild, Malerei und Photographie aus der Sicht der Peirceschen Semiotik. In: Wirth, Uwe (Hg.): Die Welt als Zeichen und Hypothese. Perspektiven des semiotischen Pragmatismus von Charles S. Peirce. Frankfurt a. M. 2000, 354–374.

Offe, Sabine: Transiträume der Erinnerung in Uwe Johnsons *Jahrestagen*. Johnson-Jahrbuch 12 (2005), 79–91.

Pabst, Reinhard: Eine Sommerfrische namens Rauschen. FAZ 4.10.2005, 31.

Paefgen, Elisabeth K.: Farben in der Fremde, Farben in der Heimat. New York und Mecklenburg in Uwe Johnsons *Jahrestage*. In: Johnson-Jahrbuch, Bd. 9 (2002), 241–274.

Riordan, Colin: The Ethics of Narration. Uwe Johnsons Novels from *Ingrid Babendererde* to *Jahrestage*. London 1989.

Riordan, Colin: »… was ich im Gedächtnis ertrage«. Die Metaphorik der *Jahrestage*. In: Johnson-Jahrbuch 2 (1995), 155–175.

Scheuermann, Barbara: Zur Funktion des Niederdeutschen im Werk Uwe Johnsons: »in all de annin Saokn büssu hie nich me-i to Hus«. Göttingen 1998.

Schulz, Beatrice: Lektüre von Jahrestagen. Studien zu einer Poetik der *Jahrestage* von Uwe Johnson. Tübingen 1995.

Sebeok, Thomas A.: Indexikalität. In: Wirth, Uwe (Hg): Die Welt als Zeichen und Hypothese. Perspektiven des semiotischen Pragmatismus von Charles S. Peirce. Frankfurt a. M. 2000, 90–111.

Strasky, Severin: »So klares Wasser habe ich nie wieder gesehen«. In: Johnson-Jahrbuch (11) 2004, 117–151.

Stiegler, Bernd: Wechselnde Blicke: Perspektive in Fotografie, Film und Literatur. Bosse, Heinrich u. Renner, Ursula (Hg.): Literaturwissenschaft – Einführung in eine Sprachspiel. Rombach 1999, 271–297.

Vogel, Oliver: »Make room for the lady! Make room for the child!«. Zum Ort des Erzählens in Uwe Johnsons *Jahrestagen*. In: Johnson-Jahrbuch (4) 1997, 115–130.

Zetzsche, Jürgen: Die Erfindung photographischer Bilder im zeitgenössischen Erzählen. Zum Werk von Uwe Johnson und Jürgen Becker. Heidelberg 1994.